高等学校通识课程系列教材

职业生涯规划

（第二版）

周 莉 主 编

中国人民大学出版社
·北京·

目 录

第一章 职业生涯规划：就业的起点

当你想清楚如何做的时候，已经成功了一大半，剩下的就只是按部就班地实现它们。

——歌德

就业困惑

小Q是一名大二学生，现在学习的专业是公共事业管理。她这样告诉我们："我觉得我现在所学的专业对于以后就业没有什么帮助，很难找到对口职业。我一直想做老师，那就一定要考教师资格证。可是师范学校出身的学生这么多，比起他们我是不是少了很多专业知识？一想到这些，我就对未来就业不太有信心。我总是在想，是不是我当初选错了专业？我未来到底能干什么呢？"

亲爱的同学们，你们是否也有过类似的困惑？是不是也会对于未来的就业感到十分迷茫呢？是不是不确定就业的方向和道路呢？让我们一起走进本书的第一章，了解什么是职业生涯规划。

课前阅读

1. 职业生涯规划的含义和作用。
2. 职业生涯规划在国内外的发展现状。
3. 职业生涯规划的步骤。

第一节　什么是职业生涯规划

世界上没有两片相同的叶子，每个人都是独特的，每个人的人生都会有所不同。在人生的不同阶段，人们眼中的世界和心中的感受是如此的不同。

当问到小学生“长大以后想干什么、未来的理想是什么”时，很多孩子会大声说“我要当科学家”“我要当画家”，孩子们对自己的想法充满自信，声音清脆而悦耳。

当问到中学生“是否了解大学的专业、自己打算学什么专业、理想是什么”时，常常看到的是他们茫然的眼神。很多中学生，包括即将面临高考的高中生，会说“我不了解专业，也不知道自己想学什么”，“现在先好好学习功课，专业等报志愿时再说吧”。中学生对未来充满希望，声音稚嫩而犹豫。

当问到大学生“是否喜欢自己的专业、未来想从事什么职业”时，竟然会有很多大学生说，“我对自己的专业不感兴趣，但是，我不知道自己喜欢什么专业，我也不知道自己将来想做什么、能做什么”。大学生对未来充满迷茫，声音果断而无力。

当问到初入职场的年轻人“是否做了当初心仪的工作、是否愿意一辈子从事这个行业”时，会有不少人说，“我不喜欢这份工作，我绝不愿意一辈子在此行业工作，但是现在我只能先做这个，因为我得生存”。年轻人对工作充满抱怨，声音无助而无奈。

当问到事业稳定的中年人“是否从事了自己喜欢的工作、是否愿意干一辈子”时，同样也会有很多人说，“这份工作是我安身立命之本，谈不上喜欢。虽然我有其他喜欢的事情，但我这辈子肯定不会改行了，这时候再换到一个新行业的风险太大了”。中年人安于现状，声音低沉而坚定。

当问到退休的老年人“如果有机会，是否愿意再从事自己原来的工作”时，会有很多人说，“我一定换一份工作，换一个我喜欢、我擅长、更有意义的工作，很可惜我没有这个机会了，你们年轻人一定要认真选择职业啊”。老年人对过去充满感慨，声音沧桑而遗憾。

每个人对自己未来的职业都有一个期待，当这个期待与现实相碰撞时，就会有三种不同的状态。第一种状态是始终对自己的工作不满意，常常表达对工作的不满，“累”“烦”成为描述工作最常用的两个字。第二种状态是对工作表现得很顺从，能很好地完成工作任务，因为这份工作能够很好地解决生存问题，并且在一定程度上实现了自己的价值。第三种状态是热爱自己所从事的工作，工作让自己更加充实，工作满足了自己的需求，不是为了工作而工作，而是为了自己的目标去奋斗。拥有上述三种不同状态的人，其未来会有所不同：拥有第一种状态的人工作流动性强，换工作的频率会比较高；拥有第二种状态的人工作相对稳定，生活相对平静；拥有第三种状态的人工作专一且充满热情，能够享受工作的乐趣，离成功最近。你现在已经经过了小学、中学，是一名大学生，那么，对你而言，你希望的职业状态是哪一种呢？你希望自己未来从事什么样的职业呢？你有一个实现自己职业理想的职业规划吗？如果你愿意，请和我们一起来寻找适合你的职业道路！

一、职业

“职业”这个词，在20世纪初被称为“occupation”和“vocation”。不同的学者从不同角度对职业给出了不同的定义。社会学家认为，职业是一种与权力有关的、获得性的社会位置，是人与工作关系的结合。经济学家认为，职业是有劳动能力的人为了生活而继续从事的活动。《现代汉语词典》中对“职业”的定义是：个人在社会中所从事的作为主要生活来源的工作。

虽然不同的学者对职业的概念有不同的理解，但都涉及了职业的三个主要特点：经济报酬、社会产物、技术技能。因此，我们可以认为，职业是指人们在社会生活中所从事的能够获得物质报酬、需要专门技能的工作。

一个人在选择一种职业后，就开始了他的职业生涯。在英文中，职业生涯对应的单词是“career”，美国学者格林豪斯（Greehaus）将其定义为“贯穿于人们整个生命周期的与工作相关的经历的组合”。

二、生涯和生涯规划

生涯：“生”，即“活着”；“涯”，即“边界”。不同学者对“生涯”有不同的定义。如我国台湾学者杨朝祥认为生涯是一个人在其职前、工作过程中及退休后的生活中，所拥有的各种重要职位、角色的总和。美国学者卡西欧（Wayne F. Cascio）认为生涯是一个人所从事的职位、工作或职业的顺序。美国学者舒伯认为生涯是生活里各种事件的演进方向与历程，它统合了人的一生中各种职业和生活的角色，由此展现出个人独特的自我发展组合。一个人一生中所扮演的角色有很多，包括子女、学生、公民、工作者、配偶、父母、退休者等。

关于生涯规划的含义，不同学者的理解也不尽相同。有人认为，生涯规划是对一个人生涯的妥善安排，在这种安排下，个人能依据各个计划要点在短期内充分发挥自我潜能，并运用环境资源以达到各阶段的生涯成熟的目的，而最终实现既定的生涯目标。有人认为，生涯规划是一个据之以制定的前程目标，以及找出达到目标的手段。[①] 我国台湾学者洪凤仪认为，生涯规划是一个人尽其可能地规划未来生涯发展的历程，在考虑个人的智能、倾向、价值及阻力、动力的前提下，做好妥善的安排，并借此调整、摆正自己在人生中的位置。这个定义，是本书所采用的。

三、职业生涯规划的作用

在北京某高校的心理健康课上，大学生对于自己的大学生活提出了如下的问题：

> 大学要学什么？
> 自己不喜欢所学的专业该怎么办？
> 大学里没有学习的动力怎么办？

---

① 黄中天. 生涯规划：体验式教学. 北京：高等教育出版社，2009：11.

不知道自己为什么要学习怎么办？
学习和兴趣冲突怎么办？
如何安排好学习和课余活动？
学好大学里的课程就一定能找到好工作吗？

对于以上的问题，没有一个标准答案，但是，如果你能够在大学中做好自己的职业规划，那么上面的一些问题就能够得到很好的回答，并能够明确自己在大学中的目标。一份适合自己情况的职业规划具有以下功能：

（1）引导你正确认识自身的个性特质、现有与潜在的资源优势，帮助你重新对自己的价值进行定位并使其持续增值；

（2）引导你对自己的综合优势与劣势进行对比分析；

（3）引导你树立明确的职业发展目标与职业理想；

（4）引导你评估个人目标与现实之间的差距；

（5）引导你进行前瞻与实际相结合的职业定位，搜索或发现新的或有潜力的职业机会；

（6）使你学会如何运用科学的方法采取可行的步骤与措施，不断增强你的职业竞争力，实现自己的职业目标与理想。

因此，在大学中做好职业生涯规划，有助于提高你的综合素质，避免学习的盲目性和被动性；可以帮助你明了自己的职业目标和实施策略，在职业探索和发展中少走弯路，节省时间和精力；能不断激励你前行的脚步，使你产生学习、实践的动力，激发自己不断为实现各阶段目标和终极目标而努力。大学中的职业规划，是你迈向成功的重要一步，是对自己未来发展负责任的表现。

第二节　职业生涯规划与大学生

西方发达国家的职业生涯规划教育开始得早，教育体系也比较完善，学生们从小就开始接受相关教育。例如，美国的职业生涯规划教育从小学到大学都在进行，每个阶段都有清晰、连续的教育目标、内容和形式。小学阶段就开始教育学生了解职业是怎么回事、不同的职业对生活的影响是什么，老师会带学生去参观不同的职业环境。到了中学阶段，学生就已经开始探索自己与职业的匹配程度，开始了解最适合自己的职业是什么，并且还会去体验不同的职业环境。到了大学阶段，通常大学生们对自己的职业兴趣和职业目标已经比较清晰，所以，他们会为自己未来的职业发展做好准备。在我国，尽管职业生涯规划的概念引入只有短短十几年的时间，但是人们已经意识到职业规划的重要性，比如很多高中生在填报高考志愿时会做一些专业倾向的测试，以明确自己的职业倾向。尽管和西方发达国家相比，我国职业规划的教育处于起步阶段，但一直在不断完善。同时，我们也要看到，我国的在校大学生，由于缺少完善的职业规划指导，在大学的学习生活中存在许多困惑。

一、职业生涯规划的发展

职业生涯规划最早出现于15世纪的西方国家，是西方国家在经济发展、职业分化引发社会矛盾后解决就业问题的产物。它正式形成于1908年，以美国波士顿大学教授帕森斯创立的职业指导局为标志，之后职业指导在西方发达国家开始受到重视。随着职业指导活动的传播，各种有关职业指导的理论系统开始逐渐成形，并不断完善。帕森斯认为，人的职业生涯的选择需要具备三个条件：(1) 对自身的天赋、能力、兴趣、志向等因素有一个比较清晰的认识；(2) 对不同行业工作的要求有一个明确的认识；(3) 自我与职业的匹配。这一范式在20世纪前半个阶段一直占据着主导地位。1953年，舒伯提出了生涯发展阶段理论，在理论中加入了自我认知和社会学理论的观点，侧重于从生命周期的角度来考虑职业的发展，认为个人职业的发展是由生活角色和工作角色共同决定的。1956年，罗伊以马斯洛的需求层次理论和莫瑞的人格理论等为基础，提出了人格发展理论，强调早期的成长环境对以后的职业选择有重要的影响。1959年，霍兰德提出了关于职业选择的人业互择理论，从兴趣的角度出发来探索职业指导的问题，把个人特质和适合这种特质的工作联系起来。随着社会的进步，职业生涯规划的相关理论仍在不断地修改和完善。

发达国家的职业生涯规划教育开始得早，教育体系也比较完善，学生们从小就开始接受相关教育。例如，美国的职业生涯规划教育从小学到大学都在进行，每个阶段都有清晰、连续的教育目标、内容和形式。小学阶段就开始教育学生了解职业是怎么回事、不同的职业对生活的影响是什么，老师会带学生去参观不同的职业环境。到了中学阶段，学生就已经开始探索自己与职业的匹配程度，开始了解最适合自己的职业是什么，并且还会去体验不同的职业环境。到了大学阶段，大学生们通常对自己的职业兴趣和职业目标已经比较清晰，所以，他们会为自己未来的职业发展做好准备。

我国真正引入职业生涯规划的概念仅有十几年的时间，但是在此之前有过各种朴素的尝试。我国在古代就有“抓周”的习俗，通过“抓周”来推测孩子长大后的志趣，如《红楼梦》中的贾宝玉在“抓周”的仪式上，只是抓些脂粉钗环之类的东西把玩，长大后他真的对功名利禄不感兴趣，喜欢在女孩堆里玩耍。这也许是我国最早的、朴素的职业生涯规划观点，反映了人们渴望预测未来职业的愿望。现在，随着职业生涯规划知识的普及，人们的职业生涯规划意识逐渐增强，更加关注自身的成长和发展。

二、职业生涯规划的现状

资料1：高校大学生专业认同现状及影响因素调查研究

根据孔慧、吴敏榕等学者对全国不同地区的12所高校、24个专业、1 609名在校大学生的问卷调查结果，我们发现了一些值得关注的现象。调查结果显示出以下规律：

1. 家长亲友对选择专业的影响

40%的学生选择专业时是根据家长、亲朋好友的意见，并不是按自己意愿来选择专业，有42.95%的学生对自己填报的专业并不了解。

2. 对专业的认同度

从总体上看，有44.5%的学生的专业认同度较高，41.5%的学生的专业认同度一般，13.5%的学生对自己的专业并不认同。从年级上看，低年级学生“喜欢”和“比较喜欢”自己专业的占 71.75%，而高年级学生有 51.81%对自己的专业感觉“一般”，13.25%对自己的专业“不喜欢”。

3. 不同专业学生的满意度

从总体看，“热门”专业的学生中，有 10.27%不喜欢自己的专业，有 52.99%对专业的喜欢程度为“一般”。选择“非热门专业”的学生中，有 44.79%比较喜欢自己的专业，非常喜欢自己专业的占 13.54%，比选热门专业的高 9.34%。同时，有 56.40%的学生认为社会舆论对自己的专业认同有一定的影响。

资料来源：孔慧，吴敏榕，韦燕云. 高校大学生专业认同现状及影响因素调查研究. 教育与职业，2010（29）.

资料 2：网络问卷的调查结果

根据问卷星的调查显示，大学生的职业规划成熟程度并不高。具体结果如下：

1. 你知道自己心仪的工作对从业者的准入资格、综合素质的要求吗？

结果显示，仅有 3.85%的大学生非常清楚其心仪工作的准入资格和综合素质要求，55.12%的大学生不太了解自己心仪工作的相关要求。

2. 按照你了解到的工作所需要的素质，是否做了充分的准备？

结果显示，15.38%的大学生认为自己在找工作前根据相关工作的素质要求做了较多和充足的准备，41.03%的大学生认为自己只做了一定的准备，还有 43.59%的大学生认为自己准备不足，甚至几乎没有准备。

3. 你是否了解本专业的就业方向？

结果显示，61.73%的大学生比较了解本专业的就业方向，35.8%的大学生对本专业的就业方向只有一个模糊的概念，2.47%的大学生完全不了解本专业的就业方向。

4. 你是否常利用课余时间参加与本专业有关的社会实践活动？

结果显示，24.69%的大学生较为频繁地利用课余时间参加与本专业有关的社会实践活动，41.98%的大学生偶尔会参加与本专业有关的社会实践活动，还有 1/3 的大学生几乎没有课余时间参加与本专业有关的社会实践活动。

5. 你对自己专业的就业前景是否有信心？

结果显示，69.13%的大学生对自己专业的就业前景比较有信心，30.86%的大学生则比较没有信心。

6. 毕业后你打算从事的工作和现在的专业有关吗？

结果显示，19.75%的大学生确定自己将来打算从事的工作和现在的专业有关，54.32%的大学生表示可能会从事与现在专业相关的工作，25.92%的大学生认为自己将来可能会从事与目前专业不相关的工作。

上面的两个调查，让我们以数据的形式了解到大学生在校期间所面临的问题。这些数据是其缩影，如果大学生按照自己的思维方式度过自己的大学生活，在其毕业之际，这些数据也许就会逐步定格成以下的某个状态。现在当你看到这些状态时，你会有怎样的感受、想法或者做法呢？

案例

案例 1　没有喜欢的职业该如何选择？

小芳是行政管理专业的学生，对所学专业完全没有兴趣。她填报志愿的时候，该专业是老师帮忙选择的。当接触了专业知识之后，她发现自己根本不喜欢这个专业，也不希望自己将来日复一日地做一些事务性的工作。但是当问到小芳希望选择什么职业时，她一脸茫然，她说虽然自己一直在学习，但是不知道自己喜欢什么，也不知道该怎么选择。

你的感受、想法或者做法：

案例 2　有一个以上的选择机会该如何选择？

小静是学法律专业的，大四的她将面临两个选择：一个是在律师事务所担任助理，另一个是担任某学校的教师。这两个工作各有利弊，在律师事务所工作，能够接触到大量法律方面的案子，能了解本专业的最新发展，且收入较高，但是这个工作常常需要加班，而且需要面对客户的痛苦、绝望等负面情绪。教师的工作稳定性强、受人尊敬，但是缺少刺激和变化，今年就知道明年甚至后年的工作安排，重复性较强。小静不知道如何选择？

你的感受、想法或者做法：

案例 3　喜欢一个职业但不具备相应的任职资格怎么办？

小明是某高校的大四学生，非常希望自己能够从事金融方面的工作。虽然现在小明所学的计算机专业与金融行业的关系较小，但是他一直在金融系统找工作。当小明在面试中被问及自己对所申请的岗位的理解时，才发现自己自学的有关金融方面的知识很不全面，基础知识也不扎实，与用人单位的要求还有一定的差距。

你的感受、想法或者做法：

案例4 用证书找工作？

丁明是一个努力上进的学生，他终日奔波在各类技能考试中，先后参加了大学英语四级（CET-4）、大学英语六级（CET-6）、计算机二级、托福等各类考试，并取得了不错的成绩。为了这些考试，他从报辅导班到买参考书再到参加考试共花了几千块钱，更重要的是自己大学四年的时光都投入到了这些考试上。这些证书曾经让他感到无比踏实和满足，然而在毕业求职时，他却在面试中屡屡受挫。他困惑了，难道这么多证书也不能证明自己的优秀吗？

你的感受、想法或者做法：

案例5 “被安排”的大学生？

张尧是一所普通高校企业管理专业的学生，之所以选择学习企业管理，是因为他从事人力资源的父亲认为这个专业在毕业时的就业面比较宽，很多企业都需要，容易就业。在大二暑假期间，张尧的父亲安排张尧进入一家国企实习，并希望张尧毕业后能进入一家国企工作。在很多同学羡慕的眼光中，张尧每天做一些日常的办公室工作，琐碎而繁杂，提不起太多兴趣。同学们都说张尧很幸福，张尧自己也觉得一切都好，可是似乎又少了点什么！

你的感受、想法或者做法：

人生的道路虽然漫长，但要紧处常常只有几步。大学，就是人生道路上的关键一步。大学是联结学校和社会的桥梁，大学期间的所学、所做，是为走向社会所做的良好准备。上述案例中的情况，你希望在你大学毕业时面对吗？如果你的答案是否定的，那么你有怎样的感受和想法，或者你的目光放得更为长远，已经在思考自己如何应对？如果你已经走在思考的路上，就请你和我们一同前行！

第三节 培养做职业规划的意识

一个人的职业道路，是在既定的计划下一步一步前行，还是充满了偶然、不可预知？如果你希望自己拥有如李开复一样的人生，首先就要学着像他一样，知道自己内心的需要，知道自己想要的生活，这样才能让你走在自己想走的道路上。在路上会遇到怎样的风景、会面对怎样的机会、会怎样到达自己心中理想的境地，都是无法预知、充满偶然的！

知识窗

关于职业生涯规划中的偶然性因素，斯坦福大学约翰·D. 克虏伯（J. D. Krumboltz）提出“生涯发展的偶然性理论”，对偶然性因素在个人职业规划中的作用进行了诠释。该理论认为，尽管生涯理论中理性的部分很重要，但是实际上偶然事件在生涯发展中常常发挥作用，那些超出计划范围的事件和突发状况比起精心安排的事情，往往更能影响我们生命中重大的决定，比如一次偶然的会面、一次失约、一次临时决定的假期旅行、一个新发现的个人爱好等，这些都可能影响一个人的生活方向和职业选择。认真研究偶然事件，努力把握偶然中的必然，发现偶然事件中的共性，从而让自己把握住成功的机会。那么，在大学里要做的最重要的事情，就是提高自己的生涯调试力！

1. 生涯调试力

生涯调试力（career adaptability），是美国生涯发展学者塞维克斯（M. L. Savickas）在 2005 年提出来的，即在生涯发展中面临较为困难的任务时，个体已经做好的准备和已经具备的资源及能力。塞维克斯强调个体要根据环境的发展和变化，主动构建自己应对未来的能力。

（1）我的未来在哪里？

一个人对于未来的关注是生涯调试力的第一个方面，也是生涯调试力最重要的一个方面。对于无法预测的未来，我们首先需要在心态上保持乐观的信念，坚信千里之行始于足下，今天的成功归因于昨天的努力，今天的努力是明日取得成功的保证。其次，要在行动上保持一个持续性，通过具体、持续、有计划性的行动，规划自己理想的生涯。对自己的命运和未来表现得不在乎、不担心的人，在面临人生挑战或生涯的转折时，表现出来的则是消极悲观、毫无目的、随波逐流。

（2）我的未来谁做主？

对职业未来的掌控是生涯调试力的第二个方面。对职业未来的掌控指的是相信自己有能力规划自己的生涯，能做到自我肯定、主动抉择与积极应对，勇敢面对职业发展各个阶段的挑战和生涯发展中的转折。被动消极地应对生涯挑战的人，通常表现为不断逃避、拖延，面临抉择时往往走一步算一步。

（3）面对未来我打算做什么？

对自我与职业世界的探索与理解是生涯调试力的第三个方面。能够积极主动地去建构自己未来的职业生涯，秉持好奇的态度，勇于尝试和不断地在自我和职业上有所突破，自然会加深对自我与职业世界的了解，明确自己的能力、兴趣与价值观，体会各种职业的特征、要求与利弊。只有不断地进行自我和职业的探索，加深了解，才能有助于选择一个适合自己、符合自己期望的工作。那些习惯被动接受、消极应对、随波逐流的人，往往会主观而天真地看待自我与人生，对职业世界的了解局限于自己的现有观点，面对生活中的抉择容易犹豫不决或敷衍拖延，经常对自己所选择的职业或者工作感到不满和后悔。

（4）我能做到吗？

每个人在生涯发展过程中都会面临各种挑战与阻碍，不同的人对这些困难与挑战会有不同的应对方式。生涯调试力的最后一个方面是对于行动和问题解决的自信。面对生涯挑战的勇气、克服生涯困难的信心，都源自日常生活中的经验积累，如坚持自己的兴趣爱好、参与家庭的生活琐事、认真对待学习等。缺乏勇气与信心的人，在面对困难时会不自觉地采用逃避或否定的方式应对，在职业生涯的发展上则在对自己的怀疑中停滞不前，甚至倒退。

生涯调试力的核心就是一个人在职业生涯发展过程中所具备的积极主动的态度、具体可行的目标、科学严谨的方法和坚定不移的精神。那么，作为一名大学生，你要做哪些事情，以提高自己的生涯调试力呢？

2. 大学生的职业发展任务

在大学期间，每个大学生都要做很多事情。在这些事情中，如果你能够意识到自己的价值观、生活风格，这说明你正在逐步完成自己的职业发展任务。尽管你对自己的行为没有一个清晰的认识，尽管这种影响在大学期间还未显现，但是你确实是走在成长的路上。那么，大学期间的职业发展任务主要有哪些呢？具体包括以下3个方面、11种能力：

第一方面：自我认知

能力1：正向自我

- 个体通过与他人的互动，了解自己的个性、能力的优点和缺点
- 了解个人的技巧、能力、兴趣、经验、价值与人格特质
- 正确地认识自己的工作、学习及与休闲有关的成就
- 呈现对自我的更为现实的了解

能力2：有效的行为

这是指大学生能够恰当地表达自己的感受与想法，以一种温和而有力的方式去表达自己，而不是采用过度压抑自己的感受和想法或过于强势、盛气凌人的方法。

具备这种能力的大学生能够敏锐地识别出环境的压力，积极地寻求各方面的支持，而不是用自我挫败的行为去应对环境。不仅如此，个体还能够有效地管理自己的财务、资源、时间、精力。

能力3：了解发展性的变化与转移

- 清楚自己在不同时期、不同阶段的工作动机
- 清楚自己的生理变化以调整工作表现
- 正视促使生活变化的事件（如工作损失、换工作等）

第二方面：教育与职业的探索

能力4：抓住进入及参与教育训练的机会

- 通过适当的教育途径，完成生涯目标的短期与长期计划
- 辨识有关教育机会的信息
- 学会利用社区资源（儿童保育、社会福利、公共运输、公共卫生服务、心理健康服务等）
- 确认克服个人对教育与训练障碍的策略

能力 5：参与工作与终身学习

- 示范对完成学习活动的能力的信心（如研究、参加测验等）
- 清楚职业机会与教育成就、生活经验之间的关联
- 利用教育与训练的组织资源（如补习班、研究班、培训等）

能力 6：对信息的定位、评估与诠释

- 学习使用有关生涯信息（自我评估、生涯规划、雇主期望等）的资源
- 了解职业信息的局限性
- 确认影响对职业信息进行判断、识别的因素
- 了解与特定雇主及与雇佣条例有关的信息

能力 7：工作的寻找、获得、维持与改变

- 寻找：了解特定的职业状况，以配合期望的生涯目标；寻找工作机会；同同学、朋友、家人一起建立一个工作搜索网络
- 获得：准备简历；工作面试所必要的态度与技巧上的准备
- 维持：工作态度与行为的有效性；明确个人的职业成熟、科技的发展、财务需求等对知识、技巧和工作态度的影响；参与职业训练、继续教育等
- 改变：利用组织内部提供的现成生涯计划与安置服务；对改变工作的可能性进行准确的判断

能力 8：了解社会的需求与功能对工作的影响

- 了解工作对价值观与生活风格的影响
- 了解社会的需求和功能对职业供需的影响
- 了解职业与科技的发展趋势
- 了解全球经济对个人的影响

第三方面：自主决定

能力 9：做决定的技巧

- 树立对教育、训练与生涯目标做判定的标准
- 学会根据现有的环境、工作状况对工作的机会进行判定
- 清楚教育、工作与家庭决定对个人生涯决定的影响
- 制定有效的生涯决定，了解其潜在影响

能力 10：了解工作及其对个人和家庭生活的影响

- 了解家庭功能对职业的角色与决定的影响
- 了解个人和家庭的发展对个人发展的影响
- 了解工作、家庭与休闲活动之间的关系
- 掌握与家人进行协商、确定休闲需求的方法

能力11：生涯发展阶段转换的技巧

- 对职业阶段的现状有一个清晰的认识
- 对不同生涯阶段进行转换时产生的不适，应采取应对措施
- 提前制定退休计划

资料来源：ZENKEN V G. 生涯发展的理论与实务. 台北：扬智文化事业股份有限公司，1996：296.

〇 就业训练营

第一步：明晰目标——活出精彩的自己

小活动：

请你为大学毕业时的自己画一幅画像，并用6个以上的句子来具体描述一下这幅画。

看看上面的句子，你是不是已经知道你几年后的模样？你是否会为这个目标而努力呢？

职业生涯同样需要有目标的设定，这是职业生涯规划的核心。一个人事业的成败，很大程度上取决于有无正确、适当的目标。没有目标如同驶入大海的孤舟，没有方向，不知道自己走向何方。只有树立了目标，才能明确奋斗方向，走向成功。

在读完前面的内容之后，你是不是已经对自己在大学阶段的职业目标有所思考？千里之行，始于足下，如果你能够对这个目标进行更为详尽的思考和探索，你就已经开始走在成长的路上！

第二步：自我探索——找寻自己的模样

小活动：

请你在下面的空白处，用右手签下你的名字：

请你在下面的空白处，用左手签下你的名字：

现在，请你对比一下，你左右手的签名一样吗？有什么差异？

活动结果：如果用擅长的手签名，那么字迹要么娟秀细致，要么潇洒飘逸。可是如果用不擅长的手签名，即使很认真地写，字迹也是歪歪扭扭、东倒西歪。

从这个活动中，我们可以知道，每个人都有自己擅长做的事情，每个人擅长的事情和别人不一样。如果能够做自己擅长的事情，那么不仅做事情的时候更快乐，也更容易取得成功。原因很简单：这个事情是你擅长的。

做自己擅长的事情，这对职业选择是非常重要的。一个人若想在职业上成功，保持长久的热情，一个重要因素就是你要擅长这个职业。在众多的职业中，如何能够选择出自己擅长的职业呢？这就需要你有良好的自我觉察能力，能够准确把握自己是一个什么样的人，也就是“知己”。一般而言，了解自己既可以在日常生活中体验，也可以在心理测验中去求证，还可以通过他人的评价来反观、检验。如果你希望更好地了解自己，就请你跟随本书的第二章（兴趣与性格指引就业的方向）、第三章（就业技能：就业成功的关键）、第四章（生涯价值观），一起踏上探索自我的道路，揭开自我的面纱，认识一个真实的自己！

第三步：职场探索——发现工作中可爱的自己

小活动：

请你在下面的空白处，写下一个自己最想从事的职业：

接着，请在下面的空白处写下你对这个职业的了解：

对于上面的职业了解，你自己是否满意？当你确定把一个职业作为自己想要从事的职业之后，你是否觉得自己对它的了解并不是那么多、那么充分？也许你现在对于一个职业的了解已经很多，但是当你把它作为你将要从事的职业时，似乎仍有一些方面了解得不够透彻，还需要进行更为深入的接触和认识？

如果你确有这样的想法，就请你跟随我们的脚步，阅读本书的第五章（职业世界面面观）和第六章（走入职场初考验），学习用更为客观和全面的视角去看待职业，去寻找自己将来要从事的那份职业！

第四步：可行性检验——看到外部影响

小活动：

请写下在你的成长过程中对你有重要影响的3个人的名字：

接着，请在下面的空白处写下每个人希望你未来所从事的职业以及他们的理由：

第一个人： 职业： 理由： 第二个人： 职业： 理由： 第三个人： 职业： 理由：

从上面的活动中，你能否看到生活中对你有重要影响的人对你的期望？进一步而言，你能够看到这些期望对你的影响吗？

对任何人而言，家庭是我们成长过程中最重要的生活环境，会对人的性格产生影响，进而影响人对职业的选择。心理治疗师萨提亚（Virginia Satir）说过，透过你的家人，我们得以认识自己。家长常常将自己的心愿或者没有实现的理想都寄托在孩子身上。同时，每个人所在的社会环境对人也会产生影响，学校、同伴、老师等，在这些因素合力的作用下，一个人就慢慢地被塑造出来了。你是否想去看看这些影响你的力量是什么？是否想澄清一下自己是如何被这些力量影响的？在本书的第七章（环境影响：家庭、学校与社会），你将看到这些内容。

第五步：生涯决策——决定与承诺共存

小活动：画出我的10年名片

想象一下，10年后见到老同学，你会怎样介绍自己？你的名片是什么样子？请在下面的格子里，设计出你的名片。上面要写上你的工作单位、你的头衔、工作内容等。当然，如果你可以加上工作的地点、电话、网址、博客就更好啦！你也可以画上喜欢的图案哟！

名片的正面　　　　名片的反面

现在让你想象一下你10年后的样子，你的感觉是怎样的呢？是充满期待，还是在不确定中迷茫？还是对10年后的自己，没有特别的感觉，觉得那是一件很遥远的事情，现在考虑还为时过早？

凡事预则立，不预则废。尽管我们不知道我们的未来是什么样子，但可以确定的是，你现在的行为必定会影响你的未来，会影响你将成为一个怎样的人。因此，请你思考你会根据自己的情况做出怎样的决定？对你的未来而言，这个决定可能是浓墨重彩的一笔。因此如果你想进一步了解如何更好地做这个决定，就请你跟随本书的第八章（职业生涯决定与行动），一起考量如何做一个适合自己的决定！

第六步：检验与调整——生涯是一生的探索

我们不能拓展生命的长度，但是却可以拓展生命的宽度。即使我们已经选定了方向，但是在前行的路途上，定会经历风风雨雨、坎坎坷坷。即使是最爱我们的父母，也只能告诉我们未来是不确定的。也正是因为这个不确定，所以未来是掌握在我们自己手里的，由我们自己创造的。因此，每个人未来的发展都充满了机遇与挑战，让我们带着希望阅读本书的第九章（职业生涯发展——一生的事业），为自己美好的未来而努力！

小故事

一个人的履历

1961 年 12 月 3 日，出生于中国台湾。

1966 年至 1972 年，就读于中国台湾某某小学。

1972 年至 1979 年，于美国田纳西州读初中、高中。

1979 年至 1983 年，于美国纽约哥伦比亚大学获得计算机学士学位。

1983 年至 1988 年，于美国卡内基梅隆大学获得计算机博士学位。

1988 年至 1990 年，成为美国卡内基梅隆大学计算机系 RCS（研究计算机科学家），并在 1990 年 7 月获得 AP（助理教授）的职位。1988 年获得美国《商业周刊》最重要发明奖（语音识别），1989 年获得世界 Othello（黑白棋）对弈冠军。

1990 年至 1996 年，就职于美国苹果电脑公司（语音组经理、多媒体实验室主任、互动多媒体部全球副总裁）。1991 年获得电气和电子工程师学会最佳论文奖。

1996 年至 1998 年，就职于 SGI（美国硅图）电脑公司（网络产品部全球副总裁、Cosmo 子公司总裁）。

1998 年至 2004 年，就职于美国微软公司。1998 年 7 月加入微软公司，并于 11 月出任微软中国研究院（现为微软亚洲研究院）院长、兼任微软公司副总裁，负责公司的自然交互服务部，致力于开发使用户界面变得更加简便自然的技术和服务。2000 年成为电气和电子工程师学会院士。

2005 年 7 月，离开微软，加盟谷歌并担任谷歌中国区总裁。

2009 年 9 月，离开谷歌，创办创新工场，立足互联网、移动互联网和云计算，帮助中国青年成功创业，帮助中国打造一批新一代高科技公司。

读了上面这份履历，你有何感想？

你想知道这个人是谁？是惊奇于他传奇的经历，还是看到其所获得的荣耀，或者是其他的什么？

这个人就是李开复，一个不断追逐自我理想、实现自我愿望的人。他的履历在让我们感到钦佩的同时，也引发我们的思考："是什么让他能够成为这样的人？"对于这个问题李开复给出了答案，他说："人生不应浪费在没有快乐、没有成就感的领域。"李开复一直行走在追求快乐、成就感的路上，尽管他在这条道路上也会遇到坎坷和波折，但是这种快乐让他不断前行。李开复的成功，是不可复制的，但是他的成功，却是可以被学习的。透过他的成功，你是否也在思考，自己未来将要从事一份怎样的职业？什么样的职业能让自己从中体会快乐、感受到成就感？如果你有这样的期待，就与我们一同前行，共同走在探索职业生涯的路上！

图书推荐：

《做最好的自己》（人民出版社，作者：李开复）

内容简介：作者深信，读者无法理解的说教或难以产生共鸣的案例是不可能被读者接受的。在年轻人看来，发生在成功者身边的故事最值得学习和品味，最容易从中汲取经验和教训。作者更倾向于用缜密的逻辑和真实的案例来阐释成功的秘诀。虽然该书不是一本自传，但是在书中，也穿插着许多发生在作者身上的有意思、有价值的故事。作者把这本书献给他深爱的祖国，献给渴求进步的青年一代，因为他深信：唯有更多的青年找到了自信和快乐，找到了真正属于自己的成功之路，中华民族才能够拥有加辉煌的未来。

推荐理由：该书是一本励志书。书中使用了近百个真实案例，来阐述如何运用“成功同心圆”法则选择自己的价值观，阐述如何运用自己的智慧，“选择做一个融会中西的国际化人才”，最终说明“成功就是做最好的自己”。这些案例当中，既有李开复自己的成败得失，也有如比尔·盖茨一般显赫人物的故事。

影片推荐：

《未生》（韩国）

剧情简介：最高学历只有高中鉴定考试，外语能力全无、特长全无、技能全无的张克莱，孤独的人生里除了围棋一无所长。少年时因为家庭变故，报考韩国棋院研究生落选后，张克莱一直自暴自弃、碌碌无为。在 26 岁还在打零工的他，凭借关系空降进入综合贸易公司变成营业 3 组的一名实习生。入职第一天的张克莱连复印机都不会使用，接电话这种小事也要求助同是实习生的安英依。初入职场的他面对周围外语水平一流、工作能力卓越的同事们，马上被巨大挫折感包围，觉得自己格格不入、无地自容。同时，张克莱空降兵的特殊身份曝光后，马上受到了同期实习生们的质疑和排挤。顶头上司营业 3 组的吴科长也对张克莱的身份耿耿于怀。这让张克莱认识到一无所有的自己，唯有比所有人都要努力才能在这里生存下去。

推荐理由：未生，是韩国在围棋中的术语，指围棋中的最后一步棋，却有起死回生的机会，是目前还无法存活下来的棋子，但不是死棋，是还有生存余地的棋子。棋子有两个气眼的是活棋，叫完生。韩剧《未生》讲的是，在这个叫作“世界”的棋盘上奋斗的这一代，我们周围到处都是张克莱们，在以为没什么特别的事的公司里，每天都像在战斗一样，几乎要放弃的时候，却与看到自己价值的良师益友一起为了真正的“事业”和成为人生的胜者开始奋力奔跑前行。

第二章 兴趣与性格：指引就业的方向

知之者不如好之者，好知者不如乐之者。

——孔子

就业困惑

同学A是一个绘画爱好者。她目前在某高校学习经济学，然而她对她的专业完全提不起兴趣，尤其是对于数学这个重要科目感到有心无力。她对于未来的职业生涯感到迷茫：学不好本专业，也对本专业不感兴趣，那我能干啥呢？她说，她是一个比较内向的人，害怕和人打交道，最理想的职业其实是在家绘画。可是这能够养活自己吗？现在的网络画手大多是兼职画手，她是不是也需要一份“正经的”工作？

亲爱的同学们，你们有没有为兴趣和职业选择而纠结过呢？你会不会担心从事了自己不喜欢的职业呢？你有没有感受过自己的性格不适合某类职业？让我们一起走进第二章，去探寻兴趣、性格与职业发展的关系吧！

课前阅读

1. 兴趣的类型。
2. 兴趣对于就业的影响。
3. 性格的类型。
4. 性格对于就业的影响。

第一节 兴趣与职业

就业小测验

作为一名大学生，我相信你现在很难明确地说未来十年后你在做什么事情，但是我相信你能够确定自己未来所在的方向。如果你希望把握自己未来发展的方向，在你阅读这节之前，先做一个小练习，练习的名字是“回忆你最愿意做的三件事”：请你写下在你生活中最愿意做的三件事，这些事情让你十分渴望重复它，能够愉快地、成功地完成它，你过去在一直向往它，愿意付出时间和精力去学习它，或者你发自内心地喜欢它。

1. ______________________________

2. ______________________________

3. ______________________________

请你思考一下上述的“愿意做的事情”，是什么让你表现得充满了热情、兴奋和满足，甚至会让你忘记了时间的流逝？

这就是兴趣。兴趣是人们积极探究某种事物的认识倾向，表现为对某件事物、某项活动的选择性态度和积极的情绪反应。兴趣可以使人集中注意力，产生愉快、紧张的心理状态，这对人的认识和活动会产生积极的影响，有利于提高工作的质量和效果。诺贝尔物理学奖获得者丁肇中曾说，“兴趣比天才重要”。

一、兴趣

（一）兴趣会指引你走向成功

李开复说，“如果你很爱一件事情，吃饭、睡觉、洗澡都在想这个事情，你在这个领域不成功都很困难”。是的，有的时候，成功的动力源于对我们自己对所从事工作深深的热爱。接下来，让我们进一步了解兴趣与工作幸福感、职业发展、职业稳定性、职业成就之间的关系。

1. 兴趣与工作幸福感

事业上的成功一定能够提升个人的工作幸福感吗？

每个人对成功的定义不尽相同。这映射出每个人内心的兴趣关注点各异。难怪有人会说“或许失败是一次难得的成功，而成功或许意味着无法挽回的失败”。下面的故事，或许会给你一些启发与思考。

一个小女孩，通过自己的勤奋努力得到了舞蹈大赛的一等奖。鲜花和掌声如海浪一般向她涌来。父母为她感到高兴和自豪，还买了昂贵的玩具当作奖励。当所有人都以为她会在“海水”中欢声笑语时，只有她自己知道，她的泪水与海浪融为一体。

为什么？

她在日记中写道：我真的很喜欢一个人静静地待在家里拼手工模型。今天，我终于拼出了漂亮的圣诞树。等到圣诞节，家里就真的有了一棵只有电视里才有的圣诞树。爸爸妈妈和我就可以开心地一起玩，它就在一边陪伴着我们。

得到众人的认可，不一定是成功；得不到众人的见证，不一定就是不成功。真正的幸福感是自己内心的感受。你的兴趣关注点在哪呢？找到它，也许它能够解释你现在“成功中的沮丧感”，也许它能带你走出一片新天地！

2. 兴趣与职业发展

兴趣在职业发展中究竟扮演着怎样的角色呢？它是职业旅程中的“人参果”还是“调味剂”？它是职业生涯中一成不变的“主角”还是锦上添花的“配角”？下面的故事，或许能够给你一些启发与思考。

下面的内容节选自史蒂夫·乔布斯在斯坦福大学2005年毕业典礼上的演讲：

我跟着我的直觉和好奇心走，遇到的很多东西，此后被证明是无价之宝。让我给你们举一个例子吧：

Reed大学在那时提供了也许是全美最好的美术字课程。在这个大学里面的每张海报、每个抽屉的标签上面全都是漂亮的美术字。因为我退学了，不必去上正规的课程，所以我决定去参加这个课程，去学学怎样写出漂亮的美术字。我学到了Sanserif和Serif字体，我学会了怎么样在不同的字母组合之中改变空白间距，还有怎么样才能做出最棒的印刷式样。那种美好、历史感和艺术精妙，是科学永远不能捕捉到的，我发现那实在是太迷人了。

当时看起来这些东西在我的生命中，好像都没有什么实际应用的可能。但是十年之后，当我们在设计第一台Macintosh（麦金塔）电脑的时候，就不是那样了。我把当时我学的那些东西全都设计进了Mac。那是第一台使用了漂亮的印刷字体的电脑。如果我当时没有退学，就不会有机会去参加这个我感兴趣的美术字课程，Mac就不会有这么多丰富的字体和赏心悦目的字体间距。因为Windows只是照抄了Mac，所以现在个人电脑才能有现在这么美妙的字形。

当然我在大学的时候，还不可能把从前的点点滴滴串联起来，但是当我十年后回顾这一切的时候，真的豁然开朗了。

需要再次说明的是，你在向前展望的时候不可能将这些片断串联起来，你只能在回顾的时候将点点滴滴串联起来。所以你必须相信这些片断会在你未来的某一天串联起来。你必须要相信某些东西：你的勇气、目的、生命、因缘……这个过程从来没有令我失望，只是让我的生命更加与众不同。

从乔布斯的成长中，我们能够看到兴趣在所取得的杰出成就中具有不可估量的影响，兴趣是其职业生涯中的一个“主角”。还有很多人，其成长轨迹如乔布斯一样，兴趣成就了他们的事业。如果你愿意，可以自己想一想，并把他们记在你心里！

3. 兴趣与职业稳定性

现在的年轻人经常质疑：兴趣到底能持续多久？

每个人的生活经历不同，因此对这句话的回答也不尽相同。

值得一提的是，比尔·盖茨首先为我们做出了表率。对于计算机的热爱使得他 13 岁时就开始了电脑程序设计；未读完他在哈佛的学业，而是中途退学自立公司，这让他的一生与微软“亲密无间”。他的志趣成了他的职业，不曾改变、不曾“跳槽”、不曾后悔。

然而，我们每个人并非盖茨的翻版，我们的个人兴趣有的时候很简单，以至于难以达到“企业的规模”。同样，当兴趣不能成为一份职业时，它或许可以成为职业的“滋养品”，在这方面钱学森可以成为我们借鉴的楷模。

钱学森不仅是科学家，在音乐、绘画、摄影等方面也都颇有造诣，尤其喜欢弹钢琴。听音乐是他主要的休闲方式。他认为，音乐引发了他幸福的联想。“音乐里所包含的诗情画意和对人生的深刻理解，丰富了我对世界的认识，使我学会了广阔的思维方法。是音乐让我避免死心眼、避免机械唯物论，想问题更宽一点、活一点。”另外，还有一桩有关钱学森的轶事。1991 年，在中共中央为钱学森举行的颁奖仪式接近尾声时，钱学森忽然话题一转，谈到了他的夫人蒋英，“我们结婚 44 年的生活是很幸福的。在 1950 年到 1955 年美国政府对我迫害期间，她管家，为此付出了巨大牺牲。蒋英是女高音歌唱家，她与我的专业相差很远，但，正是由于她为我介绍了音乐艺术，使我丰富了对世界的深刻认识，学会了广阔的思维方法。”

当兴趣无法成为我们的职业时，不要丢弃它，让它融入我们当下的职业中，相信它会成为你固守职业的活力元素和活水源泉。

4. 兴趣与职业成就

有的时候，兴趣能够支撑一个人跨过人生中的巍峨山崖，到达人生的另一方芳草碧天。尽管，起点低、包袱重、荆棘丛生，但，兴趣就像一只无拘无束、轻盈翻飞的蝴蝶，追逐的人不屑于脚下的泥泞和坎坷；纵然“两岸猿声啼不住”，然“轻舟已过万重山”。

你知道林书豪吗？这位目前在美国 NBA 打球的华裔球员，被戏称为“林来疯”（Linsanity）。林书豪，1988 年 8 月 23 日生于美国加州，美国职业篮球运动员，主打控球后卫，身高 191 厘米，体重 90 公斤。大学期间效力于哈佛大学。虽然在 NBA 选秀大会上落选，且在与纽约尼克斯队签约前一直默默无闻，在 2012 年 2 月的比赛中一举成名。他的成就，在于兴趣，在于等待，在于为自己喜欢的事情执着前行！

“请不要低估兴趣的力量。”

（二）为锚定自己的兴趣努力

大学生，是一个在努力探索自己兴趣、锚定自己发展方向的群体。之所以这么说，是因为在大学生中我们能够看到很多人努力探索自我，在为自己的未来而努力：

在社团招新时络绎不绝的身影；

在选择专业时的困惑；

在面对自己专业时的期待；

在专业学习之余的课外学习选择；

…………

我们相信，你也是他们中的一员，走在探索自我兴趣的路上。对于未来，我们都有一个积极的预期：做自己喜欢做的事情，能够取得一定的成就。那么，我们就一起来看一看你的兴趣类型，从而帮助你为自己的未来做出合理的规划。

二、兴趣的类型

知识窗

美国心理学家约翰·霍兰德博士在20世纪70年代提出了兴趣类型理论。霍兰德认为，兴趣只是描述人格特点的另一途径，在职业选择中发挥了最为重要的作用。人格被认为是兴趣、价值观、需要、技能、信念、态度和学习分割的综合体，其中兴趣在人进行职业选择时具有重要作用，是将人与职业进行匹配的依据。

在大量研究的基础上，霍兰德提出了六边形模型。这个六边形模型用于比较一个领域的兴趣与其他领域的兴趣，最终用来进行人与职业的匹配。六种类型分别是现实型（realistic type，R）、研究型（investigative type，I）、艺术型（artistic type，A）、社会型（social type，S）、企业型（enterprising type，E）和常规型（conventional type，C）。这六种类型在人格类型和职业类型上的具体内容见表2-1和表2-2：

表2-1 RIASEC人格类型

特性＼人格类型	现实型（R）	研究型（I）	艺术型（A）	社会型（S）	企业型（E）	常规型（C）
偏好的活动和职业	操作机器、工具	探索、理解、预测和控制自然及社会现象	文学、音乐或艺术性活动	助人、教学、治疗、咨询，通过人际交往服务于他人	说服、操纵、指导他人	建立或保持日常秩序、按标准行事
价值观	对有形的成就的物质回报	知识的获得与发展	思想、情绪或情感的创造性表达	增进他人的福利，社会服务	物质上的成就和社会地位	物质、经济上的成就，在社会、商业和政治领域获得权力
对自己的看法	实干的、保守的，具备动手能力和机械技能；缺乏人际交往技能	善于分析、聪明、有怀疑精神、有学术能力；缺乏人际交往技能	对经验保持开放，创新的、聪明的；缺少文书或办公技能	富有同情心和耐心，有人际交往技能；缺乏机械操作能力	具有销售、说服的能力；缺乏科学能力	拥有商业或制造业的技术性技能；缺乏艺术才能
他人的看法	普通的、坦率的	不善于社交的、有知识的	非传统的、无序的、有创造力的	善于照顾人的、宜人的、外向的	精力充沛的、爱交际的	小心谨慎的、顺从的
避免	与人交往	说服或销售活动	例行公事，遵从现有的规则	机械操作或技术活动	科学性的、知识性的、深奥的话题	模棱两可的、非结构化的任务

表 2-2 RIASEC 职业类型

职业类型 / 特性	现实型（R）	研究型（I）	艺术型（A）	社会型（S）	企业型（E）	常规型（C）
要求	动手能力、操作机械能力，与机器、工具和物体打交道	分析能力、技术能力、科学与语言能力	创新性、创造能力，通过情感性表达与他人互动	人际交往能力，指导、训练、治疗和教育他人的能力	说服、操纵他人的能力	文书技能、具备按照精确的标准完成任务的技能
所要求并因此获得报偿的行为、表现	遵从性的行为，实践操作上的成果	怀疑主义，在问题解决上的坚持性，用文献证实新知识、理解和解决难题	文学、绘画、音乐创作上的想象力	同情心、人道主义、和蔼可亲、友善	主动追求经济、物质成就，主导性、自信	组织能力、遵从、可靠
可在其中表达的价值观和个人风格	实践的、生产性的实用主义价值观；坚定、大胆、冒险性风格	通过学术研究获得知识	非传统的观念、方式，审美性价值观	关心他人的福祉	营利导向、权力导向、责任感	传统的观点，看重秩序与常规
所包含的职业和环境	具体的实践活动；使用机器、工具和物质材料	以解决难题、创造和使用知识为目的的分析、智力活动	音乐、写作、表演、雕刻上的创造性工作，或是非结构性的智力探索工作	以帮助或促进的方式同他人开展工作	销售、领导和操控他人以达到个人或组织的目标	与具体事务、数字或机器打交道，已达到可预见的组织要求或特定标准
职业举例	木匠、货车司机	心理学家、微生物学家	音乐家、室内设计师	咨询员、牧师	律师、零售店经理	编辑、图书管理员

霍兰德提出的六边形模型如图 2-1 所示，用来解释六种类型之间的关系：在六边形模型中，任何两种类型之间的距离越近，其职业类型及人格特质的相似程度就越高。比如企业型和社会型在六边形模型中是相邻的类型，那么它们的相似性也最高，因为这两种类型的人比其他类型的人更喜欢与人打交道，其区别在于打交道的方式不同。企业型和研究型处于对角线的位置，它们就缺少一致性而具有相反的特质：企业型的人喜欢说服他人或支配他人，而研究型的人喜欢分析、研究问题，喜欢运用智慧独立地工作。

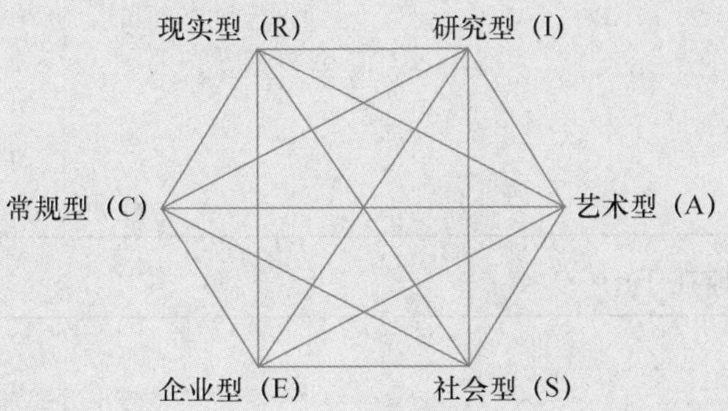

图 2-1 六边形模型

就业小测验

霍兰德认为，一个人的职业兴趣往往是多方面的，很少有人集中在某一种类型上。每个人对上述六种职业兴趣的喜好程度，可以按其强弱程度来排序。霍兰德用排在最前面的三种兴趣的字母代码来表示一个人的兴趣，这个代码通常被称为“霍兰德代码”。这三个字母代码的顺序表明了兴趣的强弱程度，比如具有 SIC 和具有 CIS 的人具有相似的兴趣，但是他们对同一类型事物的感兴趣程度却是不同的。

生涯兴趣量表

一、这个量表的目的在于帮助你了解你对大学选修科目和职业活动的兴趣，以此作为你将来选择适当职务的参考。
二、请在每一个学科或职业活动上圈选出适当的数字，以反映你对每一个学科或职业活动的兴趣程度或可能偏好程度。
如果你对该学科或职业活动具有“强烈”的兴趣，请圈选“3”；
如果你对该学科或职业活动具有“中度”的兴趣，请圈选“2”；
如果你对该学科或职业活动具有“些微”的兴趣，请圈选“1”；
如果你对该学科或职业活动“丝毫没有”兴趣，请圈选“0”。
三、不必考虑你是否具有在某一特定领域中获得成功的生涯技能或潜能。
四、每一项问题都要作答。

第一部分：选修科目

我的“现实”兴趣在于……

农业	0	1	2	3
航空	0	1	2	3
地质学	0	1	2	3
工艺教学	0	1	2	3
医事技术	0	1	2	3
石油工程学	0	1	2	3
法律实务	0	1	2	3
森林学	0	1	2	3
放射性科技	0	1	2	3
运输技术	0	1	2	3
摄影技术	0	1	2	3
牙科齿模制造	0	1	2	3
建筑制图	0	1	2	3
海洋调查	0	1	2	3

我的“研究”兴趣在于……

经济学	0	1	2	3
保险统计科学	0	1	2	3
护理学	0	1	2	3

微生物学	0	1	2	3
牙科医学	0	1	2	3
医学	0	1	2	3
自然科学教学	0	1	2	3
医疗科技	0	1	2	3
心理学	0	1	2	3
数学	0	1	2	3
电脑程序设计	0	1	2	3
药学	0	1	2	3
航空工程学	0	1	2	3
地理学	0	1	2	3

我的“艺术”兴趣在于……

医学插图	0	1	2	3
美术	0	1	2	3
商业艺术	0	1	2	3
音乐	0	1	2	3
图书馆学	0	1	2	3
新闻学	0	1	2	3
英国文学	0	1	2	3
外国语文	0	1	2	3
工业设计	0	1	2	3
服装设计	0	1	2	3
舞蹈	0	1	2	3
戏剧	0	1	2	3
室内设计	0	1	2	3
景观建筑设计	0	1	2	3

我的“社会”兴趣在于……

美容美发	0	1	2	3
职业治疗	0	1	2	3
旅行导游	0	1	2	3
牙科保健	0	1	2	3
社会工作	0	1	2	3
辅导工作	0	1	2	3
中小学教学	0	1	2	3
法律服务	0	1	2	3
观护工作	0	1	2	3
心理治疗	0	1	2	3
医疗服务	0	1	2	3
政治实务	0	1	2	3

电视节目制作	0	1	2	3
复健咨询	0	1	2	3

我的“企业”兴趣在于……

会计	0	1	2	3
工业工程	0	1	2	3
营销	0	1	2	3
房地产销售	0	1	2	3
殡葬事业管理	0	1	2	3
公园管理	0	1	2	3
广播/电视实务	0	1	2	3
流行（服装）销售	0	1	2	3
商业管理	0	1	2	3
法律	0	1	2	3
交通运输管理	0	1	2	3
体育行政	0	1	2	3
建筑管理	0	1	2	3
消防管理	0	1	2	3

我的“常规”兴趣在于……

人事书记	0	1	2	3
资料处理	0	1	2	3
办公室设备维护	0	1	2	3
医事行政	0	1	2	3
商业教育	0	1	2	3
牙齿矫正	0	1	2	3
办公室行政	0	1	2	3
医疗记录技术	0	1	2	3
法院书记	0	1	2	3
文书簿记	0	1	2	3
电脑资料输入	0	1	2	3
财务记录	0	1	2	3
秘书学	0	1	2	3
数学教育	0	1	2	3

第二部分：职业活动

我的“现实”兴趣在于……

安排飞机、船舶、卡车或公共汽车的路线	0	1	2	3
装置、维护，以及修理电脑或其他电器	0	1	2	3
饲养纯种狗、纯种马或其他动物	0	1	2	3

以造园技术美化庭院和公园	0	1	2	3
养殖海洋鱼类或其他海洋生物	0	1	2	3
制作或修理家具	0	1	2	3
改良及展现体育技能	0	1	2	3
执行法律以保护生命和财产	0	1	2	3
制作建筑物、机器或电气设备的模型	0	1	2	3
保护野生动物的安全和食物摄取	0	1	2	3
建造房子或其他建筑物结构体	0	1	2	3
操作紧急、救生或救火设备	0	1	2	3
驾驶卡车、牵引机或公共汽车	0	1	2	3
操作无线电广播或电视设备	0	1	2	3

我的“研究”兴趣在于……

研究职业、生活方式或他人的行为	0	1	2	3
用活的植物或动物做实验，以探索生长或遗传的法则	0	1	2	3
设计新的运输或通信方式	0	1	2	3
设计实验来开创或测试新的药物、化学制品或事物	0	1	2	3
设计建筑物、桥梁或其他结构体	0	1	2	3
发展长期天气预测的方法	0	1	2	3
操作 X 射线机器或其他实验室仪器	0	1	2	3
检测矿床的岩层并判断它们如何被从土壤中除去	0	1	2	3
设计电脑程序以解决复杂的技术问题	0	1	2	3
研究人类或动物疾病与身体伤害的因素或加以诊断和治疗	0	1	2	3
设计制造飞机或轮船	0	1	2	3
发展数学方程式或化学公式以解决科学的问题	0	1	2	3
研究太阳系及宇宙天文星象	0	1	2	3
研究水域，例如湖、河流及海洋	0	1	2	3

我的“艺术”兴趣在于……

在乐团、管弦乐队或其他音乐组织里演奏乐曲或创作音乐	0	1	2	3
设计室内装潢布置的平面图，以及为家庭或办公室挑选家具和组合颜色	0	1	2	3
为书籍或杂志绘制插图或设计封面	0	1	2	3
创意舞蹈、芭蕾舞或韵律体操	0	1	2	3
画卡通、漫画或人物的滑稽画	0	1	2	3
撰写短篇故事、小说、戏剧或诗词	0	1	2	3
使用木头、黏土、油漆或其他材料来创作艺术品	0	1	2	3
从事创意摄影	0	1	2	3
指挥一个管弦乐团或导演一出戏剧	0	1	2	3
发表雕刻、戏剧、书籍、电影或音乐等作品，或加以论述和讲评	0	1	2	3
安排艺术、商品或博物馆展示	0	1	2	3

为无线电广播或电视节目撰写对白或商业广告词	0	1	2	3
研究及诠释外国文学	0	1	2	3
为商品设计容器或包装	0	1	2	3

我的“社会”兴趣在于……

在公园或休闲设施中监督人群的活动	0	1	2	3
照顾儿童并协助他们接受教育	0	1	2	3
协助人们处理其个人问题及生活上的重要决策	0	1	2	3
教导或协助人们发展他们的兴趣和天分	0	1	2	3
教导别人如何照顾自己及改善健康	0	1	2	3
给予父母关于教养孩子的忠告	0	1	2	3
为大众提供保健常识和社会服务	0	1	2	3
处理或协助病人、残障人士或受伤者的治疗	0	1	2	3
管理员工的甄选、安置和升迁	0	1	2	3
拜访家庭以协助面临困难或需要帮助的人	0	1	2	3
教导别人艺术和工艺	0	1	2	3
研究不同社会和文化的传统和民风	0	1	2	3
拜访人们，以获得有关其信仰和习惯方面的信息	0	1	2	3
协助人们发展其体育天分或运动技能	0	1	2	3

我的“企业”兴趣在于……

管理自己的工厂	0	1	2	3
买卖股票与债券	0	1	2	3
为大型店或连锁店采购商品	0	1	2	3
管理企业的公共事务部门	0	1	2	3
协助别人安置安全设备	0	1	2	3
游说某一法案的通过	0	1	2	3
处理劳工与管理阶层之间的争议	0	1	2	3
管理或指挥一个大型事业或某家公司的一个部门	0	1	2	3
指挥一个社会服务机构或休闲机构	0	1	2	3
指挥一家大型工厂的销售政策或管理一组销售人员	0	1	2	3
协助个人规划他们的旅游	0	1	2	3
担任无线电广播或电视的播音员	0	1	2	3
研究法律情境并解释法律	0	1	2	3
管理及代表演说者、表演者以及艺术家	0	1	2	3

我的“常规”兴趣在于……

操作办公机器	0	1	2	3
为一家公司发展会计或档案系统	0	1	2	3
为大型公司张贴广告	0	1	2	3
规划或协调一场研讨会或定期大会	0	1	2	3

协助别人规划及管理他们的财务	0	1	2	3
将订单进行分类、计算价钱配额及制作价目表	0	1	2	3
保存财务记录	0	1	2	3
接电话及提供咨询或安排电话访问	0	1	2	3
教导商业课程	0	1	2	3
准备发薪名单、计算佣金及制作薪水扣除额	0	1	2	3
会见客户、安排约会及处理一般办公室事务	0	1	2	3
把口述内容写下来	0	1	2	3
簿记登录或盘点	0	1	2	3
研究人们如何管理他们的时间和精力来完成工作任务	0	1	2	3

计分：

将每一项中 14 题的得分相加，填写在下面的空格中。

第一部分：选修科目

现实型	研究型	艺术型	社会型	企业型	常规型

第二部分：职业活动

现实型	研究型	艺术型	社会型	企业型	常规型

解释：

类型	典型个人风格	典型职业
现实型（R）	此类型的人具有顺从、坦率、谦虚、自然、坚毅、实际、有理、害羞、稳健、节俭等特征。其行为表现为： 喜爱实际操作性质的职业或情境； 以具体实用的能力解决工作或其他方面的问题； 拥有机械和操作能力，较缺乏人际关系方面的能力； 重视具体的事物或明确的特性。	工程师 工程人员 医师 医事技术人员 农、渔、林、牧相关职业 导演 机械操作员 一般技术人员
研究型（I）	此类型的人具有分析、谨慎、判断、好奇、独立、内向、精确、理性、保守、好学、自信等特征。其行为表现为： 喜爱研究性质的职业或情境； 以研究方面的能力解决工作及其他的问题； 拥有科学和数学方面的能力，但较缺乏领导才能； 重视科学价值。	数学家 科学家 自然科学研究人员 工程师 工程研究人员 信息研究人员 研究助理

续表

类型	典型个人风格	典型职业
艺术型 （A）	此类型的人具有复杂、冲动、独立、直觉创意、理想化、情绪化、感情丰富、不重秩序、不服权威、不重实际等特征。其行为表现为： 喜爱艺术性质的职业或情境； 以艺术方面的能力解决工作或其他的问题； 富有表达能力、创造能力，拥有艺术、音乐、表演、写作等方面的能力； 重视审美价值与美感经验。	音乐家 画家 诗人 作家 舞蹈家 导演 戏剧演员 艺术教师 美术设计人员
社会型 （S）	此类型的人具有合作、友善、慷慨、助人、仁慈、负责、善沟通、善解人意、富洞察力、理想主义等特征。其行为表现为： 喜爱社会性质的职业或情境； 以社交方面的能力解决工作及其他的问题； 具有帮助别人、了解别人、教导别人的能力，但较缺乏机械与科学能力； 重视社会规范与伦理价值。	社会服务工作者 一般教师 社工人员 护理人员 辅导咨询人员
企业型 （E）	此类型的人具有冒险、野心、抱负、乐观、自信、有冲劲、追求享乐、精力充沛、善于社交、说服他人、获取注意、管理组织等特征。其行为表现为： 喜欢企业性质的职业或情境； 以企业方面的能力解决工作或其他的问题； 具有语言沟通、说服、社交、管理、组织、领导方面的能力，较缺乏科学能力； 重视政治与经济上的成就。	业务营销人员 律师 企业经理 公关人员 政治人员 媒体传播人员 法官 中介代理人员
常规型 （C）	此类型的人具有顺从、谨慎、保守、自抑、谦逊、坚毅、实际、稳重、重秩序、有效率等特征。其行为表现为： 喜欢传统性质的职业或情境； 以传统方面的能力解决工作或其他的问题； 具有文书写作和数字计算方面的能力； 重视商业与经济价值。	会计师 会计人员 总务 出纳 银行职员 行政助理 编辑 资讯处理人员

资料来源：吴芝仪．我的生涯手册．北京：经济日报出版社，2008：196.

由此可得到你自己的兴趣代码（即排在最前面的三种兴趣的字母代码），然后根据自己的兴趣代码来确定你的职业代码，在“霍兰德职业索引”中查找相应的职业①。

霍兰德职业索引（列出了职业兴趣代码及与其对应的职业）：

RIA：牙科技术员、陶工、建筑设计员、模型工、细木工、制作链条人员。

RIS：厨师、林务员、跳水员、潜水员、染色员、电器修理工、眼镜制作工、电工、纺织机器装配工、服务员、装玻璃工人、发电厂工人、焊接工。

① 钟谷兰，等．大学生职业生涯发展与规划．上海：华东师范大学出版社，2008：156-159.

RIE：建筑和桥梁工程人员、环境工程人员、航空工程人员、公路工程人员、电力工程人员、信号工程人员、电话工程人员、一般机械工程人员、自动工程人员、矿业工程人员、海洋工程人员、交通工程技术人员、制图员、家政经济人员、计量员、农民、农场工人、农业机械操作员工、清洁工、无线电修理员、汽车修理员、手表修理员、管工、线路装配工、工具仓库管理员。

RIC：船上工作人员、接待员、杂志保管员、牙医助手、制帽工、磨坊工、石匠、机器制造工、机车（火车头）制造工、农业机器装配工、汽车装配工、缝纫机装配工、钟表装配和检验工、电动器具装配工、鞋匠、锁匠、货物检验员、电梯机修工、托儿所所长、钢琴调音员、装配工、印刷工、建筑钢铁工作人员、卡车司机。

RAI：手工雕刻人员、玻璃雕刻人员、模型制作人员、家具木工、皮革品制作人员、手工绣花人员、手工钩针纺织人员、排字工作人员、印刷工作人员、图画雕刻人员、装订工。

RSI：纺织工、编织工、农业学校教师、某些职业课程教师（如艺术、商业、技术、工艺课程）、雨衣上胶工。

RSE：消防员、交通巡警、警察、门卫、理发师、房间清洁工、屠夫、锻工、开凿工人、管道安装工、出租汽车驾驶员、货物搬运工、送报员、勘探员、娱乐场所的服务员、起卸机操作工、灭害虫者、电梯操作工、厨房助手。

REI：轮船船长、航海领航员、大夫、试管实验员。

RES：旅馆服务员、家畜饲养员、渔民、渔网修补工、水手长、收割机操作工、搬运行李工、公园服务员、救生员、登山导游、火车工程技术员、建筑工作人员、铺轨工人。

REC：抄水表员、保姆、实验室动物饲养员、动物管理员。

RCI：测量员、勘测员、仪表操作者、农业工程技术人员、化学工程技师、民用工程技师、石油工程技师、资料室管理员、探矿工、煅烧工、烧窑工、矿工、保养工、磨床工、取样工、样品检验员、纺纱工、炮手、漂洗工、电焊工、锯木工、刨床工、制帽工、手工缝纫工、油漆工、染色工、按摩工、木匠、农民建筑工、电影放映员、勘测员助手。

RCS：公共汽车驾驶员、一等水手、游泳池服务员、裁缝、建筑工、石匠、烟囱修建工、混凝土工、电话修理工、爆炸手、邮递员、矿工、裱糊工人、纺纱工。

RCE：打井工、吊车驾驶员、农场工人、邮件分类员、铲车司机。

IRA：地理学家、地质学家、声学物理学家、矿物学家、古生物学家、石油学家、地震学家、原子和分子物理学家、电学和磁学物理学家、气象学家、设计审核员、人口统计学家、数学统计学家、外科医生、城市规划家、气象员。

IRS：流体物理学家、海洋物理学家、等离子体物理学家、农业科学家、动物学家、食品科学家、园艺学家、植物学家、细菌学家、解剖学家、动物病理学家、作物病理学家、药物学家、生物化学家、生物物理学家、细胞生物学家、临床化学家、遗传学家、分子生物学家、质量控制工程师、地质学家、兽医、放射性治疗技师。

IRE：化验员、化学工程师、纺织工程师、食品技师、渔业技术专家、材料和测试工程师、电气工程师、土木工程师、航空工程师、行政官员、冶金专家、原子核工程师、陶瓷工程师、地质工程师、电力工程师、口腔科医生、牙科医生。

IRC：飞机领航员、飞行员、物理实验室技师、文献检查员、农业技术专家、动植物技术专家、生物技师、油管检查员、工商业规划者、矿藏安全检查员、纺织品检验员、照相机修理者、工程技术员、编计算程序者、工具设计者、仪器维修工。

IAR：人类学家、天文学家、化学家、物理学家、医学病理家、动物标本剥制者、化石修复者、艺术品管理者。

IAS：普通经济学家、农场经济学家、财政经济学家、国际贸易经济学家、实验心理学家、工程心理学家、心理学家、哲学家、内科医生、数学家。

ISR：水生生物学者、昆虫学者、微生物学家、配镜师、矫正视力者、细菌学家、牙科医生、骨科医生。

ISA：实验心理学家、普通心理学家、发展心理学家、教育心理学家、社会心理学家、临床心理学家、目标学家、皮肤病学家、精神病学家、妇产科医师、眼科医生、五官科医生、医学实验室技术专家、民航医务人员、护士。

ISE：营养学家、饮食顾问、火灾检查员、邮政服务检查员。

ISC：侦察员、电视播音室修理员、电视修理服务员、验尸室人员、编目录者、医学实验室技师、调查研究者。

IES：细菌学家、生理学家、化学专家、地质专家、地理物理学专家、纺织技术专家、医院药剂师、工业药剂师、药房营业员。

IEC：档案保管员、保险统计员。

ICR：质量检验技术员、地质学技师、工程师、法官、图书馆技术辅导员、计算机操作员、医院听诊员、家禽检查员。

AIR：建筑师、画家、摄影师、绘图员、环境美化工、雕刻家、包装设计师、陶瓷设计师、绣花工、漫画工。

AIS：画家、剧作家、编辑、评论家、时装艺术大师、新闻摄影师、男演员、文学作者。

AIE：花匠、皮衣设计师、工业产品设计师、剪影艺术家、复制雕刻品大师。

ASI：音乐教师、乐器教师、美术教师、管弦乐指挥、合唱队指挥、歌星、演奏家、哲学家、作家、广告经理、时装模特。

ASE：戏剧导演、舞蹈教师、广告撰稿人、报刊、专栏作家、记者、演员、英语翻译。

AER：新闻摄影师、电视摄影师、艺术指导、录音指导、丑角演员、魔术师、木偶戏演员、骑士、跳水员。

AEI：音乐指挥、舞台指导、电影导演。

AES：流行歌手、舞蹈演员、电影导演、广播节目主持人、舞蹈教师、口技表演者、喜剧演员、模特。

SRI：外科医师助手、医院服务员。

SRE：体育教师、职业病治疗者、体育教练、专业运动员、房管员、儿童家庭教师、警察、引座员、传达员、保姆。

SRC：护理员、护理助理、医院勤杂工、理发师、学校儿童服务人员。

SIR：理疗员、救护队工作人员、手足病医生、职业病治疗助手。

SIA：社会学家、心理咨询师、学校心理学家、政治科学家、大学或学院的系主任、大学或学院的教育学教师、大学农业教师、大学工程和建筑课程的教师、大学法律教师、大学数学、医学、物理、社会科学和生命科学的教师、研究生助教、成人教育教师。

SIE：营养学家、饮食学家、海关检查员、安全检查员、税务稽查员、校长。

SIC：描图员、兽医助手、诊所助理、体检检查员、监督缓刑犯的工作者、娱乐指导者、咨询人员、社会科学教师。

SER：体育教练、游泳指导。

SEI：大学校长、学院院长、医院行政管理员、历史学家、家政经济学家、职业学校教师、资料员。

SEA：娱乐活动管理员、国外服务办事员、社会服务助理、一般咨询者、宗教教育工作者。

SEC：社会活动家、退伍军人服务官员、工商会事务代表、教育咨询者、宿舍管理员、旅馆经理、饮食服务管理员。

SCE：部长助理、福利机构职员、生产协调人员、环境卫生管理人员、戏院经理、餐馆经理、售票员。

ERI：建筑物管理员、工业工程师、农场管理员、护士长、农业经营管理人员。

ERS：仓库管理员、房屋管理员、货栈监督管理员。

ERC：邮政局长、渔船船长、机械操作领班、木工领班、瓦工领班、驾驶员领班。

EIR：科学、技术和有关周期出版物的管理员。

EIS：警官、侦察员、交通检验员、安全咨询员、合同管理者、商人。

EIC：专利代理人、鉴定人、运输服务检查员、安全检查员、废品收购人员。

EAR：展览室管理员、舞台管理员、播音员、驯兽员。

EAS：法官、律师、公证人。

ESR：家具售货员、书店售货员、公共汽车驾驶员、日用品售货员、护士长、自然科学和工程的行政领导。

ESI：博物馆管理员、图书馆管理员、古迹管理员、饮食业经理、地区安全服务管理员、技术服务咨询者、超级市场管理员、零售商品店店员、批发商、出租汽车服务站调度员。

ESA：博物馆馆长、报刊管理员、音乐器材售货员、广告商、画商、导游、（轮船或班机上的）事务长、飞机上的服务员、船员、法官、律师。

ESC：理发师、裁判员、政府行政管理人员、财政管理员、工程管理员、职业病防治员、售货员、商业经理、办公室主任、人事负责人、调度员。

ECI：银行行长、审计员、信用管理员、地产管理员、商业管理员。

ECS：信用办事员、保险人员、各类进货员、海关服务经理、售货员、购买员、会计。

CRI：簿记员、会计、记时员、铸造机操作工、打字员、按键操作工、复印机操作工。

CRS：仓库保管员、档案管理员、缝纫工、讲述员、收款人。

CRE：标价员、实验室工作者、广告管理员、自动打字机操作员、电动机装配工、缝纫机操作工。

CIR：校对员、工程职员、海底电报员、检修计划员、发报员。

CIS：记账员、顾客服务员、报刊发行员、土地测量员、保险公司职员、会计师、估价员、邮政检查员、外贸检查员。

CIE：打字员、统计员、支票记录员、订货员、校对员、办公室工作人员。

CSR：运货代理商、铁路职员、交通检查员、办公室通信员、簿记员、出纳员、银行财务职员。

CSA：秘书、图书管理员、办公室办事员。

CSE：接待员、电话接线员、卖票员、旅馆服务员、私人职员、商学教师、旅游办事员。

CER：邮递员、数据处理员、办公室办事员。

CEI：推销员、经济分析家。

CES：银行会计、记账员、法人秘书、速记员、法院报告人。

资料来源：钟谷兰，等. 大学生职业生涯发展与规划. 上海：华东师范大学出版社，2008：156.

提示：

需要注意的是，该职业索引是一份未经本土化的版本，因此在职业名称和职业对应的霍兰德代码上可能与中国国情有偏差，在使用时仅作参考之用，帮助你拓展对于职业的思路，不必拘泥于职业代码的限制。

霍兰德的兴趣类型理论对职业生涯辅导产生了深远的影响，很多量表如“霍兰德自我探索量表”“斯特朗职业兴趣量表”都是以其为依据构建的。大学生可以使用这些测评工具进行自我探索，把握自己的职业兴趣。

一般而言，人们通常倾向选择与自我兴趣类型匹配的职业环境，如具有现实型兴趣的人希望在现实型的职业环境中工作，这样可以最好地发挥个人的潜能。但在现实生活中，一个人并不一定要选择与自己兴趣完全对应的职业环境。这是因为在职业选择中，虽然兴趣具有重要的影响，但仍然受现实因素的制约，比如社会的职业需求、获得职业的现实可能性等。

第二节　性格与职业

一、什么是性格

人们常说，“性格决定命运。”每个人的性格不一样，才干、需求和偏好就会不同，从事的工作和外在的表现自然也就千差万别。本节就让我们进一步了解性格与职业的关系。

所谓性格是指一个人在生活中形成的比较稳固的对客观现实的态度及与之相应的行为方式，是心理特征的表现形式。性格不是先天形成的，而是在个人先天的气质、智商等素质基础上，在家庭教育、社会教育及环境的影响下和个人自我修养中逐渐形成的。尽管每个人的性格存在差异，但性格特征还是有共性的。所谓性格特征就是个人对客观现象（包括人、物、事）的反应。如果两个人对教师职业都热爱，都有坚强的意志，都充满激情，都能在实践上正确处理教育别人的孩子和教育自己孩子的关系，那么，两个人在教育事业中的性格特征是一致的，只是在程度上有差别。因此，有时，人们所比较的其实是性格特征的深浅程度，而不是“要么有、要么无”的绝对差异。性格与职业心态、职业选择、职业成就都有着紧密的联系，接下来让我们一一去了解。

1. 性格与职业心态

人的一生，就像一次旅行，沿途有数不尽的艰难险阻、陡崖绝壁、坎坷泥泞，但也有看不完的水光山色、春花秋月、名胜古迹。在职场中我们不难发现，很多人眼中尽是险阻与泥泞，心中布满了悲观和恐惧；另一些人却能看到“另一面”：春花秋月、名胜古迹，内心充满了感恩和安宁。

有这样一则小故事：

三个盖房子的工人，他们现在正各自盖一间房子。

第一个工人干着干着就不耐烦了，“反正又不是我住的，费那么大的劲干吗？”于是他加快速度，草草完工，房子看起来摇摇欲坠。

第二个工人干了一会儿也感到枯燥了，“但我既然收了别人的工钱，就有责任把房子盖好”，于是，他继续认真地干活，一丝不苟地完成了工作，房子看起来十分结实。

第三个工人干着干着变得快乐起来，“盖房子真是一件美妙的事情，如果在房前种一些花草，房后再弄一个园圃，一家人乐融融地住进来。啊，一切太美好了！”于是他忍不住吹起了欢快的口哨，以更大的热情来干活，并在房子上加了不少自己的创意，看起来美观大方。

三年之后，第一个工人失业了，没人敢再聘请他，第二个工人仍然认认真真地干着老本行，一切没有变化，而第三个工人却成了全市出名的建筑大师，他设计的房子风格独特、美轮美奂，受到了人们的欢迎。

这三个盖房子的人就是对工作抱三种态度的人。敷衍或消极地对待工作，成绩永远不可能出色，只有在工作中注入自己的喜爱和快乐，事情才会向更美好的方向发展。

总之，你内心乐观和怀抱希望的性格是可以通过你的职业心态反射出来的，而职业心态又会在无形中助你提升“职业成绩”。

知识窗

人格特质、认知能力与大学生就业选择

开放、积极的人格特质的人就业选择积极，具体表现为更愿意选择高薪酬的工作。当前中国正处于一个高速增长的时代，对于创新人才的需求更为迫切，由于其对企业收入的边际贡献更为显著，找工作较为容易。由于开放、积极的人格特质代表个体具有创造力、创新精神和好奇心，拥有该特质的人员更愿意选择去工作；而严谨性体现了个体的成就感与努力程度，神经质反映了个体的情绪稳定性以及乐观、自信和抗压能力，具有严谨性和神经质人格特质的人员更偏向于继续学习深造。

2. 性格与职业选择

不同的职业对人们有不同的性格要求，因此，不同性格的人要选择适合自己的职业。招聘单位一般也会选择具有合适性格的人。对一个职位来说，性格可能有好坏之分；对于世界上成千上万的职位来说，每个职位需要的性格不同，性格也就不存在好坏之分。因此，要么选择一份适合自己性格的职业，要么让自己的性格变得适合喜欢的职业。下面的故事，希望能带给你一些思考。

这是一部电影，它的名字是《黑天鹅》，其主人公是这样一个人：

她是那么的美丽和圣洁，就像天使一样，无论如何也无法把她和魔鬼联想到一起。可是，身为一个芭蕾舞演员，在她的生命中，与生命同样重要的是舞台。当她得到了一个主演的机会时，她是无比兴奋的。一方面，她要比以前更加刻苦地练习，这是对肢体的超越；另一方面，她要一人饰两个角色（白天鹅和黑天鹅，即天使和魔鬼的化身），她要在自己的动作中展现出“天使”的“圣洁”与“魔鬼”的“邪恶”，这是对性格的挑战。

每个人都看得出来，“白天鹅”这个角色就好像为她准备的一样，她的舞蹈诠释的不是别人，而是她心中的美好与纯洁。在“黑天鹅”这个角色中，她的肢体动作是到位的，但是却无法让人感受到那种慑人心扉的“黑色能量”，似乎，她总是缺少点力量、狠劲、控制力，缺少“邪恶”的魅力。事实上，她缺少的也许是对这个世界的深刻的认识、对生活的丰满的觉知吧！

最后，她的演出获得了巨大的成功，但是，成功的代价是永远地告别了世界，告别了生活，告别了自己的肉体。也许你无法理解她的执着，为什么为了艺术而放弃了自己宝贵的生命，这值得吗？在艺术面前，她是伟大的，她超越的不仅是自己单纯的性格，更是超越了自己的艺术灵魂。然而，站在一个普通人的角度来看，她过去一直单一练习舞蹈的生活造就了一个纯洁的她，但也束缚了她尝试和拓展自身性格的机会。也许，一个人最大的幸福是能够普通平凡地生活在这个世界上。唯有体验了人世间的一切，再次站在艺术的面前，才能够看到更加丰盈的自己，同时，也才能够创造、演绎出更加动人的角色！

3. 性格与职业成就

在2011年《感动中国》的舞台上，闪现了这样一句话：“两弹一星”元勋、著名核物理学家朱光亚于2011年2月26日10时30分因病在北京逝世，享年87岁。

事迹：

从20世纪50年代末开始，朱光亚在核领域奉献了大半辈子，直至2005年退休。

“祖国的父老们对我们寄存了无限的希望，我们还有什么犹豫的呢？”听到新中国成立的消息后，还在密执安大学读书的朱光亚组织起草了《给留美同学的一封公开信》，然后毅然选择回国，先进入北大教书，后转到核武器研究所。

1964 年，我国自行研制的第一颗原子弹成功爆炸，朱光亚望着腾空跃起的蘑菇云，禁不住潸然泪下。当晚，作风严谨的他竟然喝得酩酊大醉。三年后，朱光亚与同事们又将中国带入了氢弹时代。

重要的核试验，朱光亚都会亲临现场指导，不解决问题不罢休。对待需要撰写或修改的文件，朱光亚力求字斟句酌，深入浅出，连一个外文字母、一个标点符号都保证准确无误。

颁奖词：

"他一生就做了一件事，但却是新中国血脉中激烈奔涌的最雄壮力量。细推物理即是乐，不用浮名绊此生。遥远苍穹，他是最亮的星。"

朱光亚之子朱明远说："爱因斯坦曾经说过，很多人认为一个伟大科学家的成就是靠才智，他们错了，是靠人格！"

很多年前，有一位学大提琴的年轻人向 20 世纪最伟大的大提琴家卡萨尔斯讨教：我怎样才能成为一名优秀的大提琴家？卡萨尔斯面对雄心勃勃的年轻人，意味深长地回答：先成为优秀而大写的人，然后成为一名优秀而大写的音乐人，再然后就会成为一名优秀的大提琴家。

看来，一个人的职业成就这座大厦到底能盖多高，关键要看一个人最根本的"地基"——人格/性格。

二、MBTI 理论

在选择自己未来职业时，你的性格是要考虑的重要因素之一。每个人都有自己独特的性格，在选择职业时，要充分发挥自己的优势和长处，使性格与职业能够恰当匹配，从而使自己成为一个高效的工作者。如果你希望对自己的性格做一番深入的探索、对与自己性格相匹配的职业做深入了解的话，就请跟随我们来学习 MBTI 理论！

（一）什么是 MBTI？

MBTI（Myers-Briggs type indicator）是由美国心理学家凯瑟琳·库克·布里格斯（Katharine Cook Briggs）和她的女儿伊莎贝尔·布里格斯·迈尔斯（Isabel Briggs Myers）编制，并以她们的名字命名的类型指标。她们根据著名心理学家卡尔·荣格的性格理论，经过近 40 年的不断研究、发展、完善而最终完成。该类型指标具有良好的信度和效度，被广泛用于自我探索、职业发展、人才选拔、管理培训等方面。

（二）MBTI 的主要内容

MBTI 衡量的是个人的倾向（preference）类型。倾向是指一种特定的行为和思考方式，无好坏优劣之分。MBTI 具有四个维度，分别为能量倾向、接受信息倾向、处理信息倾向和行动方式倾向。每个维度又分为两种类型，即在能量倾向上分为外向型和内向型，在接受信息倾向上分为感觉型和直觉型，在处理信息倾向上分为理性型和情感型，在行动方式倾向上分为系统型和弹性型。因此，根据排列组合共有 16 种性格类型。我们每个人在每组倾向上天生更偏好其中之一，因此选出每组对应的倾向，就能够确定一个人的性格倾向组合。

1. 能量倾向

能量倾向：描述了人与外界的互动方式。分为外向型和内向型。	
外向型：extroversion（E）	内向型：introversion（I）
外向型的人通常比较关注外界，以行动为导向。	内向型的人性格内敛，喜欢思考。
“我们讨论一下吧！”	“让我想想！”
倾向： 注意力集中于外部环境，通过与外界的互动来处理信息； 不喜欢复杂的程序，难以长时间专注于一件事，尤其在需要独立完成的时候； 与他人合作分享、讨论和处理信息时的学习和工作效率最佳； 在处理事情的时候，喜欢提出问题引发讨论； 实际行动或公开讨论是认知和了解外部环境的最佳途径。	倾向： 沉浸于自我内心世界，通过思考，吸收和消化外部信息； 喜欢安静的工作环境，长时间专注于一项工作； 在有充足的时间自己去了解和处理相关信息时的学习和工作效率最佳； 三思而行，对于要求立即回应或行动是感觉别扭； 不轻易向外界展示自己的才能和力量，因此其能量经常被低估。
对你来说，你属于： （　　）外向型（E）	 （　　）内向型（I）

2. 接受信息倾向

接受信息倾向：不同人获取信息的方式。分为感觉型和直觉型。	
感觉型：sensing（S）	直觉型：intuition（N）
感觉型的人通常关注事实和数据。	直觉型的人关注抽象的模型或者概念。
“请告诉我具体事实！”	“我要了解全局！”
倾向： 在通晓全局之前，了解具体的事实和细节； 关注事实本身多于事实背后的含义； 喜欢清晰的信息资料和工作任务； 有规律、固定的工作节奏； 对于那些复杂的、与不可知的未来相关并且需要花费大量时间去完成的工作任务，往往会失去必要的耐心或感到沮丧； 喜欢需要运用实感能力的工作。	倾向： 热衷于了解事实背后的含义，以及局部事实如何组合在一起形成整体； 更多地关注事实背后的隐喻、可能性及其中的关联； 对琐碎的细节缺乏耐心，更喜欢了解宏观大局； 喜欢学习新知识、掌握新技巧、钻研问题，对于缺乏新意、常规的事情容易感到沉闷； 在工作和学习中，经常从一个主意或者工作任务转到另外一个主意或工作上去； 表现出突如其来的冲劲的可能性多于表现出持久的耐力。
对你来说，你属于： （　　）感觉型（S）	 （　　）直觉型（N）

3. 处理信息倾向

处理信息倾向：不同人处理信息及决策的方式。分为理性型和情感型。	
理性型：thinking（T）	情感型：feeling（F）
理性型的人通过逻辑分析得出合理的结果和决定。	情感型的人更多考虑个人价值观以及决定对于他人的影响。
“这合乎逻辑吗？”	“会有人因此而受到伤害吗？”

倾向： 强调逻辑分析； 擅长分析客观数据及探求事情之间的因果关系； 对于任何想法、观点和信息都会从正反两方面衡量，不失偏颇； 在解决问题或决策的时候，牵涉到个人情感或者感受的部分如果以事实或者数据的方式呈现，他们将能够更好理解； 喜欢冷静客观的交流方式。	倾向： 关注事情对于他人的影响，而不是事情或想法本身； 受到别人的激励或在相互支持和鼓励的工作环境中表现优异； 认为工作氛围与工作本身同等重要； 决策时基于主观判断，擅长了解他人的价值观和需要； 觉得客观的逻辑分析过于苛刻，如果别人这样要求他，他会感觉是在批评自己。
对你来说，你属于： （　）理性型（T）	 （　）情感型（F）

4. 行动方式倾向

行动方式倾向：描述了不同人安排时间和生活的方式。分为系统型和弹性型。	
系统型：judging（J）	弹性型：perceiving（P）
系统型的人有决断力，喜欢掌控，安排井然有序。	弹性型的人随时抱有开放的态度，个性灵活，喜欢即兴而为。
“让我们做点事情吧！”	“等一等，再看看吧！”
倾向： 尽可能快地做出决定以求了解一件事情； 富有计划性，有条理； 对于如例行公事或者框架严谨的事物或环境抱有宽容态度； 喜欢职责明确、期望清晰的工作角色和任务； 对变化及模糊不清的东西感到不自在； 完结一项任务，才开始下一项任务； 富有组织性，井井有条。	倾向： 推迟决定，以便收集更多信息； 灵活应变，直至事情拖延到最后一刻才完结，不喜欢事先计划或安排时间； 享受启动项目或者任务的成就感，但不愿意跟进； 灵活应变，随机而动； 对于条条框框、琐碎及需要做出结论的事情颇为不耐烦； 沉迷于发掘和寻找新的信息，乐意接受变化。
对你来说，你属于： （　）系统型（J）	 （　）弹性型（P）

你的性格类型的 4 个字母组合是：________________________。

（三）性格分析问卷

下面有一个简单的性格分析问卷，如果你对上面四个维度做出的选择需要进一步确认，可以借助这个简单的问卷来实现！

外向型（E）	（　）	喜欢和他人谈话	内向型（I）	（　）	喜欢阅读书籍
	（　）	倾听其他人说话		（　）	思考想说或想做的事
	（　）	炊煮晚餐、烧煮咖啡		（　）	觉察自己的感受
	（　）	以汽车为工作工具		（　）	思考难题，以求了解
感觉型（S）	（　）	品尝食物	直觉型（N）	（　）	突发奇想（做事的新方法）
	（　）	注意交通标志的转变		（　）	思考目前行动的未来启示
	（　）	记得一场演讲的内容		（　）	寻思人们所言所行的内涵意义
	（　）	按部就班做计划		（　）	观看大幅的图片

理性型（T）	（ ）	仔细研究一项产品，购买同类型中最好的	情感型（F）	（ ）	只因为喜欢就决定购买一些东西
	（ ）	做“对的事”，无论是否喜欢		（ ）	压抑冲动，不告诉某人一些会令他难过的事
	（ ）	选择不买已经具有的类似的东西		（ ）	只因为不喜欢工作环境，就决定不接受某项工作
	（ ）	遵循指导原则来完成工作任务		（ ）	决定搬到离自己所关心的人较近的地方
系统型（J）	（ ）	将要做的事列出一张清单	弹性型（P）	（ ）	延迟做决定，评估其他可供考虑的选项
	（ ）	预先把事情计划安排好		（ ）	当下做决定而不做预先的计划
	（ ）	做出判断和表达判断		（ ）	总要到最后一分钟才做事
	（ ）	将一个议题结束以进行下一个		（ ）	

资料来源：吴芝仪．我的生涯手册．北京：经济日报出版社，2008：39.

现在你的性格类型的 4 个字母组合是：______________________________。

（四）16 种 MBTI 性格类型特点及其职业倾向

根据 MBTI 的四个维度及每个维度的两个类型，就可以得出 16 种 MBTI 性格类型。心理学家凯尔西（Keirsey）将 16 种人格类型加以归纳命名，并分别标出该类型的生命主题，具体如表 2-3 所示。看看下表中，你的人格类型和生命主题是什么？

表 2-3　16 种人格类型命名及其生命主题

守护者（SJ）		技艺者（SP）		理论者（NJ）		理想家（NF）	
寻求安全稳定		寻求感官刺激		寻求理性知识		寻求自我认定	
ESTJ	督导者	ESTP	促进者	ENTJ	指挥官	ENFJ	教师
ISTJ	视察者	ISTP	工艺者	INTJ	策划家	INFJ	咨询师
ESFJ	提供者	ESFP	表演者	ENTP	发明家	ENFP	得胜者
ISFJ	保护者	ISFP	创作者	INTP	建筑师	INFP	治疗师

资料来源：吴芝仪．我的生涯手册．北京：经济日报出版社，2008：40.

对于上面 16 种性格类型，每一种都有其各自的性格特点和职业倾向，具体表现如下：

1．ESTJ

（1）性格特点：

讲求实际，注重现实和事实。果断，很快做出实际可行的决定。能够安排计划和组织人员以完成工作，尽可能以最有效的方法达到目的。能够注意日常例行工作的细节。有一套清晰的逻辑标准，会有系统地跟着去做，也想别人跟着去做。会以强硬态度去执行计划。

（2）职业倾向：

管理者、行政管理者、执法者，或者其他能够让他们运用逻辑组织完成任务的职业。

2．ISTJ

（1）性格特点：

沉静、认真，因贯彻始终、得人信赖而取得成功。讲求实际、注重事实，能够合情合理地去决定应做的事情，而且能坚定不移地把它完成，不会因外界事物而分散精神。不论在工作上、家庭上还是生活上，都以做事有次序、有条理为乐。重视传统和忠诚。

（2）职业倾向：

管理者、行政管理者、执法者、会计或者其他能够让他们可以利用自己的经验和对细节的注意完成任务的职业。

3. ESFJ

（1）性格特点：

有爱心、尽责、合作。渴望和谐的环境，而且有决心营造这样的环境。喜欢与别人共事以能准确地、准时地完成工作。忠诚，即使在细微的事情上也如此。能够注意别人在日常生活中的需要而努力供应。渴望别人赞赏他们和欣赏他们所做的贡献。

（2）职业倾向：

教育、健康护理（包括生理、心理）、宗教服务或者其他能够让他们运用个人关怀为他人提供服务的职业。

4. ISFJ

（1）性格特点：

沉静、友善、有责任感和谨慎。能坚定不移地承担责任。做事贯彻始终、不辞辛劳和准确无误。忠诚、替人着想、细心，往往记得他所重视的人的种种微小事情，关心别人的感受。努力创造一个有秩序、和谐的工作和家居环境。

（2）职业倾向：

教育、健康护理（包括生理、心理）、宗教服务或者其他能够让他们运用自己的经验亲力亲为地帮助别人的职业，这种帮助是协助性或者辅助性的。

5. ESTP

（1）性格特点：

有弹性、容忍，讲求实际、专注效益。对理论和概念上的解释感到不耐烦，希望以积极的行动去解决问题。专注于"此时此地"，喜欢主动与别人交往。喜欢物质享受的生活方式。能够通过实践达到最佳的学习效果。

（2）职业倾向：

市场、熟练工种、商业、执法者、应用技术或者其他能够让他们利用行动关注必要细节的职业。

6. ISTP

（1）性格特点：

容忍、有弹性，是冷静的观察者，一旦有问题出现，便迅速行动，找出可行的解决方法。能够分析哪些东西可以使事情进行顺利，又能够从大量资料中，找出实际问题的重心。很重视事情的前因后果，能够以理性的原则把事情组织起来，重视效率。

（2）职业倾向：

熟练工种、技术领域、农业、执法者、军人或者其他能够让他们动手操作、分析数据或事情的职业。

7. ESFP

（1）性格特点：

外向、友善、包容。热爱生命、热爱人，爱物质享受。喜欢与别人共事。在工作上，能用常识注意现实的情况，使工作富有趣味性。富灵活性、即兴性，易接受新朋友和适应新环境。与别人一起学习新技能可以达到最佳的学习效果。

（2）职业倾向：

健康护理（包括生理、心理）、教学/教导、教练、儿童保育、熟练工种或者其他能够让他们利用外向的天性和热情去帮助那些有实际需要的人们的职业。

8. ISFP

（1）性格特点：

沉静、友善、敏感和仁慈。欣赏目前和他们周遭所发生的事情。喜欢有自己的空间，做事能把握自己的时间。忠于自己所重视的人。不喜欢争论和冲突，不会强迫别人接受自己的意见或价值观。

（2）职业倾向：

健康护理（包括生理、心理）、商业、执法者或者其他能够让他们运用友善、专注于细节的相关服务的职业。

9. ENTJ

（1）性格特点：

坦率、果断、乐于作为领导者、很容易看到不合逻辑和缺乏效率的程序和政策，从而开展和实施一个能够顾及全方位的制度去解决一些组织上的问题。喜欢有长远的计划、喜欢有一套既定的目标。往往是博学多闻的，喜欢追求知识，又能把知识传给别人。

（2）职业倾向：

管理者、领导者或者其他能够让他们运用实际分析、战略计划和组织完成任务的职业。

10. INTJ

（1）性格特点：

很有创意，有很大的冲劲去实现他们的理念和达到目标。能够很快掌握事情发展的规律，从而想出长远的发展方向。一旦作出承诺，便会有条理地开展工作，直到完成为止。独立自主，有怀疑精神；无论为自己或为他人，都有高水准的工作表现。

（2）职业倾向：

科学或技术领域、计算机、法律或者其他能够让他们运用智力创造和技术知识去构思、分析和完成任务的职业。

11. ENTP

（1）性格特点：

思维敏捷、机灵、能激励他人、警觉性高、勇于发言。能随机应变地去应对新的和富于挑战性的问题。善于提出可能发生的问题，然后很有策略地加以分析。善于洞察别人。对日常例行事务感到厌倦。甚少以相同方法处理同一事情，能够灵活地处理接二连三的新事物。

（2）职业倾向：

科学、管理者、技术、艺术或者其他能够让他们有机会不断承担新挑战的工作。

12. INTP

（1）性格特点：

对任何感兴趣的事物，都要探索一个合理的解释。喜欢理论和抽象的事情，喜欢理念思维多于社交活动。沉静、满足、有弹性、适应力强。在他们感兴趣的范畴内，有非凡的能力去专注而深入地解决问题。有怀疑精神，有时喜欢批评，常常善于分析。

（2）职业倾向：

科学或技术领域或者其他能够让他们基于自己的专业技术知识独立、客观分析问题的职业。

13. ENFJ

（1）性格特点：

温情、有同情心、反应敏捷和有责任感。高度关注别人的情绪、需要和动机。能够看到每个人的潜质，要帮助别人发挥其潜能。能够积极地协助个人和组织的成长。忠诚，对赞美和批评都能做出很快的反应。社交活跃，在一组人当中能够惠及别人，有启发人的领导才能。

（2）职业倾向：

宗教、艺术、教学/教导或者其他能够让他们帮助别人在情感、智力和精神上成长的职业。

14. INFJ

（1）性格特点：

探索意念、人际关系和物质拥有欲的意义和它们之间的关系。希望了解什么可以激发人们的推动力，对别人有洞察力。尽责，能够履行他们坚持的价值观念。有一个清晰的理念以谋取大众的最佳利益。能够有条理地、果断地去实践他们的理念。

（2）职业倾向：

宗教、咨询服务（包括个人、社会、心理等）、教学/教导、艺术或者其他能够促进他们情感、智力或精神发展的职业。

15. ENFP

（1）性格特点：

热情而热心，富于想象力。认为生活充满很多可能性。能够很快地找出事情和资料之间的关联性，而且有信心依照他们所看到的模式去做。很需要别人的肯定，又乐于欣赏和支持别人。即兴而富于弹性，时常信赖自己的临场表现和流畅的语言能力。

（2）职业倾向：

咨询服务（包括个人、社会、心理等）、教学/教导、宗教、艺术或者其他能够让他们利用创造和交流去帮助促进他人成长的职业。

16. INFP

（1）性格特点：

理想主义者，忠于自己的价值观及自己所重视的人。外在的生活与内在价值观配合，有好奇心，很快看到事情的可能与否，能够加速对理念的实践。试图了解别人、协助别人发展潜能。适应力强，有弹性。如果和他们的价值观没有抵触，往往能包容他人。

（2）职业倾向：

咨询服务（包括个体、社会、心理等）、写作、艺术或者其他能够让他们运用创造和集中于他们的价值观的职业。

资料来源：钟谷兰，等．大学生职业生涯发展与规划．上海：华东师范大学出版社，2008：20-21.

三、自我审视与探索

总听到有很多青年人说：没有人能够理解我。

那么，你了解自己吗？

很多时候，人们都会陷入“信息不对称”的误区（即人们总以为别人能够像自己一样见证自己每时每刻的成长变化），而真正了解你自己的只有你。别人看到的你大多数是你的一个侧面而不是整体，更何况，别人更愿意把你和其他人比较，而不是把你和以前的你比较。你是不是已经不记得你不是一张“卡片”，而是一个丰盈的生命？你是不是不记得现在的自己俨然不再是过去的自己，而是一个不断成长的个体？

同样的，通过 MBTI 性格分析，可以让你对自己有一个较为全面的了解。但同时，你或许也存在一些困惑，比如你所测得的性格类型和你并不是完全一致；在有些维度上，让你在二选一中做出选择有些困难，因为在不同的情境下自己表现出了不同的状态；测试的职业类型不是自己要选择的职业类型；多次测试结果会有不同；等等。遇到上述的问题是非常正常的，因为 MBTI 的这 16 种性格类型的描述，是对于性格普遍性的概括，即使是性格类型相同的两个人，也会存在一定的差异。同时人的性格是复杂的，MBTI 的这四个维度很难进行全面的描述，你的性格肯定要比这四个维度所涵盖的内容复杂得多。对于自己性格的把握，还要在不断探索中确定，要知道没有人比你更了解自己，你是在不断成长、不断进步的，你自己的梦想也是要不断通过自己的探索来实现的！

○ 就业训练营

经过前面两节内容的学习，我们对自己的兴趣和性格有了进一步的了解。你有什么感受和收获呢？接下来通过几个递进的小活动，你会对自己的职业倾向和职业选择有一个更清晰的认识和进一步的抉择思考。

活动 1　寻找你梦中的“桃花源”

在每个人的心目中，都有一个梦想的“桃花源”。如果现在你有机会免费到一个岛屿去旅游，你希望是怎样的一个岛屿呢？请你先默想一分钟，然后请把你想到的词写下来：

____

____

现在，请带着你的期待，和我们一起去旅行。你的免费旅游机会是这样的：你有一周的时间去体验某旅行社开发的一条新旅游线路，一共是六个各具特色和风情的岛屿。这六个岛屿活动的内涵是源自美国心理学家霍兰德的兴趣类型理论。请你选择你希望前往的三个岛屿，来度过这个美好的假期吧！

A 岛

美丽浪漫的岛屿。岛上布满了美术馆、音乐厅，弥漫着浓厚的艺术文化气息。同时，当地的原住民还保留了传统的舞蹈、音乐与绘画，许多文艺界的朋友都喜欢来这里找寻灵感。

I 岛

深思冥想的岛屿。岛上人迹较少，建筑物多僻处一隅，平畴绿野，适合夜观星象。岛上有多处天文馆、科博馆、科学图书馆等。岛上居民喜好沉思、追求真知，喜欢和来自各地的哲学家、科学家、心理学家等交换心得。

C 岛

现代、井然的岛屿。岛上建筑十分现代化，是进步的都市形态，以完善的户政管理、地政管理、金融管理见长。岛民个性冷静保守，处事有条不紊，善于组织规划。

R 岛

自然原始的岛屿。岛上保留有热带的原始植物，自然生态保持得很好，也有相当规模的动物园、植物园、水族馆。岛上居民以手工见长，自己种植花果蔬菜、修缮房屋、打造器物、制作工具。

S 岛

温暖友善的岛屿。岛上居民个性温和、十分友善、乐于助人，社区均自成一个密切互动的服务网络，人们多互助合作，重视教育，弦歌不辍，充满人文气息。

E 岛

显赫富庶的岛屿。岛上的居民热情豪爽，善于企业经营和贸易。岛上的经济高度发达，处处是高级饭店、俱乐部、高尔夫球场。来往者多是企业家、经理人、政治家、律师等，衣香鬓影，夜夜笙歌。

现在，参照你梦想中的“桃花源”，请写下在你的假期中希望自己去度假的三个岛屿。你选择的理由是什么？

1. ________岛，理由：____。
2. ________岛，理由：____。
3. ________岛，理由：____。

最后，请你将上面三个岛屿的字母按照选择的顺序写在一起：____________。

活动 2　我的兴趣档案

如果你对前面“寻找你梦中的‘桃花源’”的活动所确定的职业兴趣需要修订或确认的话，你可以通过霍兰德的“生涯兴趣量表”来实现这个愿望！

请将结果记录在下面的“档案”中：

我的霍兰德职业代码是：__________，__________，
对照“霍兰德职业索引”，适合我的职业是：
____。
上述职业中我比较感兴趣的职业是：
____。
我愿意去进一步去探索的职业是：
____。

活动 3　探索你的性格

1. 请先仔细想一想你具有哪三种特质，写在下面：

（1）我是__________________________________。

（2）我是__________________________________。

（3）我是__________________________________。

2. 在你和朋友的交流中，他们认为你具有哪三种和上面不同的特质，请写在下面：

（1）我的朋友认为，我是__________________________。

（2）我的朋友认为，我是__________________________。

（3）我的朋友认为，我是__________________________。

3. 请你思考一下，你希望自己未来从事哪方面的职业？可以参照前面活动所得到的结果。

活动 4　我的性格档案

参考前面的活动结果，并且完成 MBTI。然后，请你将相关的信息整理一下记录在下面的“档案”中：

我的性格类型：
我的性格命名：
我的生命主题：
我想探索的职业：

活动 5　自我探索故事：____________的兴趣与人格探索故事

自我探索故事分享：

这是一个不断变化的时代，身处这个时代中的我一直认为自己对于未来尽管没有百分之百的把握，但是一直坚信只要认真做事，就一定有需要我、适合我的职业，我就一定能在这个社会中立足。为了进一步了解自己的职业倾向，我做了霍兰德职业

倾向测验（兴趣取向）和MBTI职业倾向测试（性格取向）。

霍兰德职业倾向测验结果显示，我的职业代码为AIS和ASI（因为S和I上的得分相同）。A型（艺术型）人直觉敏锐、善于表达和创新、有想象力和创造性，喜欢独立作业，但不能被忽视。追求美感价值，喜欢无拘无束，不喜欢管人和被管。I型（研究型）人善于观察、思考、分析与推理。喜欢抽象思维并追根究底。喜欢与有相同兴趣的人讨论问题。独立思考，不在乎他人看法，有智慧。S型（社会型）人对人感兴趣，有良好的人际沟通技能、社区服务取向，不爱竞争，喜欢共同做事，喜欢倾听和了解别人，喜欢教导别人，帮助他人成长。与AIS相对应的职业有：画家、剧作家、编辑、评论家、时装艺术大师、新闻摄影师、演员、文学作者。与ASI相对应的职业有：音乐教师、乐器教师、美术教师、管弦乐指挥、合唱队指挥、歌星、演奏家、哲学家、作家、广告经理、时装模特。这样的结果并没有让我感到特别的惊讶，因为我本科学的是音乐学，艺术的魅力很自然地已经深入我的骨髓，只是我的独立包含"被忽视"，我想我更喜欢做"幕后工作者"。在所给出的职业参考中，我认为没有自己特别想做的。我本科毕业后考上了心理学研究生，因此，音乐专业并不是我内心的职业取向。尽管我平时喜欢写写随笔，但是，我并不想把写作当成职业。我倒是自始至终都对哲学有兴趣，但我没有受过专业教育，只不过把它当成生活中不可或缺的"良师益友"。或许，对我而言，重要的不是知道自己适合什么样具体的工作，而是了解自己的兴趣，并能够走近它们、充分挖掘它们从而把它们运用在以后从事的任何工作中。

MBTI的测验结果显示，我的性格类型倾向为INTJ型和TNFJ型。（在理性T和情感F中，T更多，但是，我非常认同"工作氛围与工作本身同等重要"。）前者的性格命名为理论者中的策划家，而生命主题为寻求理性知识；后者的性格命名为理想家中的咨询师，而生命主题是寻求自我认同。结果显示，INTJ型的我有创意，有很大的冲劲去实现自己的理念和达到目标。能够很快掌握事情发展的规律，从而想出长远的发展方向。一旦作出承诺，便会有条理地开展工作，直到完成为止。有怀疑精神，独立自主；无论为自己或为他人，有高水准的工作表现。职业倾向为科学或技术领域、计算机、法律或者其他能够让他们运用智力创造和技术知识去构思、分析和完成任务的职业。INFJ型的我愿意探索意念、人际关系和物质拥有欲的意义和它们之间的关系。希望了解什么可以激发人们的推动力，对别人有洞察力。尽责，能够履行自己坚持的价值观念。有一个清晰的理念以谋取大众的最佳利益。能够有条理地、果断地去实践自己的理念。职业倾向为宗教、咨询服务（包括个人、社会、心理等）、教学/教导、艺术或者其他能够促进自己情感、智力或精神发展的职业。看到解释后，给我启发最大的是"创造"和"促进"这两个词。或许，在选择职业时，一份兼有创造空间和能够促进自我完善的工作，才是我的"Mr. Right"。

世界真大。每个人都有自己的特点。说实话，这是我做完测验之后，浏览结果解释的最大感受。

——心理系研究生一年级女生

小故事

小鹿：大笑一次，精神抖擞

许多人认识小鹿，是因为刚刚结束的《奇葩说第七季》。作为第一次参加的新奇葩，她灵敏、犀利，金句频出，上了好几次微博热搜，拿了比赛的亚军。在这之前，她已经在北京说了7年的脱口秀，有4个线下个人脱口秀专场，对比起屏幕前的热闹，这个行业线下的观众是以百来计数，从这个角度来说，她也可以被称为一个籍籍无名的职业脱口秀演员。

她第一次觉得自己非常想做脱口秀演员，是在2014年夏天。那时小鹿交完研究生毕业论文的提纲，坐了40多小时的绿皮火车，从重庆来到北京，上一门写段子的课。小鹿是学法律的，毕业后要么做律师，要么进入体制内的公检法机关，她当时对这些都没有什么憧憬。

小鹿是从二本学校考到西南政法大学的，一直以来，小鹿都是一个学习很努力的人，但成绩不是特别好，没当过学霸，因为她属于发散性思维，容易分神、跑偏，所以学什么学科都要比别人花更多时间。她其实很有挫败感，似乎要特别特别勤奋才能考到一般的成绩。那个阶段她每天看到考博的书都非常痛苦，整个人处于非常压抑的状态。

一次偶然的机会，她注意到了《艾伦秀》，一连看了好几期，当时就觉得，怎么会有这么神奇的节目？它简直是一个快乐中转站，创造快乐的同时，还能帮助到有需要的人。那会儿国内的《今晚80后》也在播，小鹿开始在网上搜，什么地方可以学写段子，搜到了北京的一家俱乐部，它开了一门脱口秀课程。在那以前，小鹿从没觉得自己是一个幽默的人，也从没有人当面夸过她幽默，但她心想，去试一试呗，顶多浪费1 500块的学费。本来就一无所有，没什么好失去的。

在课上，学的东西是很初级的，就是告诉你最基础的方法，怎么把一个东西写成段子。真正让小鹿向往的，是那种脱口秀的氛围，她在那里认识了一帮已经在讲脱口秀的人，一群好笑的人，他们很放松，经常开一些玩笑，他们聊着天，会突然抛给你一个梗，那是她之前和同学在一起时从未有过的体验。在这之前，小鹿的日常生活挺无聊的，铁板一块，但她这次有了一种感觉：只要大笑一次，就像进入生命中的一个驿站，整个人被放在水里涮了一下，再回来，又有了点儿精神抖擞的样子。

那之后小鹿基本没有什么挣扎，就是坚定地要留在北京，要讲脱口秀。从2015年起，小鹿开始了一边工作、一边讲脱口秀的生活。

资料来源：杨宙．小鹿：大笑一次，精神抖擞．（2021－03－23）．zhuanlan. zhihu. com/p/359176320.

图书推荐：

1.《你的职业性格是什么？》（电子工业出版社，作者：［美］邓宁）

推荐理由：如果你想进一步探索自己的职业性格，这本书可以帮助你！它借助MBTI性格分析工具来分析你的职业性格，并用5个步骤帮助你找到适合自己性格的职业。希望你能够从中找到未来的方向！

2.《西点军校的成功智慧》（中国纺织出版社，作者：韩浏）

推荐理由：西点军校有“将军的摇篮”之称，培养的成功人士多如繁星。他们之所以能够取得成功，走向人生的辉煌，不仅与他们的性格有关，更与他们对自己的人生规划有关。他们的故事向你证明：每个人都有权利做自己生命的主人！

3.《人性的弱点》（中国发展出版社，作者：［美］戴尔·卡耐基）

推荐理由：如何在日常生活、商务活动与社会交往中与人打交道，并有效地影响他人？如何击败人类的生存之敌——忧虑，以创造一种幸福美好的人生？这本书很容易看完，但这本书更适合长时间地品味，只有这样才能自觉地养成良好的习惯及优秀的品格。

4.《改变名人一生的 88 句话》（中国书籍出版社，作者：陈逸）

推荐理由：一句话改变名人的一生，也将改变你的一生！

影视剧推荐：

1. 电影《叫我第一名》（美国）

推荐理由：妥瑞氏症是一种非常严重的痉挛疾病，患这种病的人经常无法控制自己发出怪声和脖子抽动。在这个电影中，这种无药可医的疾病不是生命的阻碍，反而是最耐心的老师。无论在日常生活中、工作中还是恋爱中，无数的失败和冷嘲热讽是疾病的附属品也是馈赠，这一切造就了一个执着而坚强的真正勇者——“第一名”——不是超过别人，而是超越自己。这部电影根据真人真事改编，生活中每个人都是一面镜子，你一定能从他的身上看到你自己！

2. 电影《三傻大闹宝莱坞》（印度）

推荐理由：美国小说家马克·吐温说，幽默被人正确解释为：以诚挚表达感受，寓深思于嬉笑。当你感到学习了然无趣时，当你面对来自外界的压力而身心俱疲时，不妨借鉴一下“三个白痴”的幽默品质，活出一份无悔的心态，活出一个真实的自己！

3. 电视剧《重版出来》（日本）

剧情简介：该剧的女主黑泽心，原本是柔道选手，后来受伤退伍，因为她总是一副“干劲满满”样子，被漫画出版社兴都馆的社长看中，从此开启了她的漫画编辑之路。作为一名干劲十足的新人编辑，黑泽对未来抱有美好的憧憬，她积极为漫画家和编辑部出谋划策，和喜欢的漫画家探讨剧情发展，帮助老漫画家重拾信心，回归漫画事业，努力挖掘、细心培养新人漫画家，并深入销售第一线的书店寻找卖点。她乐观又充满激情的精神不仅鼓舞了漫画家们，还影响到了编辑部的其他同事。当然，在热血奋斗的同时，也有现实中的无奈。

推荐理由：重版，中国叫再版，是编辑界的术语，指的是销量爆棚，需要重新印刷，所以编辑们也都朝着将自己的作品往“重版出来”的方向努力。《重版出来》这部剧最让人感动的地方在于，它并没有为了描述诗和远方，而淡化了生活中的苟且，因为生活从来都不是十全十美的，我们必须面对许多的无可奈何，直到认清现实。

第三章 就业技能：就业成功的关键

工作是一个施展自己才能的舞台。我们寒窗苦读得来的知识、我们的应变力、我们的决断力、我们的适应力及我们的协调力都将在这样一个舞台上得到展示。除了工作，没有哪项活动能提供如此高度的充实自我、表达自我的机会，以及如此强的个人使命感和一种活着的理由。工作的质量往往决定生活的质量。

——约翰·洛克菲勒

就业困惑

同学小L这样告诉我们："我是一个汉语言文学专业的学生，但我觉得现在所学习的专业实在是太不实用了，我什么技能都没掌握。听过一句好笑的话，'全中国十四亿人，有十三亿人都擅长写东西'。汉语言文学专业毕业以后能从事什么工作呢？我身边很多人最后都走了老路，也就是去当老师；还有很多人会选择读研，以此提升自己的竞争力。我要不要读研呢？最后只能当老师吗？我不清楚。"

你们会不会也有认为自己"技能不够"的时候？同学们中的部分人是不是也会觉得自己的专业非常不实用？我们心之所向的职业需要什么技能呢？我们应该怎样培养就业所需要的技能呢？一起走进第三章，你的困惑或许能得到解答！

上一章我们一起探索了你的生涯兴趣和人格特质，你是否开始对自己将来希望从事的行职业有了更加清晰的认识呢？在生涯探索的路途中，我们已经确定了探索的方向，接下来就是铺就一条通往远方梦想的星光大道的时刻了。构建梦想需要我们从自身特质和兴趣出发，而成就生涯梦想则需要我们具备实现理想所需的相关技能。

这一章我们就来谈谈关于生涯技能的话题。

技能是什么？是实现生涯梦想所需要的能力。你是如何理解技能的呢？有人说技能应该是学校里学习的专业知识，只有具备了这些专业知识才能进入相关领域从事专业工作。也有人说沟通能力、合作能力、领导力也很重要，它们帮助我们在求职过程和职场中完成一个个团队项目，也帮助自己在与他人合作的同时获得上司与同事的认可。更具体地说，挺进梦想的旅程不仅需要专业本身的技能，也需要看清方向、找准目标、一路规划的能力，更需要遇到苦难和阻碍时的灵活应变和调试。

本章所讲的生涯技能包括以下几层含义：

首先，与特定职业相关的专业技能是生涯技能必备的一部分。正如“莱花甜妈”等一个个达人在舞台中表现的那样，每一个人都在某一个领域表现出独特的技能，或是唱歌，或是弹琴，甚至抖空竹、玩水晶球，他们在各自领域的表现非常精彩，引得我们也拍手称赞。这些就是实现梦想的“必杀技”，也是生涯技能的第一层含义，即与生涯目标直接相关的专业能力。它是你向往职业的敲门砖，也是帮助你成就职业梦想的必备技能，通常这一类技能与特定行职业一一对应，不同行职业间不可随意转换。

其次，生涯技能的第二层含义是完成生涯探索与规划的能力。除了一个人自身具备的从事相关职业所需的特定工作技能外，生涯技能也指一个人生涯发展所需的完成生涯探索与生涯决定等生涯任务的能力，这其中包括了解自己的能力、探索和获取职业世界相关信息的能力，以及做决定的能力。这类技能是你生涯航线上的灯塔与舵手。面对广阔的职场世界，你未来的方向在哪里、哪份工作是你心仪的、你将如何一步步到达那里，这些都需要良好的生涯探索能力来实现。值得一提的是，无论你选择的行职业是什么，这类生涯技能都是每个职场达人所必备的。

最后，生涯技能还指个人适应外部环境（社会家庭环境和职场世界）变迁的能力。生涯发展贯穿人的一生，其中经历着起起伏伏也充满着许多未知。大多数人的生涯发展并非一帆风顺，也很少有人会向自己规划的那样走完自己的职业生涯，这其中除了个人因素外也有许多外在因素，如社会环境、经济水平、家庭环境等，左右着我们的生涯发展。个人若希望在职场上取得成功，除了良好的规划能力外，也需要具备良好的变通适应能力，才能躲闪风险，在动荡的职海中闯出一片天地。

本章将会详述生涯技能的每一层含义，并帮助你发掘、培养自己的核心生涯技能。

课前阅读

1. 技能是什么？技能如何分类？
2. 技能对于就业有什么影响？

第一节　专业技能——定位你的生涯目标

想象一下未来的自己在从事什么职业，也许你希望成为一个威风凛凛的警官，或者是一个救死扶伤的医生，现在的你也许早已经锁定了自己的职业目标并全力向前冲刺，也可能你正苦于选项太多而不知如何取舍。无论怎样，实现职业目标必须以能力为基础。警官需要良好的心理素质和敏捷的身手，医生需要大量的医学知识和临床经验，只有积累了相关的知识和能力，才可能进入这些领域发展。其实，每个行职业都有其特定的技能，如会计师的会计知识，建筑师的设计和绘图能力，销售人员的口语表达能力、产品知识和销售技巧等。

一、挖掘你的专业技能

专业技能是如何获得的呢？你也许会认为，专业技能需要系统的学习、完成相关科目的考试、获得相关领域的资格证书才能获得。尽管许多专业知识确实需要通过参加专业的培训才能获得，但也有许多能力不需要特别培养，也许它们早已经是你掌握、熟悉并擅长的了，它们正是你从小到大日积月累的特长。想一想，从小到大，你有没有什么擅长或游刃有余的领域呢？现在是发现它们，让它们闪闪发光的时候了。

职业生涯的成功需要许多技能的推动。以会计生涯为例，成为一名优秀的会计师，需要熟练的会计专业知识和技术，同时也需要与人沟通合作的能力，如人际交往能力、合作能力。我们将与会计行业相关的知识和技术称为专业技能，把职场人士所需的社会交往能力称为通用技能。

大多数情况专业技能是与行职业一一对应的，很难在不同行职业之间进行转换，而通用技能则恰恰相反，其包含的大多数技能都是所有职场人士所必需的。但有一些行业，其所需的专业技能常常是一些通用技能的精炼和提升，比如销售人员的口才和把握消费者心理的能力、主持人的表达与演讲能力、秘书的公文写作能力等，这些能力是多年积累的结果，配合相关的行职业的需求，通过培训即可顺利将通用技能转换为专业技能，因此不要放弃从自身特长中挖掘专业技能的机会，快快搜索自己辉煌的历史吧！

练习 1　夸夸我自己

每个人的成长经历中一定都会有一些值得自己骄傲的时刻，现在是时候把它们拿出来和大家分享了。请花几分钟的时间好好回想一下曾经为自己赢来掌声、鼓励或是赞许的时刻，那是一个怎样的场景？你具体做了什么事情？你遇到了哪些困难，你又是怎么克服它的呢？请在下面记录下 3 个生命中的难忘时刻，然后把它们分享给你身边的人。如果这是一个你要在课上完成的小练习，你可以与其他 3～4 人组成一个小组，每个小组成员轮流讲述自己的成就小故事。其他成员要给分享的成员以反馈，帮他总结一下哪些方面做得比较棒，觉得他的这些能力可以帮助他胜任什么类型的工作。分享者要认真记录下别人的反馈和总结，这可能就是帮助你挑选适合自己的职业和在未来取得职场成功的核心技能。如果这是一个你自己在阅读本书时有兴趣尝试的练习，也请把你的故事分享给 3～4 位亲友，听一听从他们那里都看到了你具备的哪些品质，然后你就可以把它们应用到你的工作选择和实践中了。

时刻 1 时间： 地点： 参与人：

事件及结果：

遇到的困难：

克服方法：

反馈笔记：

时刻 2 时间： 地点： 参与人：

事件及结果：

遇到的困难：

克服方法：

反馈笔记：

时刻 3 时间： 地点： 参与人：

事件及结果：

遇到的困难：

克服方法：

反馈笔记：

了解了自己独特的技能，你是否对自己有了一番新的认识呢？其实年轻的你已经慢慢培养了自己所需要的职场技能，你很优秀，也很棒，不要对自己灰心，也不要去掩藏自己闪闪发光的品质，相信凭借这些能力你一定可以在职场上有所作为！

二、培养你的专业技能

一些学生对自己的梦想有着强烈的兴趣和动力，已经决心一生从事自己期望的职业，但是读完前面的内容却又迷茫了。小刚就是这样一位学生，他说道："其实我一直对建筑和艺术很感兴趣，将来希望能够成为一名室内设计师或者建筑师，但是自己从来都没有学过绘画美术相关知识，在大学里读的也是与此无关的社会学系。我应该怎么样实现我的梦想呢？梦想对于我来说总是那样遥不可及，是不是我不太可能实现它了？"

有兴趣但却没有从事这份职业所需要的相关技能，这真是一件比较棘手又让人焦心的事情，可见在实现理想目标的道路上技能是多么的重要。但是即便真的缺少相关的技能也不要灰心，转个弯也许梦想就在前方。如果没有和目标职业直接相关的技能，是否可以考虑综合你自身能力和兴趣做一个折中的职业选择呢？比如说像小刚这样的情况，如果他没有美术功底，但是通过社会学的学习培养了人际沟通和写作的能力，那么也许他可以考虑从事艺术品评鉴、博物馆讲解员等工作；如果他具有电脑操作技能，也可以把他的艺术爱好应用在网页设计、平面广告设计的方向。这样他既可以从工作中感受乐趣，又可以发挥自己的一技之长，感受通过自身努力而实现梦想的成就感了。

有这样一则小故事：

你听说过漫画家夏达的故事吗？在老一辈中，画漫画一向被认为是"不正经"的职业，夏达的父母也这么想。然而，成为漫画家一直都是夏达心中坚定的梦想。她并非美院科班出身，也谈不上有什么专业的美术功底，但她始终通过努力磨炼自己的专业技能。在没有收入且看不到未来的情况下，她坚持作画。每日连续工作 8 小时是常态，为了画画，她曾经连续 60 小时疯狂作画，饥饿和生病基本靠硬抗，饿了就多喝点白开水充饥，生病了没钱买药还要作画，结果直接两眼一黑就摔倒了。用她自己的话讲就是，"每天拷打自己的精神和体魄，作画，作画。我祭上了自己的命。"她心中有无数个人物和故事等待着她用画笔勾勒，她希望用漫画告诉大家她对世界、对生活的理解。她的漫画有严谨巧妙的故事构造，明艳生动的画面，流畅的线条，唯美的意境，充分结合人文、自然以及历史的创意。她的努力和天赋造就了她的独特风格，让她从名不见经传的小姑娘，逐渐收获万千读者，成为中国漫画界的领军人物。这就是梦想的力量，也是在梦想驱动下拼命打磨专业技能的力量。只要心中有一颗种子，并坚持不懈地培养它，就可以让它发芽。

资料来源：野离离．中国最贵又最美的漫画家夏达：为了作画，我祭上了我的命!.(2020-05-31). https://baijiahao.baidu.com/s?id=1668212753868540931&wfr=spider&for=pc.

成功和传奇的故事有很多，佩服和感叹故事主人公的坚持和成功之余，我们也不难从中发现一些值得参考和借鉴的经验，现将它们分享给你们，希望能成为你们培养自己专业技能的实用法则。

1．了解职业目标所需技能，锁定自己的技能培养目标

培养技能的前提就是要发现自己需要哪些技能，所以了解你梦想职业所需的技能成为你技能发展的第一步。你可以向从事该工作的亲友请教，如果没有直接关系，你也可以请

亲友推荐联系他们认识的从事相关工作的朋友进行一次访谈，但须谨记，你需要与直接从事该工作的人直接对话才可以获得最准确、真实的第一手信息，并且你需要多访问几位业内人士，比较之后才可以找到这一行业所需技能。除直接访谈外，你也可以通过网上搜索获取信息。有一些网站提供每一个行职业的基本情况介绍，其中一项就包括入行所需职业技能，比较著名的职业信息搜索网站有 Vault，Jobsoso 等。此外你也可以通过招聘网站了解信息，你可以直接搜索你想从事的职位名称，认真阅读每一条招聘广告上的入职要求，以此为目标去培养相关从业技能。

2. 学习技能，从零起点开始并不可怕，重要的是坚持

心理学家曾经做过这样一个实验，就是将没有陶艺天赋的学生和有陶艺天赋的学生各归为一组，让两组学生在 15 天之内都创造出一幅他们认为最棒的作品。对于那组没有陶艺天赋的学生，老师在教学时对他们的技艺没有特别的要求，只是要求他们每天都要完成 10 个作品，而对于那组有陶艺天赋的学生，老师们会在技艺上做出指导，但并没有对他们每天的练习量做硬性规定。15 天之后两组学生都交出了自己认为最满意的作品，结果竟发现两组学生的作品没有明显的差别，甚至没有陶艺天赋学生的许多作品要好过有陶艺天赋学生的作品。之所以有这样的结果，就是因为没有陶艺天赋的学生勤于练习，即便一开始的起点较低，但每天重复性的刻苦训练也让他们掌握了技巧和方法，他们每一天都进步着。所以勤能补拙，只要心怀梦想，也能够取得成功。

3. 掌握技能之余，也要努力获得相关行职业的资格认定

掌握技能是入行的必备本领，但许多行业也为入职者设定了硬性门槛，如司法考试、普通话水平测试、注册会计师全国统一考试等，这些考试是进入理想职业的必过大关，所以除了拥有相关技能的真本事外，掌握相关的应试技巧，将相关考试顺利通过也是十分重要的。

4. 创造属于自己的最优技能组合，不要盲从别人

许多人因自己不是科班出身而感到自卑，觉得专业对口的学生似乎就有很大的优势，所以拼命地想要成为该专业的学生，并立志一定要转到相关专业，完成一次正规的学历教育。还有许多学生会在面试环节向面试官极力解释自己和专业对口学生的专业背景相差无二。其实，是不是该专业出身，有没有接受正统的学历教育并不是最重要的，条条大路通罗马，实现同一个职业梦想有许多条途径可以走，但更重要的是，要坚信并且热爱你自己选择的路，不要半途而废。没错，也许不像专业对口的学生那样，具有扎实和系统的知识功底，但是灵活和多学科背景是你的优势。所以学会用欣赏的眼光看待自己的经历，即便有一些看似“弯路”，但它同样可以为你的未来加油，因为这就是你不同于别人的优势。

实现梦想的路常常不是一帆风顺的，在培养技能的过程中你可能会遇到许多阻碍、挫折，这些困难有时大到会浇灭你的信心和热情，让你陷入消沉和气馁中。面对这样的情况，最重要的就是相信自己，坚持下去，要知道我们身上具备每一种技能的潜质，只要加以培养和锻炼，许多技能都可以获得提升。此外也要接纳自己的失败和不成功，只有准备好失败才能拥抱成功，要起跳先要学会下蹲。也许周围的环境常常会给你很大的压力，身边的亲友也会有很多不理解、不支持，你常常会觉得孤独无助。但请记住，不

要过多地将其他人的评价放在心里，积极的心态会帮助你看到他们善意的出发点，并且如果你将自己努力的目标变成“为了证明给别人看”，那么你就会失去自我。梦想是你心中找寻自我的目标，努力实现或者放弃都取决于你自己。如果选择放弃也感谢自己曾经走过的失败，是它们让你更懂得自己要什么，更要感谢自己的勇气，去面对失败，从头再来；如果选择坚守在这条路上，那就为自己心中的那把火焰而奋斗，因为你知道只有你最懂自己。

○ 就业训练营

人生只有不断打磨和充实自己才能朝梦想迈进。现在就请写下你的培养计划吧，你的职业梦想是什么，你了解到实现它需要自身具备哪些能力，对于目前尚欠缺的能力你打算如何增进它？请将你的计划填在下面，请记得一定要把你的计划具体量化才可以助你步步为营。

我的职业梦想是：________________________________。

我了解到实现它我应该具备的能力包括：____________________。

以下是我关于尚未具备的能力的培养计划：

目标能力 1：

我计划于__________（年/月/日）内获得这项能力。

具体计划：

我愿意每______（天/周/月/年）______次______________________。当我____________________时，我算成功地完成了每次的训练计划。

我的阶段性目标有：

到第______天/周/月/年，我要达到____________________。如果实现，我会奖励自己____________________；如果失败，我会惩罚自己________________________________。

到第______天/周/月/年，我要达到____________________。如果实现，我会奖励自己____________________；如果失败，我会惩罚自己________________________________。

到第______天/周/月/年，我要达到____________________。如果实现，我会奖励自己____________________；如果失败，我会惩罚自己________________________________。

三、锁定你的职业目标

了解了你的专业技能，我们就来谈一谈职业目标定位的问题。

就像我们前面提到的那样，选择职业目标，可以结合你过去的优势，找到你已经具备的专业技能，然后再匹配你的职业选择，选择那些你可以充分发挥自己优势技能的职业会让你轻松愉快地获得职场上的发展。

但同样，心怀梦想却还不具备相关技能的学生，只要你愿意吃苦，愿意坚持不懈地追求和培养自己的技能，相信你也可以顺利地实现自己的梦想，那么，就毫不犹豫地锁定你的梦想职业并坚持下去吧。

此外，在上一章的职业兴趣探索中，你是否发现自己有太多的兴趣而一直苦恼于怎样才能缩小自己的生涯选择范围呢？这一章我们讨论的生涯技能或许可以帮上你的忙，现在我们要利用你的生涯技能缩小你的职业兴趣目标，请将上一章探索后你发现的自己感兴趣的行职业全部列在下面的横线中，然后从其中圈出你具备相关能力去实现的目标，看，就是这么简单，你已经离发现自己的未来职业选择越来越近了！（关于各职位的具体技能要求，请参考美国劳工部公开发布的职业数据网站 O＊NET Online，网址为 http://www.onetonline.org/）

____

____

第二节　生涯探索技能——规划你的生涯路径

许多学生都会有这样的困惑，一直以来自己的学业表现都称不上优秀，大学里也是成绩平平，拿着这样一份成绩单，怎么才能获得用人单位的青睐呢？也有不少成绩优秀的学生有这样的担心，听说毕业找工作，除了成绩外还考察许多其他素质，一直专注于学习的自己，着实有一些紧张，到底在学业之外还需要培养哪些技能呢？关于学业能力与工作中需要具备的技能之间的联系众说纷纭，毋庸置疑，学业成绩反映了学生一部分的素质和生涯技能，但也有不少用人单位认为只会死读书的学生进入职场后表现并不尽如人意。因此在大学里如果只做一个分数至上的好学生，恐怕还不能获得理想的职业。

一、多元智能理论

如何才能全面认识与测量个体能力呢？早在 30 多年前，美国哈佛大学教育研究院发展心理学教授霍华德·加德纳（Howard Gardner）博士就开始了一连串的实验和研究，他的研究成果发表在 1983 年出版的《心智的架构》（*Frames of Mind*）一书中，并以“多元智能理论”（Theory of Multiple Intelligence）来概括。该项成果一经发表便震撼了整个教育界，他发现并肯定了人类的“智慧”不受认知所限，不受文化地域所限，就像是所有人的共通语言，人类都具有“多元智能”。加德纳博士将这些智能总结为九项，人类正是利用这九项智能完成学业、攻克技术难关、研发创造新事物、推动社会发展的。更重要的是，这些智能每个人都具备。只要将自己各项智能和工作所需智能相匹配，就可以找到适合你的职业，同时不要忘记对这些技能勤加锻炼。这九项智能是：

1. 语言智能（linguistic intelligence）

我们每一个人都具备用语言表达与交流、理解语言、用文字思考的能力。如果这项智能获得开发，那么你就可以从事一些常同文字和语言打交道的职业如作家、诗人、记者、主持人等。同时一定的语言智能水平也成为所有工作中的一个基本要求，只有具备一定的语言智能水平，才可以顺畅地和同事交流与相处、向客户介绍产品与服务、向领导表达自己的想法等。可以说，语言智能是各项工作中的通用智能。

2. 逻辑-数学智能（logical-mathematical intelligence）

逻辑-数学智能指每一个人都具备的逻辑推理、理性计算、量化思考的能力。在这项智能上表现卓越的人群，多集中在自然科学研究领域、金融财务领域、信息工程领域等。我们很小就被锻炼培养这项智能，如果一直以来你在理科方面成绩优秀，那正说明你这项智能发展得不错。

3. 空间智能（spatial intelligence）

这项智能让人有能力以三度空间的方式来思考，使人知觉到外在和内在的影像，也能在脑海中重现、转变或修饰三维影像，产生或解读图形的信息。空间智能卓越的人可以从事航海、飞行、雕塑、美术和建筑等职业。

4. 肢体-运动智能（bodily-kinesthetic intelligence）

这种智能可以让人巧妙地指挥、调节身体各部位以完成相应的身体姿势、运动等技能。运动员、舞蹈家、外科医生和手工艺者都是运动智能获得良好发展的例证。

5. 音乐智能（musical intelligence）

这种智能培养人善于体察音符、旋律、音色、音质、节奏，并能依照其特征演奏、演唱甚至创作乐曲。音乐智能良好的人多通晓音律，可以成为歌手、乐器演奏家、乐评人、作曲家、指挥和音乐爱好者等。

6. 人际智能（interpersonal intelligence）

这种智能使人具备良好的人际互动技巧，顺畅地与人沟通，建立关系，此外它也帮助个体体察他人的所思所想，使之能够从对方角度出发表达关心和情感。通过心智与身体间的联结，具备良好人际智能的人可成为成功的社会工作者、教师、营销人员、政治家等角色。

7. 内省智能（intra-personal intelligence）

这种智能让人增加自我了解，明确自身定位，从而根据自身情况有的放矢地制定计划以达成目标。哲学家、神学家、心理学家都具备相当高的内省智能。

8. 自然观察智能（naturalist intelligence）

这种智能让人能够高度辨识动植物，探索研究自然界的一切生态现象，并且擅长确认某个团体或种族的成员、分辨成员或种族间的差异，并能察觉不同种族间的关系。农夫、植物学家、猎人、生态学家、园林设计师、形象设计师、人类学家等是最佳的例证。

9. 存在智能（existential intelligence）

这种智能使人在茫茫宇宙中寻找人类生存的意义与价值，并帮助个体找准合适的定位，具备处理相关问题的能力，如在寻找生命和死亡的意义、身体和心理世界的最终命运中给自己定位的能力。

加德纳博士提出的多元智能理论回答了我们刚才讨论的问题，为什么有些在学校成绩优异的学生，进入社会工作后便变得平平无奇？为什么有些在学校成绩一般甚至在家长老师眼中视为“淘气包”的学生进入社会后却在工作中取得了令人瞩目的成就？加德纳将原因归结为传统教育理念与社会需求人才素质之间的分歧。传统教育重培养抽象思维及解决问题的能力，尤其是逻辑数学的推理能力。此外，传统教育也重视学生文字理解与表达的能力。于是乎造成了这样的结果，在学校里善于逻辑推理及运用文字作答的学生，往往取得较佳成绩。相反，在这两方面智能表现不佳的学生便被视为能力不足、未来发展潜力不佳。类似的，一些通用的智力测验也只将抽象思维能力作为智能的测量标准。这就常常使得一些父母甚至许多孩子都以考高分数为唯一目标，而为低分感到不安、惭愧。可是，当学生步入社会后，他们才发觉工作所需的智能有别于学校的单一标准。学校传统的教育与社会的实际要求脱节，学校培养出来的“人才”到了社会便无用武之地。

○ 就业训练营

那么对于身处大学的你来说，应该怎样增进在过去教育中不曾锻炼的能力，以更好地适应求职需要呢？首先，你可以先对自己的各项智能做一个自我评量，了解一下哪一种智能是你的强项，哪几种智能又不是你那么在行的。加德纳博士强调，每个人都有多元智能，且每个人自身的优势智能组合都是独特的。即便是对于两个特长相同的人，他们的优势也许体现在同一个维度上，但具体表现形式也会有不同，比如同样在语言智能上突出的人也会各有所长，可能一些人更擅长口语表达，一些人更擅长书面表达；同样写作能力优秀的人擅长的文风、文体、笔调也是不同的。因此从某种意义上来说每个人的优势智能都是无可替代的。只要你能清晰地认识自我，准确把握自己的优劣势，然后从自身出发找到可以发挥你所长的职业和工种，你就完成了一次成功的生涯规划和职业定位。还犹豫什么，请在本书的指导下完成第一步吧。请根据上文关于九项智能的解释与介绍对自身优劣势做评估，你可以按照“优”“中”“差”三个类别将你自身的智能重新整理写在下方。

	优	中	差
语言智能			
逻辑-数学智能			
空间智能			
肢体-运动智能			
音乐智能			
人际智能			
内省智能			
自然观察智能			
存在智能			

上面的列表是不是让你对自身的智能组合有了一个更清晰的认识呢？下面你可以根据自身的优势智能并结合自身兴趣与个性定位自己的职业目标了。但在这里也想

特别澄清许多学生在这一环节产生的顾虑。许多学生会说，看着自己的优势技能似乎对未来有了一些信心，但是劣势技能的数量和优势技能不分上下，这让自己心里犯了愁，怎样才能克服自己的劣势技能来更全面地发展呢？其实，成就一番成功的事业并不需要一个人多么完美，在各方面都有所长，没有瑕疵，实际上许多人成功正是因为他们懂得关注自己的优势，学会从优势出发规划自己的职业方向。魔术师刘谦也曾上综艺节目笑谈自己总爱丢三落四的“老年痴呆症”和登台前要反反复复确认衣着的“强迫症”，但这些小毛病丝毫不能遮掩他灵巧快速地把玩魔术道具，将一个个奇迹展现在观众面前的精彩，反而更成为许多“谦迷”眼中的“可爱”。他的“强迫症”让他在工作中一丝不苟反复钻研练习各种魔术技法，也成就了他在舞台上精彩绝伦的表演。许多缺点和不足转个身就可以变成光彩照人的优点。因此应该将目光更多地放在自身的优势技能上，对于缺点和不足则要学会接纳它们，让它们也成为优秀的自己中的一部分。

此外，处理一些自己不擅长的任务时，要学会灵活转换，利用自己的优势技能也会达到意想不到的效果。比如学法律的学生可能会常常遇到头疼的法条记诵的考评，这不仅是学业成绩的证明，也是从事与法律相关工作的必不可少的专业技能。大多数学生可能会采用直接背诵的方式来学习，但是许多学生并不擅长背诵，甚至对这样的学习方式非常反感，那是不是他们就不能学好法律了呢？实际上并不是这样的，法律中常常有严谨的逻辑推理，一条法条的写就常常建立在人类理性智慧的基础之上，所以逻辑智能好的学生可以从每一个法条后的本然入手，了解法条写就的成因，不仅知其然，更知其所以然，这会大大加快记诵法条的速度。此外，人际智能好的学生，也可以通过和该行业的长辈、老师沟通来帮助自己更好地理解法条，从而促进记诵的效果。总之，利用自己擅长的技能来完成任务常常可以达到事半功倍的效果。

了解了自身的智能组合，你有没有对自己希望从事的职业有更清晰的认识呢？结合我们在本章第一节得到的生涯选项，你觉得在这些选项中哪些工作可以更好地发挥你的技能特长？选择它们，你会更加游刃有余地玩转职场，但同时，许多符合能力需求的工作也需要经过价值观的进一步验证方可成为适合你的工作。关于价值观的内容，我们会在下一章进一步阐述，请你在下面的横线上整理一下了解自己智能组合后再考虑的生涯选项吧。

____

____

____

____

二、规划你的职业路径

除了实现职业梦想所需的特定能力外，生涯技能也包括自己完成一系列生涯探索并最终正确选择自己生涯道路的能力。成就职场成功的前提是进行成功的职业定位和生涯规划，而一次成功的生涯规划需要当事人具备一系列的素质。一起来检验一下你是否准备好进行生涯规划了。

首先，你需要具备良好的自我探索的能力，即对自我有一个全面、正确和清晰的认识。你是否知道自己是什么样的个性、有哪些爱好、又擅长做哪些事情？你在作决定时常常看重哪些因素？什么样的事情会让你在完成后获得最大的成就感？要回答这些问题，你需要具备一定的自省能力，即向内看自己、了解自己的能力。我们常常说要设身处地地为他人着想，从别人的需要出发才能建立良好的人际关系，但却常常忽视了自身的需要。我是谁、我喜欢什么、我要追求什么这类关于自己的问题却往往最难回答。这本书前半部分写作的初衷就是希望可以协助你来完成自我探索的功课，相信通过我们层层递进的测试与解读，你会对自己的生涯兴趣、生涯技能和生涯价值观等各个维度有更深入的了解。当然，自我探索是毕生的功课，只有时时对自己进行内省和反思才可以让你在生活中步步为营，越登越高。

其次，生涯探索也需要你具备良好的探索职业世界的能力。你需要在了解自身的同时准确把握外界环境，对职场世界既有宏观的考量也有细节的洞察，这样才可以帮助你更好地进行职业定位。你是否知道职业世界里共分为几大行业？每一个行业下又有哪几项职业？尤其对你感兴趣的行职业，你更需要了解它们的具体工作内容、工作环境、工作状态、报酬福利，以及即将面对的挑战和应具备的能力。这些内容大多可以通过网络搜索的渠道轻易获得，但是非常困难的步骤是确认和检视，网络上提供的第二手信息有多少是反映真实的职场情况，有哪些又是杜撰的呢？那么真实的情况又是怎样，怎样去了解它们？寻找这些问题的答案成了你必备的技能。归根结底，这需要你具备良好的搜集资料的能力，掌握资料搜集的六因素即六个 W，why（为什么要搜集此资料），what（搜集什么资料），when（搜集什么时候及什么时候去搜集资料），where（到哪里搜集资料），who（谁可以提供此资料），how（要怎么去搜集此资料）。

最后，综合自我探索和职场探索的信息，你要有能力做生涯决定，并愿意将目标付诸行动，制定相关的行动计划，将生涯目标达成。换句话说，这也需要你具备回答“什么样的工作适合你？如何才能从事这项工作？”这两个问题的能力。这一步骤并非一次性完成，更多地需要你能够列举各个可能适合你的生涯选项，并一一评估每一个选项的优劣势，最终确定最佳选择，并通过实践不断检验你的选择，同时根据需要不时进行修正和调整。这项技能不仅能帮助你完成毕业后的第一次职业选择，更可以帮助你在未来的职业发展中顺利进行生涯转型。

以上所述的三种能力是你驰骋职场需具备的通用技能，这些技能不仅适用于帮助你顺利完成生涯规划，在入职后完成工作任务、进行职业发展规划与选择等方面也常常需要用到，所以培养它们非常关键。借助本书，你可以更好地锻炼和培养这些能力。当然，你也不要错过学校里开设的职业规划探索课或心理健康课，这些课程会更细致地帮助你得到锻炼。此外向相关的老师请教也是个不错的方法，你可以到学校的就业指导中心或心理咨询中心与老师一对一交谈，这可以帮助你针对自身的情况获得更大的提升。总之，无论是特定职业所需的专业技能还是所有职场人士均需具备的通用技能，都将帮助你成就生涯梦想，请同学们时时留心，刻刻练习。

第三节　适应性技能——助你转型成职场达人

生涯技能除帮助我们完成生涯规划，进入理想工作岗位外，也是我们顺利适应职场环境的好帮手。当你结束学生生涯，进入职场，开始成为一个职场新人时，你经历的不仅仅是角色的变迁，更是在经历整个生活模式的改变。你将离开熟悉的校园环境，走向一个新的生活环境，你将要自己解决自己的食宿问题。工作中不再有熟悉的老师和同学，需要重新去结识新的同事，并且要注意保持好和领导的关系，工作任务非常繁重却个个紧急要求你全力以赴完成。毕业入职赋予你的不仅是新的角色，更是全面生活模式转变的挑战。你准备好应对它们了吗？

一、适应性技能的内涵

适应性技能（adaptive skills）在此时可以给我们帮上大忙。适应性技能是指个人于生涯工作中适应物理环境、发展人际关系与适应组织文化的能力。常见的适应性技能包括沟通协调、倾听、互助合作、创新挑战、面对压力、认真学习、健康保养等方面的能力。新人在进入职场时会承受非常大的压力，而这种压力不仅来自于工作本身需要培养和增进许多技能，更多的时候这是一种情绪压力，如“我可不可以拥有和谐的人际关系”“我可不可以适应公司整体的组织文化和发展理念”“我可不可以在工作之余找到有效的自我调节方式”“我可不可以独立地应对生活上的一些挑战”。回忆一下你初进大学校门时的体验，回忆一下当时你的所思所想，是只局限于完成学业、认真学习本专业课程吗？相类似，我们在人生每一个阶段，换了生活环境、换了交际圈时都会有这样的体验，比如从小学到初中，从高中到大学，甚至小时候跟随父母搬家，挥别邻里的小朋友，或者换一个城市开始新的生活等等。

生涯适应能力对每个人获得生涯成功是至关重要的，许多研究都表明适应性技能是成就职场成功的最核心的技能之一。有研究者认为，学生为进入职场做准备的最核心因素就是其生涯适应性技能的发展。

“生涯适应性技能发展良好的学生，在面对生涯转换过程中都有较好的生涯探索与决策的自信。研究者曾做过这样一个研究，他们访谈了 18 位刚刚离职打算换工作的年轻人，结果发现，适应能力强的人能够马上就调整自身开始应对新的求职挑战，他们会用一种急迫而又健康的心态去面对工作上的调整，会主动积极地寻找其他的就业机会，能够为可能发生的变化进行预估并及时做好心理准备，能审慎地接受临时的工作安排，并有计划地通过一步步的工作转换达成现实目标。”①

“此外，研究也表明良好的生涯适应能力是个人心理健康的特征之一。一向针对美国中学生的研究发现，积极的生涯定向和较好的生涯准备能够防止问题行为的发生并减少学生负面情绪，提升其幸福感。”②

“此外也有研究发现一个人的生涯适应能力在一个程度上可以预测其对生活的总体满意度。此外研究也发现适应能力更好地帮助学生应对创伤、调整心态。有经历创伤事件且适应能力强的大学生，比有经历创伤事件且适应能力较弱的学生，甚至是没有经历创伤事件的大学生，显示出更高程度的乐观、自尊、安全依附、社会支持、积极因应等特质。可见适应能力的发展对一个人来说是多么重要。”③

二、学习经验决定生涯成功

每个人的职业梦想、人生目标都会随着年龄、环境、地点的改变而变化，因此生涯规划从来不是一成不变的，需要因时因境去调整。进行生涯转换是不可避免的，每一个人都会经历。此刻的你，有没有想过在生命的下一个转弯处发生职业转变，你会如何去应对呢？你又如何去培养和锻炼自己的生涯适应性技能呢？关于这一点，著名的生涯咨询心理学家克朗伯兹曾指出，不断增进拓展自己的学习经验是生涯咨询的核心目标。他的生涯决定社会学习理论指出每个人独特的学习经验在决定生涯方向时扮演着重要的角色。从小到大，我们每个人都会或多或少对各项未知事物进行一一体验，从跌跌撞撞地学步，到咿咿呀呀地学语，直至父母、学校培养我们学习的各项文化课和文体特长。这些学习经历在每个人的生命中都不计其数，有些成功的经历发展为我们的技能、爱好或特长，有些失败的经历可能影响我们的主观感受。我们更倾向于选择那些有成功学习经验的技能进行培养，而排斥或忽略带给我们失败体验的技能，这样学习经验就影响了我们的生涯选择。

可惜事事并非一帆风顺，在人生的转弯处，无论是周遭的环境或是我们内心世界的波澜都可能带给我们意想不到的惊喜和转变，我们都会经历职业转型，或升迁，或跳槽转行，不得不跳出自己游刃有余的工作去迎接新的挑战。克朗伯兹的理论告诉我们，人生中的新挑战或是因为我们缺乏相关的学习经验，或是因为我们过去不愉快的学习经验阻碍了我们去克服困难攻克目标的信心。在人生的风浪中时刻扮演一个积极无畏的学习者，则是生涯成功的关键。

积极进取的学习态度意味着对未知新鲜的事物始终抱有好奇心和冒险精神，对待挫折和失败也不气馁，积极尝试和努力，相信你终会胜任新角色和新任务。最后，擦干眼泪，抹去败笔，像生命初放的那一张白纸一样去迎接每一天的清晨吧！

---

① SAVICKAS M L. The theory and practice of career construction//BROWN S D, LENT R W et al., Career development and counseling: putting theory and research to work, Hoboken NJ: Wiley, 2005: 42-70.

② EBBERWEIN C A, KRIESHOK T S, ULVEN J C. Voices in transition: Lessons on career adaptability, The Career Development Quarterly, 2004, 52: 292-308.

③ SKORIKOV V B, VONDRACEK F W. Positive career orientation as an inhibitor of adolescent problem behavior, Journal of Adolescence, 2007, 30: 131-146.

○ 就业训练营

除了发挥自己的特长之外，了解雇主喜欢和欣赏的通用技能也可以帮助你取得职场成功。请先猜测一下雇主们青睐的技能都包括哪些，然后我们会在下文中给出答案，看一看，哪些是你忽视的，哪些又是你具备的？

1. 我猜测雇主们可能更重视的技能有：______________________________

____

美国雇主青睐的五大技能

- 沟通能力
- 从业道德责任感
- 团队合作精神
- 分析能力
- 积极主动性

资料来源：National Association of Colleges and Employers. Job Outlook，2011。

2. 通过我的了解，我知道雇主们还重视下列几项技能：______________

____

3. 在雇主们最重视的技能中，以下几项技能我还可以做得更好：________

____

案例

小蔡是某大学心理学专业的学生，今年大三。初入大学的时候，看着周围的同学有的加入了学生会，有的参加了社团，都结交了许多新朋友，生活多姿多彩，而自己却有些不适应，朋友不多，人际交往也不多，很多时候都是一个人去自习室学习，做做数学题。时间过得飞快，转眼到了大二，朋友们似乎都有了一些方向，开始考虑以后的发展。小蔡感到很迷茫，自己不太喜欢心理学专业，未来就业应该也不会考虑这个领域，但也没有找到自己的方向。除了数学学得很好之外，小蔡没有什么特长，成绩一般。周围有同学考了一些技能证书，小蔡也跟着考了一个计算机二级证书，犹豫着要不要再考个英语翻译证书，但是自己的英语并不好，大学英语四级勉强通过，如果要考英语翻译证书，会花费自己大量的时间。大二在小蔡的茫然中也接近尾声。暑假里，小蔡了解到经济领域也会应用到数学技能，想起之前选修过一节经济类课程，自己还比较感兴趣，于是想朝经济方向发展。小蔡的数学老师也鼓励他朝经济学方向发展，因为小蔡的数学基础很好，思路严谨，沉稳细心，很有钻研精神。但心理学和经济学交叉不多，自己上过的经济学课也只有一门，小蔡很担心自己还有没有可能从事经济领域的工作，他不知道工作难度怎样，需要准备哪些相应的知识和技能。眼看大三过半，小蔡很焦急。

阅读完本章，你可否利用一些生涯技能方面的知识来帮助小蔡解答他的困惑呢？

专家点评：

小蔡的这个事例反映了他在大学里找不到自己喜欢和希望发展的行业目标，也不了解自己所长，无法发挥所长的尴尬境地。其实这也是许多大学生面临的困境。因为专业调剂的政策原因，再加上各专业培养过于关注本专业，而忽视了对学生综合兴趣特长的全面探索和培养，许多学生难以找到可以发挥自己所长又感兴趣的专业。利用本章的知识，我们将从生涯技能的角度出发来帮助小蔡解答他的困惑。

小蔡希望从心理学专业转行到经济学领域从事相关工作，但有些犹豫，不知道自己的选择可不可行。通过自我探索和其他人给他的反馈，他发现了自己的一技之长是数学，同时获得了计算机二级证书。此外，小蔡的钻研精神、严谨的逻辑思考能力、沉稳细心的特点也成为他的通用技能优势。综合评估，小蔡对数字的兴趣及在数学上的天赋和钻研精神表明他非常适合在经济学领域发展。但是经济学领域是一个非常宽泛的领域，具体从事什么样的工作可以更好地发挥小蔡的优势需要再细致地讨论。总体来说，经济学领域的工作可以大致分为技术类与管理类两大类别。技术类通常是指利用经济学知识来回答和解决经济生产中遇到的技术难题，或提供一些宏观的政策建议，相关的岗位如宏观经济学家、风险评估专员、证券产品开发人员、需求分析师等。管理类通常是利用一定的经济学知识从事企业生产运营和管理，需要在经济学知识的基础上拥有一定的人际沟通能力及领导力，相关的岗位如投资经理、薪酬与福利管理专员、交易管理专员、营销专员、客户经理、电子商务专员等。从小蔡的研究精神、逻辑思考能力来看，小蔡应该更适合走研究路线而非管理路线。小蔡不擅长交际，也许并不适合在一个重沟通轻技术的岗位上工作，而一个工作内容以研究为主且较少运用沟通能力的工作更适合他。但是技术类岗位往往在专业方面要求较高，对学历及专业出身要求比较严格。因此建议小蔡如果能够在找工作前转到经济学专业进行深造，则可以提高自己的竞争优势。比如小蔡可以去读一个经济学相关专业的研究生，这样会更有利于其发展。当然，一切建议都要以尊重小蔡的自主选择为前提，如果小蔡更愿意直接工作，会建议其从专业性要求不强并且招收人员比较宽口径的职业做起，比如销售、市场、业务专员等，在工作经历中反思回顾会帮助他更好地给自己定位。

关于小蔡是否要考英语翻译证，我觉得要将其和小蔡的求职目标联系起来考虑，虽然多一个证书会增加相关技能，但如果英语翻译能力并不是小蔡求职目标所需的核心技能，那么小蔡应该将最宝贵的时间用于培养和增进核心技能。此外，虽然人际沟通并非小蔡所长，但是它作为职场通用技能对于职业成功起着非常重要的作用，即便是专业的技术岗也需要良好的沟通表达能力，所以小蔡也应在平时注意人际沟通技巧的培养和锻炼。

图书推荐：

1.《你的降落伞是什么颜色？（学生版）》（中信出版社，作者：［美］理查德·尼尔森·鲍利斯等）

推荐理由：这是一本关于你、你的未来和你的梦想的书。追求梦想的过程就像侦探寻找线索一样，线索收集得越多，人生目标和梦想就会越清晰。在本书中，“职场导师”鲍利斯将用他的“魔法棒”引领你发现自己的兴趣与技能，选择喜欢的大学专业，制定理想的职业目标，最重要的是，找到属于你的人生梦想和未来。你的降落伞是什么颜色？好奇的你赶快阅读这本书吧，像侦探一样搜寻关于你自己的降落伞的线索。随着你慢慢长大和成熟，答案会越来越清晰。请相信，无论你的降落伞是哪种颜色，它一定是美丽又坚固的，可以带你到任何想去和应该去的地方。

2.《现在，发现你的优势》（中国青年出版社，作者：[美] 马库斯·白金汉）

推荐理由：想要通过一本书来发现你的优势并利用它们帮助你锁定最适合你的工作吗？这本书也许正是你想要的，你可以伴随本书的指引在网上进行优势识别器（StrengthsFinder）测试，它将帮助你找到独一无二的优势组合并帮助你有效地将它们转化成个人和事业的成功。你想要改进缺陷还是找到最适合展现才华的平台？选择权就在你的手里。

影视剧推荐：

1. 电影《律政俏佳人》（美）

推荐理由：谁规定在律师这个行业里要一直中性穿着，不能使用粉红色？谁规定美丽不能与智慧兼具？女主人公打破了人们惯常的思维，将自己独特的一面展现在法律行业中，最终成为一个成功的律师。她用这个美妙的故事告诉我们，只要你敢，你就可以打破成规，让世界来听你的话！

2. 电视剧《杜拉拉升职记》（中国）

剧情简介：杜拉拉大学毕业后进入民营企业。因老板胡阿发的骚扰，也因为想和男友李鸿铭一样就职于世界500强公司，拉拉向DB公司递交求职材料。同时她也发现男友李鸿铭和自己的好朋友夏红相爱了。杜拉拉没有背景，受过较好的教育，靠个人奋斗获取成功。拉拉在外企经历8年，从一个朴实的行政助理，成长为一个专业干练的HR总监，见识了各种职场变迁，也历经了各种职场磨炼。进入DB公司后的杜拉拉靠着勤奋苦干以及善良正直的本性打动了销售总监王伟，王伟无论从感情还是事业上都成为杜拉拉一个强有力的依靠。虽然同在DB的王伟的前妻黛西百般阻挠，但最终杜拉拉还是依靠自己的力量一步一步晋升为DB公司高层，跟王伟的感情也与日俱增。

推荐理由：电视剧《杜拉拉升职记》中，杜拉拉蜕变的过程，或多或少折射了初入职场的年轻人对事业和理想的追求、对生活的希冀。观看的过程中，由于身份年龄相仿、情感经历类似，部分年轻观众尤其是与杜拉拉具有相同属性的部分年轻白领阶层，会有很强的带入感。

网站推荐：

免费自评网址：http://www.xinjingying.com/tools/nengli/

推荐理由：想要更清晰地了解你的能力分布吗？试试职业能力区域测试，它可以帮助你清晰地将自己的职业能力分类。

第四章 生涯价值观

如果只把工作当作一件差事，或者只将目光停留在工作本身，那么即使是从事你喜欢的工作，你依然无法持久地保持对工作的激情。但如果把工作当作一项事业来看待，情况就会完全不同。

——比尔·盖茨

就业困惑

小A现在是一名大三学生，他打算放弃考研究生，直接本科就业。他告诉我们他的困惑："我知道很多人都会为了更好地就业而考取研究生，但我并不想继续读书了，打算直接进入社会工作。可能研究生学历会有更高的薪水吧……我不打算读研了，但我又很在乎岗位的薪水。我想知道我的学校、我的专业的同学们一般会拿到怎样的薪水。我会觉得，如果我的薪水低于大家的平均水平，是一件有点丢脸的事情。所以我现在不知道哪个应该放在第一位。"

你是否也有小A的困惑呢？你是否也在生涯规划时为个人特质、兴趣爱好、薪资水平等因素纠结过呢？你是不是也会不知道怎么平衡择业的多个因素？让我们一起走进第四章，试着了解我们真实的生涯价值观。

第一节　走近生涯价值观

人生充满着选择，在工作、伴侣、生活、购衣、买菜甚至是发型等大大小小的方面，我们都不停地做着选择题。作为学生的你，有没有这样的好奇：生活中的选择题有没有标准答案呢？我们都盼望着每一件事情如果有个统一的优劣好坏之分，也就可以自然地追求和选择优上之选，可遗憾的是关于生活的选择题从来没有优劣之分，每个人都要在了解自己之后慢慢找出最符合自己心中的答案。有关于工作的答案，就是我们这一节要谈的生涯价值观的话题。

一、价值观

我们刚才谈到的在找工作时应该看重的要素及定义好工作的要素，就是由我们所指的价值观来决定的。什么是价值观呢？它是指一个人对周围的客观事物（包括人、事、物）的意义、重要性的总评价和总看法。不论你有没有意识到，你平时的一言一行都是由你脑中的价值观所左右的，小到你到商场去选一双鞋子，是更青睐于活泼的红色还是更喜欢沉稳的黑色或棕色，大到你做重大的人生决定，比如择偶，是喜欢长发飘飘的女孩或高大阳光的男孩，还是喜欢帅气短发的女孩或活泼机灵的男孩，这些选择背后的驱动力都是你内心的价值观。由此可见，价值观在我们的实际生活中是多么的重要。

很多学生这时可能会问：我的价值观是怎么形成的？为什么我就喜欢火辣的红色多过沉稳静谧的蓝色？为什么我更喜欢单眼皮男生？其实价值观的形成和一个人的成长环境、家庭背景、生活经历，以及与父母或其他重要相关人员与你的互动模式都有关系。小时候父母对自己的教导会无形中灌输一种价值观念，比如偷窃作弊可耻，靠自己实力取得高分光荣，美满的家庭比财富、成就、名声、地位都要重要等，这些观念内化为我们自己的观念。当一些劝导遭到强烈反感，那么相反的观念会得到强化。比如一个女生曾经被一个双眼皮的男生深深地伤害过，那么就会觉得这个类型的男生都很讨厌，渐渐喜欢单眼皮男生等。从小到大一点一滴的经历都会渐渐累积为自己的价值观，形成自己的是非判定标准。我们要清晰认识自己的价值观，使自己做出符合自身价值观的选择，从而增进幸福感。

二、生涯价值观

我们在前文中简述了价值观的概念和成因，相信你对这个概念已经有所了解。将价值观应用在工作领域便形成了本章要讲述的主题——生涯价值观。生涯价值观指在职业世界中我们相信并重视的职业价值目标，比如地位与名声、成就感、独立性、安全感、创造性、福利待遇等。生涯价值观与一个人的职业成功及职业满意度息息相关。一项工作越符合一个人的生涯价值观，那么他对该工作的满意度就越高，并且在该岗位工作时间就越长。

生活中，人们常说要找到一份“好工作”，而这个“好”字就是生涯价值观的反映，可是什么样的工作才是“好工作”呢？这个问题的答案就要因人而异了。有的学生可能会认为长辈的生活阅历和经验都比自己丰富，他们的选择一定就是最好的选择，所以父母、老师眼中的好工作才是真的好工作。可是事实是否真是如此呢？其实在人生的轨迹上每个人都在走一条独一无二的路，因遇到的事情不同，个人抱持的价值观和信念不同，每个人所做出的选择及由此总结的经验也不同，这些人生经验，是对自己能力、价值观、兴趣、信仰等方面的总结，具有特殊性和不可复制性，如果把它们强加在另一个兴趣、价值观、生活经历和生活时代完全不同的个体上，可能会出现很多问题。从另一个角度想，一个人重视和在乎的也常常遭到另一个人的反对，面对各种各样的声音和态度，你又要如何评判和甄别呢？也许归根到底，只有听从你自己内心的声音才能做出正确的选择。

抛开其他人的建议不提，在你心里有没有一些你在乎的标准来影响你做职业决定呢？如果可以自主选择的话，你希望自己怎样走完一生，从事什么样的工作，度过什么样的人生呢？什么是你最在乎、最想得到的？了解了这些你就可以自己决定自己的人生，真正过自己想要的生活，这一切是何等的美妙啊。多元化的标准面前你不需要艳羡别人的“好工作”，只有最适合自己的才是真正属于自己的好工作！

三、生涯价值观的特征

生涯价值观有三种基本特征：

第一，生涯价值观具有独特性。每个人的生涯价值观都是独特的，它的形成受先天因素和后天成长经历的影响。这其中可能包括原生家庭中父母、祖父母的职业，他们的期待，从小到大对你影响很大的人从事的工作，或者是你经历的难忘的事件等。当然这其中也包括你骨子里向往自由的精神，渴望被认可、渴望发光的动力，或者是温暖关爱、仁慈的性格。每个人的经历和天性都独一无二，这决定了每个人的选择和追求也将独一无二，因此，亲友、社会舆论定义的“好工作”不一定会适合自己，我们应该在听取他人意见和建议的基础上做出理性选择。

第二，生涯价值观具有多样性。人们在寻找工作时，渴望工作能够满足自己多方面的需求，比如安全感、稳定性、高收入、乐趣、愉快的人际氛围、挑战性等，因此生涯价值观并不是唯一的，我们往往会把多种生涯价值观都放在优先位置去考虑。需要提醒的是，工作并不是生活的全部，也无法替代生活中的其他部分满足人的所有需求，所以需要学会平衡生涯价值观和生活价值观，不要对一份工作抱有太多的寄托，希望其满足所有的需求。

第三，生涯价值观具有阶段性。生涯价值观并不是一成不变的，正如其一开始是被过去的经历和天性塑造形成的结果，随着人生经历的丰富，生涯价值观也会随着自己世界观、人生观、价值观的变化而改变。正如马斯洛提出的需求层次理论指出的那样，人会先满足自己的低层生存需求，随后才会满足高层次的对生命意义、成就感的需求。此外，在人生的 20 岁阶段，人们往往会追求挑战、刺激、变化和乐趣，而到了 30 岁、40 岁的阶段，人们往往会锁定目标，在一个工作上稳步发展。

综合生涯价值观的三种特征，我们希望你能够探索并且发现属于你自己独一无二的生涯价值观，并在认识它们的同时，根据自己的成长与经历，逐渐丰富和澄清自己的价值体系。

第二节　探索生涯价值观

了解了生涯价值观的内涵和特征，也知道了生涯价值观对于我们未来职业发展和工作满意度的重要性，你一定想知道怎么样才可以了解你的生涯价值观，下面我们就来谈一谈探索生涯价值观的话题。这一部分需要你来参与许多的自主探索活动，一步一步跟随我们完成下面的练习，你将会逐渐找到你的生涯价值观。

一、生涯价值观探索

下面的小练习将帮助你打开梦想的匣子，让你天马行空地去想象你未来拥有的工作是什么样子的。我们没有谈及生涯价值观可能具体包含哪些内容，但是相信通过我们的定义，你一定已经对在工作中看重的东西有了初步的认识，所以尽情发挥你的想象力和创造力描述你梦想中的工作吧。

就业训练营

工作大联想

请用 1 分钟的时间尽可能地回忆、联想并回答下面的问题，你可以用词语、短语、句子来表达你能想到的一切与工作有关的问题，写在下面的空白处。

我希望工作是……，……，……，……

回顾一下你写在上面的内容，思考一下这些词语反映了你希望在工作中寻找的是什么，你判断工作的“好”“坏”标准又是什么。相信回答完这些问题你对你的生涯价值观已有了一个大致的认识。你还可以将你的答案和你的同学或朋友分享一下，看一看每个人的价值观是多么的不同。

心理学家马丁·凯茨曾经将生涯价值观总结为 10 种，归纳了大多数人在工作中追求的最重要的价值。比较一下你对工作的描述可否将其归类为以下 10 种价值观，或者如果你还不太清楚生涯价值观具体包括哪些内容，下面的内容也可给你指引。

（1）高收入：工作薪酬除了满足你生活所需外是否还可以让你享受生活。

（2）社会声望：工作能否为你赢得别人的尊重。

（3）独立性：你能否在工作中拥有独立做主的权利和自由。

（4）帮助别人：你能否通过工作实现增进他人福利的目的。

（5）稳定性：工作能否给你稳定的收入和一定的安全保障，至少使你不会短期内失业或换工作。

（6）多样性：你是否接受变换不断的工作内容使你经常接受新挑战、新任务。

（7）领导力：你是否通过工作可以影响别人、承担责任，并有权控制事情的发展。

（8）兴趣：工作是否满足你的兴趣和爱好，使你可以发挥最大的热情。

（9）休闲：工作是否可以满足你对休闲的需要，有足够的假期给你去休整自己。

（10）自我成长：工作能否给你很多培训和增长知识的机会，使你不断增长工作经验、提高技能。

二、多元生涯价值观的冲突与解决

生涯价值观具有多样性，我们偏爱的生涯价值常常不止一个，也希望找到一份尽可能满足自己所有生涯价值的工作。当然能够找到这样一份理想的工作是最好的选择，但是往往事与愿违，常常是提供给自己机会的 offer 并不能满足所有的生涯价值，当面对多元价值观的冲突时，我们该如何解决？这一部分我们会谈谈这个话题。

面对自己钟爱的多个生涯价值，首先你需要找出主次顺序，在它们中你较偏爱谁呢？当生涯价值发生冲突时，你会舍弃哪个，保留哪个呢？这个部分的小练习将帮助你明晰各个生涯价值在你心中的位置，下面的两个小练习，一个以主观测试为主，另一个则是客观的量表测试。综合两者来看相信你会对自己的生涯价值更清晰。

我们的第一个小练习是生涯幻游活动。幻游技术始于 1938 年，它最早被心理动力学派和完形学派的大师们应用在心理咨询与治疗中，它作为一种全新的方法可以有效地打破来访者的心理防线，帮助他快速进入主题情境，同时也可以作为打开和洞察来访者感官世界和丰富内心世界的工具。幻游技术随后被应用在生涯规划领域中，尤其在帮助来访者探访生涯价值观方面卓有成效。下面我们就应用幻游技术来找寻一下你主观世界中最重视的价值。

○ 就业训练营

梦回桃花源

这个小练习需要在咨询师或者心理老师的协助下完成，最好是作为课堂活动或团体辅导活动来完成，如果条件不允许，也请选择一位耐心、细致的好友来帮你朗读引导语，朗读时请将语速尽可能地放慢，特别是在问题的末尾请给体验者留下充分的时间去思考和勾画问题的答案。幻游活动请在安静、合适的灯光环境下进行。如果你们准备好了，现在就开始吧。

引导语：

现在我们要进行自我暗示放松训练，自我暗示放松训练，请注意听，然后按照我所说的去做，请注意听，然后按照我所说的去做。首先，请你调整你的姿势。请你把眼睛闭起来，尝试去感觉你全身的重量是不是很均衡地分配在你的两只脚、大腿、臂部、背部或者手部。请你感觉你左右两边的重量是不是很平衡地放在你的两只脚、大腿、臂部、背部或者手部。请你感觉你左右两边的重量是不是很平衡。

然后，请你把一部分注意力转移到你的心跳，尝试着去感觉你的心跳，尝试着去感觉你的心跳。我们并不一定能感觉到心跳，只是在你安静下来后，你仿佛能听到你的心跳，或者是你可能什么也感觉不到。所以，你只是尝试着去感觉它，尝试着去感觉它。

现在你试着把你的注意力分散在两方面，一方面感觉身体的平衡，另一方面试着去感觉你的心跳。

好，接下来请你再把你部分注意力转移到你的呼吸，轻松地吸进来，慢慢地呼出去；自然地吸进来，慢慢地呼出去。尝试着控制在呼出去时，让它稍微慢一点。自然地吸进来，慢慢地呼出去。自然地吸进来，慢慢地呼出去。

现在，你试着把你的注意力分散到三方面，一方面注意身体的平衡，另一方面试着去感觉你的心跳，再一方面试着去控制你的呼吸，轻轻地吸进来，慢慢地呼出去；自然地吸进来，慢慢地呼出去。

接下来，是一个较困难的工作，请你把注意力移到你的两个手掌心，然后在心里很强地暗示自己，“让我的手心温暖起来，让我的手心温暖起来”。把注意力转移到你的手掌心，在心理很强地暗示自己，“让我的手心温暖起来，让我的手心温暖起来，让我的手心温暖起来”。继续尝试下去，继续尝试下去。

现在，你把你的注意力分散在四方面，也就是你不特别注意哪一方面，而是把你的注意力随意地分散在四方面：注意身体的平衡；感觉心跳；轻轻地吸进来，慢慢地呼出去；注意你的手掌心，很强地暗示自己，“让我的手心温暖起来，让我的手心温暖起来，让我的手心温暖起来”，继续尝试下去，继续尝试下去，继续尝试下去，继续尝试下去……

接下来，我们一起坐在时空隧道机里，来到一座富丽堂皇的宫殿前。我们将驱车从这个漂亮的宫殿的院门前，开到府邸，这一路上，你看到了什么？此时的天空是什么颜色的？宫殿旁有哪些景观？由远至近的宫殿又是什么样子的呢？请尽可能地想象此时的情景，越详细越好。

推开宫殿的大门，你面对的是一个直通二层的楼梯，你看到了吗？它是什么颜色的呢？宫殿里的布置是怎样的？有什么样的装饰品？又是什么颜色和式样的呢？

走上楼梯，你看到二层的走廊里有很多扇门，看到了吗？它们是什么颜色的？你脚下的地板和头顶的天花板又都是什么颜色的呢？

你慢慢走近门口，推开了第一扇门，门吱吱呀呀地开了，呈现在你面前的是满屋的金银珠宝，你在里面转了一圈，感受了一下被金银财宝包围的感觉，那是什么样的感觉呢？

你慢慢地推上了装满金银珠宝的房间的门，随后来到了第二个房间，这个房间里传来了琴瑟之音，美妙动听的音乐从四面八方传来，沉浸在其中的你此刻是什么样的感觉呢？

关上了这个房间，你来到了第三个房间，门被推开的一刹那，传来了孩子们玩耍嬉笑打闹的声音，你走进屋里，看到十多个孩子在各种游戏玩具面前快乐尽情地玩耍，你加入了他们，和他们做起了你童年时的游戏，时光就这样过去，你们在一起尽情地玩着，玩着……此时的你有什么样的感受呢？

你来到了最后一个房间的门口，一推开门，就看到所有人在为你鼓掌，向你微笑，他们都是为你而来，他们在这里一直苦苦等待着他们心中最崇拜的人。你来到他们中间和他们见面，和他们一一握手，交谈，然后走上台接受鲜花和掌声的鼓励，最后他们来到你的面前，希望能够和你一起拍照、签名留念。美好的下午就这样过去，此刻被崇拜者包围的你感受又如何呢？

你离开了最后一个房间，关上了门，静静地回味着每一个房间给你的体验，第一个房间的珠光宝气，第二个房间的琴瑟和鸣，第三个房间的欢声笑语，以及最后一个房间所有人的崇拜仰慕。你现在可以随意地在这四个房间中穿梭，你可以数钱数到心满意足，你也可以去聆听只为你一人演奏的音乐，你还可以去和孩子们玩耍，也可以去接见那些仰慕你的人。你在四个房间中穿梭游走，重温每一个房间带给你的感觉，你的生活是如此的平静、快乐、美满……（暂停一小会儿）

但是不幸的事情发生了。窗外的一封羽毛信飘到了你的面前，你拾起它，打开一看，上面写着：“这四间房将会一间一间消失，你将不得不选择关掉其中的一间，然后是第二间、第三间，最后你只能保留一间房。你可以一直待在那里。现在是你做决定的时候了，一切的选择都由你决定。”你站在走廊上，注视着每一扇房门，想象着背后藏匿的或财富或安详静谧或欢笑或掌声雷鸣的感动……

现在是你该做出选择的时候了，你走到其中一个房间门前按下了关闭按钮，它是哪一个房间呢？这个房间随即在你眼前消失了。你回顾了剩下的三个房间，随后你做出了第二个选择，你走到了另一个房间的面前，它是哪个房间呢？你按下关闭按钮，这个房间也关闭了。现在只剩下两个房间了，你的眼睛徘徊于这两扇房门，你思考着，犹豫着，举棋不定……不过，最后，你还是做了决定，你做出了最后一个选择，你关闭了最后一个房间，它就是……

现在，所有的选择都完成了，现在的你，身处你最后选择保留的房间里，你置身其中，此时感受如何呢？也许你脑中还会留恋你关掉的那些房间，想到它们，回忆你做出的选择，此时的你有什么感觉呢？你后悔现在的决定吗？如果再给你一次机会做调整，你会改变自己的决定吗？

时空穿梭的旅程结束了，现在我们该返航了，你走出了最后保留的房间，由扶梯走下了二层，转身回望了一下宫殿的内饰，然后推门离开了它，你乘车离开了宫殿，关于这里发生的一切渐渐模糊了。现在我要你慢慢地回到这里，想象这里的窗帘、桌子、椅子、墙上的闹钟……现在我从 10 开始倒数，当我数到 0 的时候你就可以睁开眼睛了。好，10——9——8——7——6——5——4——3——2——1——0。慢慢地睁开眼睛。环顾一下四周……你可以站起来，动一动。

资料来源：金树人. 生涯咨询与辅导. 北京：高等教育出版社，2007：293-307.

幻游结束了，现在我们要从你的幻游体验中提取一些能了解你的生涯价值观的关键信息。我们建议这一环节最好在一个生涯规划辅导老师或者心理咨询师的协助下完成，如果条件不允许，也请你根据自己的体验认真地回答下述问题。

这次幻游围绕的核心问题是四个房间的选择与排序，从中我们希望能够揭示你的生涯价值观。请将你选择的房间与排序填入下面的横线，并说明自己的理由。

1. 我最终保留的房间是____________________，我选择它是因为我喜欢这个房间带给我的____的感觉。

2. 我最后一个舍弃的房间是____，原因是____。

3. 我第二个舍弃的房间是____，原因是____。

4. 我第一个舍弃的房间是____，原因是____。

每个人选择和舍弃房间所依据的原则和标准不同，透过这就可以反映一个人的生涯价值观。即便是作出相同选择的两个人，其给出的理由也不尽相同，因此在生涯价值观提炼时我们的建议是从自己的主观感受和原因出发。我们很难对这个活动的结果给出统一的答案，在这里仅给出一个大多数人理解的每个房间所代表的内涵，供读者参考。

珠光宝气的房间——财富与金钱等物质报酬

琴瑟和鸣的房间——向往安逸、稳定、有安全感的生活；独立精神

孩子嬉戏的房间——轻松愉快的氛围及和谐的人际关系

崇拜者众的房间——声望、名气与他人肯定

幻游活动反映了你的主观内心世界中对各种生涯价值观的取舍与评价。你从上面的活动中收获了什么？你是否对自己的生涯价值观有了更加清晰的认识？或者你还对价值观有一些疑问，期待可以更进一步地了解它？接下来我们用一个标准的更丰富全面的生涯价值观问卷来帮助你核准自己的生涯价值观，相信完成它会让你对自己有更多的了解。

就业小测验

生涯价值观问卷

请将下列每一组群中的项目，依你选择职业或工作时会考虑的重要性，在最右边的栏位中，填入 1～5 的数字，1 代表最重要，5 代表最不重要。请注意 1～5 的比较是组内比较，如 A 组中五项描述比较，你认为哪项最重要，哪项最不重要，请分别填入 1～5 的数字。

A

我很快能赚大钱		★
即使占用我个人自由的时间，我也愿意做这份工作		●
我将为一家好公司及一位好老板工作		■
我的工作对别人将会真的有帮助		◆
我能以自己的步调，做我自己的工作		▲

B

我会盼望每天去上班		★
我会知道我该做什么，并且做得很轻松		●
我会在我的工作岗位，成为一位真正的专家		■
我不会被占用太多时间		◆
如果认真工作，我可以获得加薪		▲

C

我可以在一家非常大的公司里获得一个固定的职位		★
我可以看见自己工作的成果		●
我工作时，不会有来自任何人的干扰		■
如果我认真工作，我能够晋升到高薪的职位		◆
即使我这份工作的薪水不是很高，我还是会做，因为我喜欢		▲

D

如果我工作做得完美，我会获得赞赏及认同		★
我可以当自己的主人		●
我会变得富有		■
我大部分的时间可以做有趣的事		◆
我有一笔丰厚的退休金		▲

E

每一天我都可以决定自己要做什么		★
我做额外的工作，可以获得额外的报酬		●
我可以做我最想做的事		■
我会拥有良好的工作环境及公平公正的雇主		◆
我会觉得把工作做得越来越好是一种挑战		▲

F

如果薪水高，我不喜欢的工作也会去做		★
我的工作对我而言，会是一种嗜好		●
我会受到完善的职前训练		■
我会在我的工作方面，成为杰出的权威		◆
工作时，我可以自由地来来去去		▲

G

工作的乐趣会让我忘记了时间		★
我不可能成为一名冗员（被裁员）		●
许多人会看到我工作的成果		■
我可以自己决定工作的内容和进度		◆
我可以享有高消费水准		▲

H

不管是生病或发生意外事件，我都可以获得帮助		★
我可以充分地发挥自己的天赋		●
我可以自己决定每天该做的工作量		■
如果加班，我的薪水可以增加		◆
在这公司里，我可以调职至其他有趣的部门		▲

J

我的工作对国家而言是宝贵的		★
我可以自行决定与谁一起工作		●
这家公司的利润，我可以分红		■
我会遇见与我兴趣类似的人		◆
我的工作中不需要克服任何困难		▲

K

我工作的成效会受到应有的评价，但不会受到监督		★
工作杰出时，可获得奖金		●
这工作不会令人厌烦或只是例行公事		■
我会相信同事之间的友谊		◆
我会升到一定的令人尊敬的职位		▲

计分：

1. 将你每一组群所写的数字填入下面的框栏。数字必须与每一框栏的图形相对应。如▲中的数字填入▲的框栏，●中的数字填入●的框栏等。

2. 将每一列的数字加起来，结果填在后面总和那一栏。

3. 将你的综合得分排名次，最低分为第一，次低分为第二，依次类推。

4. 排第一的是你认为在你的工作生涯中最重要的事。

A	B	C	D	E	F	G	H	J	K	总和	排名	
★	▲	◆	■	●	★	▲	◆	■	●			M
●	★	▲	◆	■	●	★	▲	◆	■			I
■	●	★	▲	◆	■	●	★	▲	◆			S
◆	■	●	★	▲	◆	■	●	★	▲			R
▲	◆	■	●	★	▲	◆	■	●	★			A

解释：

M　金钱——从事工作时，你优先考虑的是金钱，这是最重要的因素。

I　兴趣——从事工作时，你优先考虑的是兴趣。

S　稳定——从事工作时，你优先考虑的是工作及未来的稳定。

R　自豪——你要一份能够充分发挥你能力的工作。

A　独立——你要一份能给予你最充分独立自主的工作。

完成这个小练习后，你是否对自己的生涯价值观和选择工作时所考虑的因素有了进一步认识呢？下一次面对生涯价值冲突的时候你知道该如何取舍了吗？除了运用幻游技术和专业的心理学量表来解决多元生涯价值观的冲突外，你也可以考虑生涯价值观的阶段性特征。哪一项生涯价值是可以满足你最迫切需求的？哪一项生涯价值又是在你实现温饱后最看重的呢？也许对于刚刚从学校毕业进入职场的你来说找一份理想的工作很难，但是不要忘了，理想是可以一步一个脚印走出来的，所以你的生涯价值也可以和你的生涯目标一样分清远近，先依照最近的生涯价值来寻找工作，然后再一步一步来规划你的职业目标，逐步去实现它们，这样奋斗也可以成为一件快乐的事情！所以如果你还在为温饱而发愁，那么就请暂时先将梦想揣进肚子里，放宽你的职业目标，找一个可以养活自己的工作，然后再实现理想！

第三节　生涯价值观的澄清与评估

我们想象和思考中的生涯价值观常常和实际的选择与行为有出入。也许心理学测试可以反映我们理想中的生涯价值观，但是这些生涯价值观必须在我们的日常生活中得到检验才可以称为我们真实的生涯价值观。你是否可以区分哪些生涯价值观是属于你的，哪些生涯价值观是属于父母或身边朋友的呢？你是否明晰自己的选择是否从自己内心出发自愿作出或者受情绪和经历影响作出？这一节的内容将帮你找到答案。

一、探索真实生涯价值观

真实的生涯价值观往往可以从你过去真实经历的事件中获悉。当时的情景、你的选择，无论出于何种考虑都成为塑造和刻画你的一部分。也许它和你内心的真实所想会有冲突，但相信它一定反映了最最真实的自己，我们要做的就是认识、了解它。请完成下面的小练习来进一步探索自己的生涯价值观。

就业小测验

了解你真实的生涯价值观

请回想过去1个月以来你曾经独立作出的5个重要决定，在你举棋不定的时候，你舍弃了哪些选项，又选择了哪些选项？这些选项的背后分别由哪些生涯价值观所左右？你如何评价自己所作的决定？这些事件背后是否浮现出一些你习惯的选择模式？这种生活形态是你想要的吗？在回答完一连串的问题后，你是否可以找到你在现实生活中面对各种事件作出的反应所体现出的你的真实生涯价值观呢？对比你的总结与上面的测试结果，你有什么新的发现吗？请将你的真实生涯价值观总结在这里。

____

____

____

在真实的情境中，我们的选择也常常受外在环境的影响，比如父母的劝导、朋友的评论、老师的谈心或者是社会舆论，这些声音被我们接收，进入我们的大脑，无形中影响着我们的判断和生涯价值观。在价值观的形成过程中必然会有一些外在环境因素的推动，这些外在环境因素有时对我们正向价值观的形成起到了助推作用。但同时外在环境也可能起到一些相反的作用，过多地关注别人的评价常常会使我们迷失自己，不敢再坚持自己真正看重的梦想，久而久之会形成一些不良价值观。因此，在众多纷杂的生涯价值观中找到自己真正的声音就变得尤为重要。下面列举了一些影响青少年的生涯价值观、希望青少年拥有的生涯价值观和青少年常见的“不良”生涯价值观。

影响青少年的生涯价值观：

- 工作福利
- 薪金福利

- 工作环境
- 与上司及同事的合作关系

希望青少年拥有的生涯价值观：

- 从事有意义的工作
- 从事可发挥个人知识和才能的工作
- 对工作投入、热诚和坚持（归属感）
- 对工作珍惜

青少年常见的“不良”生涯价值观：

- 过分着眼于薪酬及其他福利
- 缺乏对雇主的归属感、对工作的投入
- 企求舒适的工作环境
- 期望工作性质多样化及具趣味
- 要求有充足的闲暇时间过休闲生活
- 梦想从事不需要负工作责任的任务
- 要求工作要有充足的自由度和自主权
- 需求有良好晋升机会的工作，却忽略自我能力的提升

资料来源：香港社会服务联会．青少年生涯发展服务．http：//www.hkcss.org.hk/cy/Employment%20－%20Training.htm.

二、澄清生涯价值观

澄清生涯价值观的方法有许多，较受推崇的是学者路易斯·拉丝（Louis E. Raths）的方法，他认为生涯价值观的澄清应该关注的是形成生涯价值观的过程，而非生涯价值观的内容本身。他的理论建立在这样的假设基础上，即相信只要每一个来访人遵循了合理的选取生涯价值观的步骤和程序，那么他一定可以找到自己最真实的生涯价值观。在这个假设的基础上，路易斯提出每个真实的生涯价值观都应该通过以下 3 个过程的历练脱颖而出：（1）选择；（2）珍视；（3）行动。真实的生涯价值观应该符合以下 7 项标准。①

选择：

（1）自由（不受外界压力的影响独立作出选择）。

（2）在众选项中脱颖而出（同时存在许多选项与之比较）。

（3）经过各选项可能产生影响的悉心考虑（认真考察了依照该生涯价值观行事可能带来的结果）。

珍视：

（1）珍惜，因选择而快乐（有强烈喜欢的感觉并且倍感珍惜）。

---

① RATHS L E. Merrill Harmon，Simon S B. Values and Teaching. Columbus，OH：Charles E. Merrill，1966.

（2）愿意将选择的结果公之于众，与他人分享。

行动：

（1）选择后立即采取行动（如确认生涯价值观后找到符合自己生涯价值观的职位）。

（2）在人生的一阶段内始终如一地根据感受和信念来行动。

应用这个理论查看你选择的职位是否符合你的生涯价值观时，你可以问自己以下 7 项问题，如果你的回答均为“是”，则可以说明你的选择反映了你的真实生涯价值观，如你对 1 项问题的回答为否，可能你需要再考虑一下这项价值观是否是你的真实所想。

- 你是否独立于外界的压力而选择这项职位，保持思想、情感和行动的一致？
- 在选择这项职位之前你是否有考虑其他可能的选择？
- 你是否认真地评估了选择每一个职位可能带来的结果后才决定选择这个职位的？
- 你是否对选择该职位感到快乐并愿意珍视它呢？
- 你愿意将你的选择与全世界分享，必要时很确定地肯定它吗？
- 你会用行动来支持你的感受和信念吗（如主动和亲友分享、在工作时感到很快乐等）？
- 你是否始终如一地根据你的感受和信念来行动？

了解了自己的生涯价值观，你是否可以更加清晰地划出自己的工作探索范围呢？你可以结合 MBTI 推荐的工作类型确定自己感兴趣的职业吗？你可以描述一下自己觉得比较适合的工作的特质吗？又或者新的价值观的探索是否激发了你很早以前对某一类工作向往的回忆？你可以一并写在下面的横线上。

____

____

____

三、评估生涯价值观

上面的活动帮助你对自己的生涯价值观作了澄清和检实吗？你有什么新的发现吗？如果你通过上面的活动找到了专属于你自己的生涯价值观，甚至很乐意按照自己的生涯价值观探索和寻找自己的梦想工作，那么祝贺你，你已经离你的梦想越来越近了。

但是，也有一些学生可能因为上面的活动而变得迷茫起来，好像找不到自己的样子了。“在过去的生活中，自己的好多选择都是盲从了别人的标准，父母、老师的声音取代了自己的声音，自己也从来没有思考过这个问题，这该怎么办？”如果你是这样的学生，请不要着急，其实每一个人都要经历这样的阶段，在一段迷茫期后慢慢定义自己，开始区分自己和他人的不同，发现自己的独特性。对于一些学生来说，他们在中学时期完成了这样的任务，那时候开始知道自己的个性、喜好，也开始慢慢了解自己在大学要修读的专业、梦想的功课和将来希望成为的人。也有许多学生将这一部分任务挪后到了大学里来完成，似乎离开了家乡和师长的管束，终于有一个自由的环境可以让自己去选择了。所以如果还没有找到自己珍惜的生涯价值观，那也没关系，它可以成为你在大学里完成的一个课题，多打开自己，去尝试和经历不同的活动，学术的、娱乐的、兴趣的、组织的、义务的，你会在参与中学习和成长，也会发现自己的喜好，你会明白哪些对你来说是重要的，哪些是你喜欢的并希望一辈子做下去的。相信经历过这些之后你会自信地和身边的父母、老师、朋友说，这就是我，我要的生活就是这样！

还有一些学生，也许找到了自己的真实生涯价值观，却发现和自己测试中探索出的生涯价值观大相径庭，比如测试中的自己是很重视声望和地位的，但是现实生活中遇到对决和竞争，自己却常常不在乎，摆出了很不屑一顾的状态。自己的真实生涯价值观让自己不喜欢，自己希望成为心中的那个样子，这应该怎么办呢？如果发现了这样的冲突，首先需要理解的是外在事件反映出的真实生涯价值观可能只是你生涯价值观的一部分，如果你对于心中的那个生涯价值观有一个坚定的声音和疑问，就说明你心底的那个样子也是你自己的一部分，只是有一些因素阻碍你把它们表现出来。其原因可能是多方面的，可能你坚定的东西得不到你身边的人或者主流社会的认可，让你被迫掩藏，或者你害怕自己没有能力追求到那些，于是甘愿放弃。无论原因如何，建议你同心理咨询中心的老师来聊聊这些话题，他们可以帮你解开捆绑在你身上的枷锁，让真正的你散发出光芒。

知识窗

心理学家马斯洛认为生涯价值观是为了满足人的需求而形成的。具体来说，他将人生活的所有需求分为五个层次，这五个层次的需求呈一个金字塔形状。马斯洛指出人的需求会从低层次逐渐向高层次转变，而低层次需求也是高层次需求实现的必备因素。一旦较低层次需求获得满足，较高一层的需求便成为主导动机。因此，随着年龄和阅历的增长，低层次需求的逐渐满足会导致人们向更高层次需求努力，此时生涯价值观也会随之变化。马斯洛需求层次理论及其对应的生涯价值观如图 4-1 所示。年轻的你也可以主动地去改变和塑造自己的生涯价值观，让它们最符合你的样子。愿你在生命旅程的每一刻都绽放出美丽的样子，做最美的自己！

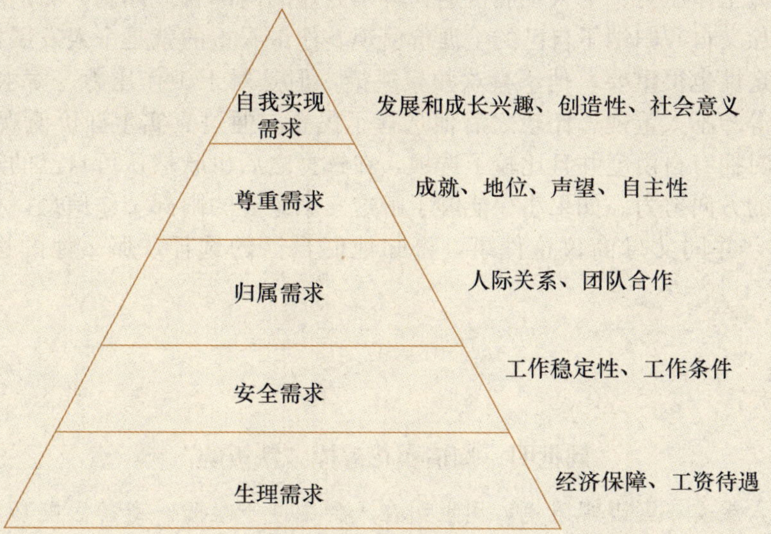

图 4-1　马斯洛需求层次理论及其对应的生涯价值观

案例

小徐是一所普通大学会计专业的学生。毕业季来临，凭着大学期间丰富的活动和实习经历再加上应聘时的精心准备，小徐收获颇丰，收到了好几家公司的录用书，不过随之而来的问题是选择哪一家。其中一家公司是国企，工资不高也不低，福利很好，工作压力比较小，但相对死板、缺乏活力，竞争中特别强调人际关系而不是技术能力，晋升的机会很难争取。另一家为业内著名的会计师事务所，薪水较高，内部管理体制科学、专业，同事都很年轻、很有热情，但工作压力之大也是众所周知的，而且在工作几年之后就会面临瓶颈而不得不重新考虑出路。还有一家很不错的民营企业给了他录用书，工资一般，工作繁忙到常常加班，很重视员工的技术能力，有很大的学习发展空间，但管理上有很多不足。小徐考虑了很久，最后没有简单地选择薪水最高的会计师事务所，也没有去众人眼红的国企，而是去了这家民营企业。小徐认为自己不是个向往工作清闲不在意未来发展的人，也不想在工作几年后就频繁跳槽转换公司。这几家的薪水有高有低，但在小徐眼里，刚工作薪水够用就好，相比薪水，他更看重未来的发展和个人能力的提高。在民企里，小徐很向往自己的技术能在工作中不断提高，在若干年后，还可以亲自参与公司的管理，与公司一同成长。小徐知道，这条路的开始虽然辛苦，回报少，但却是他从心底里认可的方向。

专家点评：

从小徐的案例就可以清晰地看到生涯价值观对一个人职业选择的重要性。小徐收到了三个看来都可以称得上是好工作的 offer，如何选择就取决于自身生涯价值观了。小徐在叙述这三家的工作特点时很清晰地描述了它们体现的不同的生涯价值观，高薪水、高福利、稳定性、低工作压力、个人发展机遇、科学专业的内部管理体制、和谐融洽的人际关系等。随后小徐又自我归纳了自己的生涯价值观，他最看重的就是个人发展机遇，其次他认为工作的稳定性也很重要，他不喜欢频繁跳槽，但是对于工作压力、薪水、福利待遇、公司管理制度等却不太重视。比较之后他选择了民企。通过真实生涯价值观澄清七步法，小徐在做决定时拥有自由度并且比较了选项，在选择之后也欣然认可自己的选择，并开始朝着自己选择的方向努力。如果小徐能够了解这三家企业的内部工作信息，更真实地了解入职后的情况，并同父母商议这件事，告知他们自己的选择，那么他的选择会更加有把握。

小故事

周世明：痴情卖花辞掉“铁饭碗”

中等身材，带着一副近视眼镜，周世明在人群中并不显眼。辞掉医院药剂师的“铁饭碗”后，周世明一头扎进玫瑰花的种植中。在种花的过程中，周世明又偶然间与城市污泥打上交道。在8年时间里，周世明成功地将城市污泥转化成生物肥料。如今，她的这项技术正在帮助佛山等地解决城市污泥处理难题，其研发的生物肥料也帮助惠州等地的种植户增收。

高中毕业后，周世明进入东莞市人民医院，当了一名药剂师。那时，在医院北门，经常有位阿婆拎着一只红色塑料桶，摆放着一束束水灵灵的黄玫瑰在街边出售。有一天，路过的周世明跟阿婆打趣说："阿婆，这黄玫瑰 2.5 元好贵啊。"阿婆回应说："后生女，这花是在广州才有，在东莞没有啊。""我不信，东莞离广州又不远，广州能种，东莞就不能种？我试试看，种出来给你卖。"周世明对阿婆说。随后几天，周世明把这几句话给忘了。当她再一次来买花时，阿婆却将了她一军："你不是说种出玫瑰给我卖吗？"正是这句话，激起了周世明种花的决心。但问题随之而来。首先是去哪儿找花种。周世明想起曾经上过课的广州南方医院里有成片玫瑰花，于是拉着丈夫直奔南方医院，不料无功而返。之后他们一直从广州东方乐园找到华南植物园，最后辗转到白云山的一个苗圃场，才找到玫瑰苗。带着 2 000 枝玫瑰花苗，周世明开始了种花之路。因为缺乏专业技术，玫瑰花成活率很低，"很可惜，第一次只收获了 12 枝玫瑰。"带着这 12 枝玫瑰，周世明找到卖花的阿婆。阿婆仔细看了之后，告诉周世明："只有 6 枝可以卖，0.6 元一枝，总共 3.6 元。"

当看到阿婆转手以 1.2 元一枝卖出后，周世明不禁有点不平："自己辛苦种了一年才赚到 3.6 元，阿婆仅一转手也赚了那么多。"周世明决定自己卖花。

此后，周世明白天到医院上班，下班后摆地摊。随着玫瑰花生意越做越大，1992 年 4 月，周世明不顾身边人的质疑，辞掉医院的"铁饭碗"。1994 年，周世明只身前往云南，"当时听人说，云南的气候和土壤都很适合玫瑰的生长。"从没有出过省的周世明在这片陌生的土地上低头耕种。之后，她种的玫瑰开始从云南走向全国，甚至获得荷兰客商的青睐，销往海外。

资料来源：周世明：痴情卖花辞掉"铁饭碗".（2016－02－24）. http://www.gyl86.com/news/item-111105.html.

图书推荐：

《墨迹》（长江文艺出版社，作者：曾子墨）

推荐理由：读一个人的生命轨迹是了解一个成功生涯历程的最好途径，但欣赏和慨叹别人的成功之余，也留给我们许多思考值得回味。放弃华尔街投行的工作，回国进入一无所知的电视媒体行业，这样的选择背后有怎样的动因？一次次的职业转换是为了什么？读她所说的，也许会帮助你找到心底真正在乎的。

影片推荐：

《黑狗》（韩国）

剧情简介：徐玄振在剧中饰演私立学校临时老师高荷娜。作为没有资历的菜鸟老师，她进入的却是以教学出色闻名的大峙洞私立高中，被大家认为是空降兵和说谎精，就这样踏出了社会生活的第一步。空降的菜鸟教师，带着青年的热情和一种怯懦美。看她如何用自己的方式温顺却坚定地融入高中教师圈……

推荐理由：聚焦教师职场生活、高考升学体系和个人成长，无 love line，只有好嗑到爆的人性美！该剧并不是写给青少年的校园剧，而是写给我们大家的职场剧。和以往的校园剧从学校外面窥探学校和老师的方式不同，该剧直击校园内部我们不熟悉的真相。这部剧适合沉下心来，一点一点看，在沉静中才能体会到各种酸楚和雀跃。

微博推荐：

俞敏洪微博：http://weibo.com/yuminhong

推荐理由：他花了3年的时间去考北大，花了10年的时间将十几个学生的出国英语补习班发展为传递梦想追求卓越精神的新东方教育集团。他就是这样，一旦下决心要做一件事情的时候便立志做下去，从他的故事和经历中你也可以找到那些让你为之执着的事情。

自测推荐：

免费自评网址：http://www.apesk.com/careeranchor/

推荐理由：想要更清晰地了解你的生涯价值观吗？试试职业锚（职业价值观）测评，找到你一直为之奋斗的目标锚点。

第五章

职业世界面面观

成功并没有什么秘密，它们只不过是适应了时代发展的变化。

——比尔·盖茨

就业困惑

同学M告诉我们，她的生涯困惑在于不了解相关职业的具体工作和感受。她说："我觉得我很不了解相关职业的具体工作内容，对于每一个感兴趣的职业，都觉得了解得不够深入。有时候我会向相关行业的前辈请教，但事实上即使在一个行业里面，不同的人也会给出不同的描述。即使真的去实习了，在不同的实习岗位、不同的公司，体验也是很不一样的。似乎要深入了解自己的职业，就必须花费大量的时间和精力。我们真的能找到适合自己的工作吗？"

也许你也曾经或者正在为此困惑——我们想象中的职业，是否是这个职业的本来面貌？职业万千，我们应该如何了解各种职业呢？第五章的内容也许会解答你的这些问题，让我们一起来看看吧！

第一节　职业特性

"无规矩，不成方圆。"每一个职业都有自己的职业边界（劳动分工）、职业技能（职业标准/职业要求）和职业伦理。本节将带你从三个视角来观察"职业"。

一、从社会学视角看职业边界

横向来看，如果把社会甚至世界比喻成一部机器，那么每一份职业就是保证社会或世界正常运行不可或缺的螺丝钉（劳动分工）。每一个螺丝钉都需要坚守自己的位置和履行自己的职责，不能随便上岗、不能随便替换、不能随便旷工。否则，机器无法运转，人类自然无法生存。经济、政治、文化、科教、卫生等行业领域既相互独立又相互借鉴，着实带给人类许多的“惊喜”。

纵向来看，中国自改革开放以来发生了翻天覆地的变化。你和父辈人观念不同，不仅是因为你的思想发生了改变，还因为你们经历的时代是不同的。如果你不知晓时代的变化，自然无法理解不同时代所塑造出的他人甚至是自己。改革开放带来了社会结构的变迁：（1）从农业的、乡村的、封闭半封闭的传统型社会向工业的、城镇的、开放的现代型社会的转变；（2）从高度集中的计划经济体制向社会主义市场经济体制的转化。这样的变迁推进了现代化的进程，表现为：（1）随着经济和科技的发展，劳动分工体系发生巨大而深刻的变化，推动着原有职业结构的不断改变；（2）新兴职业要求自获性成就，因而更加依赖于教育和训练；（3）职业结构的改变催生出一个庞大的中间阶层，使整个社会的贫富差距逐渐缩小，从而缓解了社会冲突，促进了社会稳定。同时，社会结构的变迁，无疑也带来了社会文化和人类心理的波动，中国真真切切地处在“转型”的时期。“转型”势必会带来问题，而解决问题势必需要新的解决方式，不论是新思潮的涌现、新制度的建立，还是新职业的诞生。

总之，每一个职业都有其独特的存在价值，因此也就有其“局限性”。把自己的职业看成社会齿轮上的一颗重要却有局限性的小螺丝钉，你的生活会多一分热忱、多一分合作、多一分尊重。同样，每一个职业随着社会的发展，都有其独特的“发展潜规则”，因此也就有其“与时俱进”的生存意义。把自己的职业看成社会结构变迁及社会现代化“转型”进程中的一部分，你的生活就会多一分创新、多一分思辨、多一分勇敢、多一分成就感。

二、从“专业”视角看职业技能

现代社会发展和分工细化正在创造出越来越多的职业、工种和岗位，在每一个具体的职业、工种和岗位领域，都需要一定数量的职业特定技能。从总量上看，职业特定技能的数量是最大的，而从适用范围看，职业特定技能的范围是最狭窄的。对每一个行业来说，又存在着一定数量的共同适用的技能，即行业通用技能，从数量上看，行业通用技能比职业特定技能显然少得多，但是行业通用技能的适用范围涵盖整个行业领域。就更大范围而言，必定存在着一些从事任何职业或行业工作都需要的、具有普遍适用性的技能，这就是核心技能。因此，了解和培养职业特定技能、行业通用技能和核心技能，是通过职业教育培训和考核的需要，是从事某一职业的必要前提，也是提高自身竞争力的重要途径。

（一）职业特定技能

职业特定技能的范围，我们可以理解为《中华人民共和国职业分类大典》划分的范围。我国职业划分为 1 481 个细类（职业），目前国家职业标准的制定以及相应的职业资格认证考核活动均以此为限进行。在实际操作中，可以做出适应生产和技术发展变化的调整。

（二）行业通用技能

行业通用技能的范围要宽于职业特定技能。可以把它们理解为是在一组特征和属性相同或者相近的职业群中体现出来的共性的技能和知识要求。从现实的操作需要来看，可以确定为国家职业教育培训科目（300 种左右）的范围。

（三）核心技能

核心技能是范围最窄、通用性最强的技能，是人们在职业生涯甚至日常生活中必需的，并能体现在具体职业活动中的最基本的技能。核心技能具有普遍的适用性和广泛的可迁移性，其影响辐射到整个行业通用技能和职业特定技能领域，对人的终身发展和终身成就影响极其深远。开发和培育后备劳动者和在职劳动者的核心技能，能为他们提供最广泛的从业能力和终身发展基础。

尽管各国都在进行核心技能研究，但是在核心技能的内涵、种类、范围、影响等一系列基础性问题上还没有形成完全统一的意见。根据我国的实际情况和职业技能开发的需要，结合国际上的先进经验，我国核心技能包括以下 8 个大类①：

（1）交流表达：通过口头或者书面语言形式及其他适当形式，准确清晰表达意图，和他人进行双向（或者多向）信息传递，以达到相互了解、沟通和影响的能力；

（2）数字运算：运用数学工具，获取、采集、理解和运算数字符号信息，以解决实际工作中的问题的能力；

（3）革新创新：在前人发现或者发明的基础上，通过自身努力，创造性地提出新的发现、发明或者改进革新方案的能力；

（4）自我提高：在学习和工作中自我归纳、总结，找出自己的强项和弱项，扬长避短，不断自我加以调整改进的能力；

（5）与人合作：在实际工作中，充分理解团队目标、组织结构、个人职责，在此基础上与他人相互协调配合、互相帮助的能力；

（6）解决问题：在工作中把理论、思想、方案、认识转化为操作或工作过程和行为，以最终解决实际问题、达到工作目标的能力；

（7）信息处理：运用计算机技术处理各种形式的信息资源的能力；

（8）外语应用：在工作和交往活动中实际运用外国语言的能力。

总之，时代在发展，人类在进步，职业技能，不论是职业特定技能、行业通用技能还是核心技能，是每一个人走向工作和生活、学会工作和生活，并最终融入工作和生活的功课，而且是一生的功课。

三、从伦理学视角看职业伦理

伦理学认为，伦理就是外在社会对人的行为的规范和要求，从而通常指社会的秩序、制度、法制等。道德指的是人的内在规范（亦归属心理学范围），即个体的行为、态度及心理态度。伦理和道德的关系错综复杂，有时判若有别，并不相关，有时相互重合，似为一体。

那么，究竟什么是职业伦理呢？职业伦理和职业道德又是什么样的关系？

职业伦理是关于从事某种职业的群体或个人的一些总体性的价值要求。与职业道德主要是对某一职业的从业者个体的特殊要求不同，职业伦理是某一职业的从业者对具有总体

① 陈宇．职业能力以及核心技能．职业技术教育，2003（33）．

性的社会伦理和社会主导价值观的遵循。职业伦理所具有的这种总体性特点，与职业道德的个体性和主观性形成了对照。在社会化和市场化趋势日益凸显的 21 世纪，对于职业伦理的要求较之职业道德更为迫切和必要。在很多时候，职业伦理甚至主要是体现为一种否定性意义上的东西，其存在的必要性恰恰在于着力解决职业领域内的伦理失范和价值混乱问题。主观性的道德和客观性的伦理都是人类精神和现实世界不可或缺的部分。

小故事

职业价值还是生命价值

南非自由摄影记者凯文·卡特 1994 年获得普利策新闻奖特写摄影奖的作品《饥饿的女孩》呈现了这样一种景象：一个濒死的小女孩匍匐在地，身后不远处一只兀鹰似乎在等待她的死亡。

卡特在战乱纷起的南非一个遍布灾民尸体的村庄发现了一个赤裸的皮包骨头的女孩，当时这个女孩正艰难地从灌木丛中爬出，而此时一只兀鹰落在了这行将饿毙的女孩身后，瞪大了眼，卡特及时捕捉了这个让人震颤的瞬间，然后他将兀鹰赶走，抱起女孩。

就是这幅《饥饿的女孩》上了《时代》周刊，并且获得了普利策新闻奖特写摄影奖。

普利策新闻奖评委会对《饥饿的女孩》的评语是：它以显著的方式表明了人性的倾覆，揭示了整个非洲大陆的绝望。

可是他很快给自己制造了麻烦，他在一次记者访谈中介绍说，当时他在现场等了 20 分钟，希望那只兀鹰能张开翅膀。如果出现这样的情景，照片会具有更强的视觉冲击力。他的这一番“真诚表白”却立即遭到一些人道义上的指责，因为在一个女孩随时都会饿死的情况下不先去救人，反而想照片怎么拍更具视觉效果，这将人的生命置于何处？应该说这是一个很难讲清的问题，卡特也可以自辩，说如果摄影照片视觉效果更好，就会使更多的人包括南非人自己更加关注人的生命，从而结束内乱。假如这个小孩真的饿死，可照片会促使人类社会反省，这将会使这个饥饿的大陆情况有所改观。但是在视个体价值高于一切的西方社会中，他这种辩护显然是苍白无力的，所以卡特的精神开始崩溃，最后走上了自杀之途。自杀之前，他梦见了照片上那只兀鹰，并且看见兀鹰向自己张开了翅膀，可以说卡特之死是死于良心自责。

随着社会和时代的发展，在职场内外，等待着你的也将是职业道德和职业伦理的思辨、梳理与抉择。视角不同，看到的“职业”就不同。通过三个视角的观察，希望能够帮助你更全面地看待一份“职业”，从中找到工作的热情、动力和底线，在广袤的职业“草原”中，找到属于自己的“领地”。下一节让我们把注意力集中在职业“草原”上。

第二节　职业分类

俗话说，“三百六十行，行行出状元”。实际上，职业的分类岂止“三百六十行”呢？让我们从了解职业分类这个独特的视角，去认识我们所在的社会、我们身边的生活及我们自己吧。

一、职业分类小知识

职业分类是指按照一定规则和标准把具有共同的一般特征或本质特征的社会职业归纳分类至一定类别系统中。通过不同的职业分类方式和标准对职业世界进行归类，不仅使国家对职业队伍的分类管理、录用调配、考核培训、奖惩升迁等工作更具针对性，也可以帮助我们更加系统地了解各行各业的职业素质要求、工作内容、职业结构体系等。

参照国际标准和方法，国家职业分类大典和职业资格工作委员会于 1999 年颁布了《中华人民共和国职业分类大典》并于 2015 年进行了修订。2021 年，国家职业分类大典和职业资格工作委员会又对《中华人民共和国职业分类大典》进行了修改，延续职业分类的大类、中类、小类和细类结构，细类是最基本的类别，即职业。新增 9 个中类和 21 个小类，减少 547 个职业。

二、身边的职业分类

（一）“三岁看老”

“你长大想做什么?”

“我要开拖拉机，我要当科学家，我要当大老板……”

儿童的言论往往不是深思熟虑后的想法，更可能是来自书中故事、电视节目和成人之间的谈话。他们不懂开拖拉机到底是什么，需要多大的资金，可能带来多大的效益；他们不懂当科学家不仅仅是得到大家的欣赏，还意味着更多艰辛的付出和孤单的坚持，以及直面功利主义的诱惑；他们不懂当大老板并不等同于赚很多很多的钱，还需要为整个企业员工的利益负责，需要面对诱惑与良心的抉择考验。

（二）“那些年，陪伴我们成长的职业”

父母的工作特性（包含职业边界、职业技能和职业道德）会或多或少地影响一个孩子的成长和价值观的形成。例如，铁道职工的孩子，很有可能继承父业，继续在铁路上工作；石油系统的职工子女，很有可能继续学习石油工程的专业，从事与石油相关的职业；医生的孩子，很有可能更爱干净，更注重身体健康；艺术家的孩子，很有可能有一双对音乐敏感的耳朵，有一颗直通艺术殿堂的心灵；心理学家的子女，很有可能更善于倾听，懂得爱和尊重，因为他充分得到了来自父母的倾听、爱和尊重；等等。此外，父母的同事、朋友也拓展了我们对职业范围的认识。

另一个对每一个孩子都影响深远的人，就是老师。人们很容易被老师渊博的知识（职业技能）所折服，容易因为老师的耐心、爱心甚至是严厉（职业伦理）而心生敬慕，却容易忽略老师也是平凡的人，不是完美的神（职业边界）。老师很可能在某一方面很强大，但另一方面很弱小，老师也是在不断成长的，也会犯简单的错误，正如我们自己一样。

每个人在对“身边的”这些职业的观察和理解中，收获了各自的成长，形成了对“职业”的初步认识。

（三）“另一个世界中的我”

随着时代的进步，不少人也在网络上，申请注册了属于自己的一块领域，或找到了能够寄托精力的一片田野。在那里，人们找到了感兴趣的事情，找到了最初的梦想，开阔了自己的视野，原来，“还有另一个世界”。

原来，设计动漫也可以作为一种职业，例如自由漫画家；原来，摄影也可以作为一种职业，例如大型纪录片摄影师；原来，摆弄枪械也可以作为一种职业，例如军事专家；原来，做化妆品也可以成为一种职业，例如香水配剂师；原来，还有婚礼策划师、心理咨询师、美食鉴赏家、机场管理员、动车操控员、发电机装配师……

（四）进入成人初显期：更大的世界

知识窗

成人初显期

美国心理学家阿奈特（J. J. Arnett）2000年在《美国心理学家》杂志上发表的《成人初显期：18岁至20多岁一种新的发展理论》一文中，提出了“成人初显期”这一发展概念。成人初显期具体指个体从18岁至20多岁这个独立时期，共有五大特征。

（1）需要自我同一性确认的特征，指处在这一时期的青少年有更多的机会去尝试各种不同的生活方式及有关恋爱和职业方面的各种不同选择，并在选择中不断认识自己不同层次的需要。在探索职业和恋爱的过程中，通常会有挫折和失败的经历，而这些挫折与失败对个人的自我成长具有特殊而重要的意义。

（2）自我不稳定的特征，指在这个时期，由于青少年情感异常丰富而且特别强烈，他们常常对恋爱和职业方面的规划不断进行修正与调适。

（3）自我关注的特征，指青少年根据自己目前对社会、对人生、对他人的了解，以及对自我在人生中实现未来目标所需要的各种必备要素的了解，开始为自己将来的婚姻家庭、事业发展等方面进行筹划。

（4）过渡性的特征，指青少年处在青春期和成年初期之间，希望摆脱家庭、学校乃至社会权威的干预，依靠自己的力量独立于社会的动态发展过程。

（5）存在各种可能性的特征，指青少年展望生活前景的各种可能性因素。尤其是这期间来自青少年原生家庭、学校或社会的变异或冲突，比如父母离异、家庭变故、学校环境、社会各种思潮、大众流行文化等，都有可能对他们的未来走势造成影响，甚至带来颠覆性改变。

大学往往作为成人初显期的发展平台，成为大学生发现“更大的世界”的载体。在缤纷多彩的大学生活中，每个人都经历着青春的洗礼，在主修专业，选修课，见习、兼职、实习，与同伴的交流中，收获着属于自己的成长。

（1）主修专业。了解一个行业，就要了解这个行业所涉及的方方面面的基础知识，大学主修课的知识覆盖面之全面有助于大学生从总体上对行业进行宏观的了解。

（2）选修课。不同于中学时的课外读物和网络链接小知识，在大学的选修课堂上，大学生可以探索那些在课堂之外无法找到的兴趣，可以直接与兴趣及导师“面对面”，这有助于深度了解，再次开阔视野的广度。

（3）见习、兼职、实习。在大学，往往有更多的机会和时间去进行社会学习和实践，可以和社会交流，从而深入了解社会、职业，从中获得在课本上无法获得的“知识”、一些可能令人深感挫败的经历、所有伴着恐惧却充满勇气的“第一次”尝试，这些将成为每个大学生一生的财富。

（4）同伴交流。在大学，每个大学生都会发现，地球再也不是围着一个人转了；每个人都有自己的家乡，有自己的好恶，有自己的性格，有自己的生活习惯，每个人都需要转变成为一个独立的人。在与同学的交流、参加各类社团及活动中，磨砺心智，打磨棱角，学会理解、宽容，学会做人。每个人都能从中看到“更大的世界”和更多的职业。

（五）再次“三岁看老”

请记得，当你决定选择一份职业，就意味着你的“学生生涯”结束了，而你的“学习生涯”却没有结束。当你回顾自己的“学生生涯”、整理自己的“整个世界”时，你的职业就在其中。这里有两点提示，希望对你有所帮助：

首先，需求层次理论。该理论是由人本主义心理学的创始人之一马斯洛在1968年提出的，他认为，人的需求是由以下五个等级构成的：（1）生理需求。人对食物、水分、空气、睡眠、性的需求等。（2）安全需求。它表现为人们要求稳定、安全、受到保护、有秩序、能免除恐惧和焦虑等。（3）归属需求。一个人要求与其他人建立感情的联系或关系，如结交朋友、追求爱情、参加一个团体并在其中获得某种地位等。（4）自我尊重需求。它包括自尊和希望受到别人的尊重。（5）自我实现需求。每个人都走在追求实现自己的能力或潜能的路上，尽管自我实现的形式有所不同，但是都满足了一个人内心的需求。

其次，晕轮效应。晕轮效应也称光环效应或成见效应，是指在人际交往中，第一印象中对个体某些方面印象突出，掩盖了这个人的其他特点和品质，起到了类似晕轮（月亮周围有时出现的朦胧圆圈）的作用，从而影响到对整个人的认识与评价。因此同样的，在面对一份职业时你一定要深入地去了解，不要被初次的或表面的印象所迷惑。只有了解了职业的职业边界、职业技能、职业伦理，才能选择适合自己的职业。

总之，你不能再像小时候一样，只是在“职业的名字”之间任意挑选。要选择适合自己的职业，不仅要考虑到自己的需要、实现自己的价值，还要对一份职业进行深入的探索，避免盲目地投入到一份职业中。

提及职业分类这个话题，有些人觉得过于庞大，而有些人甚至就从来不曾了解过，透过“你身边的职业分类”的纵向梳理，希望能够帮你看清自己的职业选择之路，发现自己的局限，同时激发你去查阅相关资料，了解更多的职业，从而明确自己的职业取向。下节让我们把目光锁定在“职业内涵”上。

第三节　职业内涵

当你听到一个职业名称时，你可以准确说出它们的职业要求和工作状态吗？你可以立即判断自己是否适合、是否喜欢这个职业吗？很多职业也许与你之前脑海中设想勾勒的图像大相径庭，在很多职业的美丽光环背后有着许多鲜为人知的辛苦和困难。别着急，接下来就让我们为自己的理想和现实职业之间架起一座桥梁，透过表面去把握我们所向往的行职业的内涵，同时一些职业探索的小方法也等着你去尝试。

一、职业内涵的层面初探

（一）宏观层面：行业

行业是指从事国民经济中同性质的生产或其他经济社会的经营单位或者个体的组织结构体系的详细划分，如林业、汽车业、银行业等。

解释行业本身所处的发展阶段及其在国民经济中的地位，分析影响行业发展的各种因素及判断其对行业的影响力度，预测并应引导行业的未来发展趋势，判断行业投资价值，揭示行业风向，能够为各组织机构提供投资决策或投资依据。

总之，对大学生而言，广泛了解宏观职业世界的现状，要重点掌握当前劳动力市场的供求状况、各行职业在各地区的分布和相关国家政策，以及其历史发展趋势和当前所处的行业生命周期位置。只有这样，才能在日后行业的风浪中站稳自己的脚跟，坚守最初的梦想。

（二）微观层面：具体职业

在了解宏观层面——行业的同时，更要把握自主选择权，充分了解和把握具体职业的入职条件、工作形式、工作环境氛围等问题。

当前大学毕业生的就业选择范围多集中在外企、国企、民企、政府机关及事业单位等组织机构，这些不同的组织机构有着不一样的文化与管理风格，员工年龄层次和价值观念也各异。在择业时，大学生需要结合自己的生涯价值观和生涯兴趣，权衡多方面因素，挑选出最适合自己的职业。

二、了解职业内涵的途径

（一）媒体媒介

踏入职场之前，你是否准备好了，是否对与职业相关的信息有了初步的了解？不少网站为拓展我们的职业视野提供了包罗万象的信息与资源。例如：猎聘网、智联招聘。

智联招聘是一个招聘网站，因此在每一个职业中，除了详尽地描述行业类别、职业类别及职业要求，同时还阐明了相应公司的企业文化等进一步的具体信息（如图 5－1 所示）。

俗话说：“不听老人言，吃亏在眼前。”博客、微博、电视访谈资料、书籍等可能带你从另一个角度审视职业，也可能用作者亲身经历向你解读职场。如职场社交平台脉脉（员工会在匿名板块分享在企业工作的体会）、博客文章《职业分析：各个职业具体工作》等。

高级建筑设计师

公司名称： 中国航空国际建设有限公司

公司性质： 国企

公司规模： 100-499人

公司行业： 房地产/建筑/建材/工程 航空/航天研究与制造

工作经验： 10年以上　　发布日期： 2013-02-05

最低学历： 硕士　　管理经验： 否

工作性质： 全职　　招聘人数： 若干

职位类别： 建筑装修/市政建设 美术/设计/创意

工作地点： 北京-西城区

申 请

职位描述

一、主要职责

主持建筑工程项目设计工作

二、职位要求

1、建筑学或城市规划专业毕业；

2、参加工作10年以上，有较强的方案创作能力，熟悉各类设计软件，并有较强的施工图设计能力者；

3、知名建筑学院硕士研究生学历；

4、有大型设计项目经验；

5、持有一级注册建筑师者优先。

申 请

联系方式　**公司介绍**

中国航空国际建设有限公司

公司类型：国企 ｜ 公司规模：100-499人 ｜ 公司行业：房地产/建筑/建材/工程 航空/航天研究与制造 ｜

中国航空国际建设有限公司（简称中航工业国际建设）成立于1985年，其前身是中国航空建设发展总公司。公司具有甲级建筑设计资质，是我国首批获得工程总承包资质的单位。公司以工程建设全过程服务的集成项目管理优势和经验，完成了大量航空军民品重点生产线及科研设施、空海军航空维修设施、航空产业园区和经典民用建筑的交钥匙工程，获得全国工程总承包银钥匙奖及多项优秀工程设计奖。作为中国航空工业集团公司规划建设板块的成员单位，公司是整个业务板块的优异中心（COE）。

公司依托中航工业集团公司和中国航空规划建设发展有限公司良好发展态势，充分发挥融资能力，以资本为引领，大力进军污水处理、垃圾焚烧发电、城市集中供热、保障性住房、一级土地开发等建设领域，开展BT/BOT业务，打造投融资和项目运营平台。公司积累了大量优秀设计和工程建设经验及业绩，承接工程咨询设计业务，同时承接土建施工、机电安装工程及建筑智能化工程总承包业务，打造工程施工的战略合作平台。

目前公司正处在快速发展时期，良好的发展前景为广大员工提供了广阔的发展平台，公司为员工提供完备的薪酬福利保障，提供全面的培训和学习机会，为广大员工的职业发展提供指导和支持。

“才华是金、贡献为重”是我们的人才理念，欢迎各类精英人才的加入！

图 5-1　中国航空国际建设有限公司高级建筑设计师招聘信息

职业分析：各个职业具体工作（节选）

一、一个 Marketing 职员在做什么？
（1）帮助研发部门确定研究的方向：你要到不同的城市或者不同的销售场所去抽取一些消费者进行调查，想办法了解某个地区的消费者喜欢什么产品和服务、不喜欢什么，你的调查要非常详细，甚至要详细到连消费者自己可能都没有考虑过的问题，比如您喜欢的红是亮一些的，还是暗一些的？把消费者的喜好总结起来，就是一个新产品或新服务的概念。 （2）和广告商合作设计电视广告，选定媒体和播放形式，比如是连续 20 天每天播放，还是每间隔一天进行播放等。对于每一种设计你都要找出足够的理由和数据支持。 （3）设计广告语是最重要的环节，很多广告都是由于精彩的广告语才被记住的，比如“钻石恒久远，一颗永流传”等。 （4）和平面设计商合作设计店内陈列使用的图片，比如化妆品的美女图、新东方的宣传册等。 （5）设计店内的陈列方式，怎么样摆放产品才最吸引眼球。 （6）设计促销的方法，是买一送一，还是大特价，或是赠送钥匙扣之类的小礼品更好呢？ （7）有些促销计划有可能要先在某些城市或市场做实验性的推广，那么你要选择先在哪些城市试验？ （8）把自己的方案做成 PowerPoint 和销售员做沟通，说服他们接受你设计的广告和促销计划，然后销售部的人才会乐于去和超市或者经销商协调怎么样把我们的产品卖出去。 （9）多和研发部门和销售部门沟通能够使自己更好地了解他们的想法，也就更容易说服他们。 （10）做市场的出路当然就是一直做下去，从负责小品牌到负责大品牌，收入和成就感都是相当高的。 （11）需要特别提醒应届毕业生的是，当你刚刚加入市场部的时候，你可能每天只是负责一些琐碎的小事，比如把新产品的海报送到杂货店，或者到零售网点采集销售数据。
二、什么样的人适合做 Marketing？
（1）天生就是“点子王”，总能想出出人意料的好点子，也就是具有“创造性思维”。 （2）做事敢于适当冒险，愿意尝试与众不同的新方法并敢于承担失败的责任。 （3）有科学的态度和理性的思维，做事比较理智，喜欢用客观的分析的眼光和数据说话。逻辑思维能力强，分析问题讲究前因后果，能把复杂问题简单化。 （4）有远见，很多市场营销活动是不能够短期起效的，你要比其他人看得远、想得早、行动快，并且对未来进行长远的规划，然后按照规划一步一步地实施。

资料来源：http://blog.sina.com.cn/s/blog_6863020f0100utdn.html。

知识窗

公务员考试报名条件

学历要求：考生取得国家承认的大专及以上学历即可报考符合条件的职位。

专业要求：专业要求是限制考生报考的最大门槛，考生报名参加公务员考试必须要报考与专业一致的职位。

户籍要求：历年国考部分职位有户籍要求，报考户籍限制会在职位表中写明。

其他要求：历年国考部分职位要求考生有一定年限的基层工作经历，有些职位可能会要求相关证书。

公务员考试报考流程

1. 职位查询

根据发布招考简章，选择符合自身报考条件的职位。

2. 网上报名

考试主要采取网上报名方式，按照以下程序进行：

提交报考申请。登录考录专题网站，提交报考申请。报考者只能选择一个部门（单位）中的一个职位进行报名，报名与考试时使用的本人有效居民身份证必须一致。

查询资格审查结果。报考者报考期间需登录考录专题网站查询是否通过资格审查。通过资格审查的，不能再报考其他职位。报考申请尚未审查或者未通过资格审查的，可以改报其他职位。

查询报名序号。通过资格审查的报考者，请登录考录专题网站查询报名序号。报名序号是报考者报名确认和下载打印准考证等事项的重要依据和关键字，请务必牢记。

3. 报名确认

通过资格审查的报考者，请登录考录专题网站进行网上报名确认并缴费，逾期视为自动放弃报考资格。

建档立卡贫困家庭人员和城市低保人员，可以直接与当地考试机构联系，办理报名确认和减免费用手续。

4. 网上打印准考证

考前一周下载打印准考证，携带身份证、准考证参加考试。

5. 公共科目考试

公共科目笔试包括行政能力测验和申论。

6. 专业科目考试

会进行外语水平考试、专业考试。

7. 笔试成绩查询

公共科目笔试成绩最低合格分数线一般可于来年一月份登录考录专题网站查询。

8. 调剂

调剂职位以及调剂相关事宜，于公共科目笔试成绩公布后，通过考录专题网站面向社会统一公布。

9. 面试

根据招考简章中规定人选的比例，根据笔试成绩从高到低的顺序，确定参加面试和专业科目考试的人选名单，并在考录专题网站上统一公布。

10. 体检和考察

面试和专业科目考试结束后，将按照综合成绩从高到低的顺序确定进入体检和考察的人选。

11. 公示拟录用名单

拟录用人员将在考录专题网站上公示，同时公布举报电话，接受社会监督，公示期 7 天。

（二）面对面咨询

1. 充分利用身边的资源

面对面的沟通是一种有效、快速获得职业相关信息的途径。以下列举出大学生日常生活中的几种资源渠道：

（1）请教相关的专业教师，了解专业性质、特点、发展趋势等；

（2）到就业指导中心，获取学校历年就业趋势走向、招聘或实习信息，接受求职技巧技能培训；

（3）向心理咨询中心求助，同老师探讨自己的内心意愿和需求，处理情绪困扰、内心冲突，测试职业兴趣、职业能力等；

（4）建立良好广泛的人际网络资源和社会支持系统，通过校友、父母、朋友、老师、同学的经验传授、交流支持，自己可以更坚定、更有信心地踏入职业领域。

2. 充分利用社会的资源

网络让人与人之间的联系越来越紧密，你甚至可以和大洋彼岸一个完全陌生的人交流，只要语言无阻碍。借助网络这个强大的媒介，人们可以通过邮件、微博等媒介进行快速、有效的联系，网络为人们的交流提供了更多的可能性。

请相信，只要你真的热爱并渴望从事一份职业，而且你真的渴望得到你敬重的专业人士的指导，请主动和他们联系，你的勇气和执着足以让他们为你敞开一扇沟通的大门。

（三）见习、实习、兼职

想要了解一个职业或一种工作的真实状态，最直接有效的方式莫过于全面了解甚至亲身体验其真实的一天。并且在体验之后，如果能够回答如下问题，就基本完成了对某一职业较为全面的认识和理解。

（1）这个职业每天都需要做些什么？在这之前需要有些什么能力准备、物质准备？

（2）我要在什么样的环境条件下完成这些工作内容？户外作业还是室内久坐？独立工作还是团队协作？是否需要经常与人交流沟通？

（3）在完成工作任务的过程中，我可能会用到哪些技能和知识，是数学推理能力，还是阅读写作能力？是否需要经济学与会计学基础，或者计算机方面的知识能力？

（4）在工作过程中，我所感受到的工作氛围、风格、理念是怎样的，我喜欢吗，适合我吗？如果要在这样的环境中长期工作，我是会感觉厌倦还是愈发喜爱？

（5）在结束了一天的工作之后，我的内心是否会觉得充实和满足？这个职业的价值观和兴趣是不是真的符合我心目中的标准呢？

如果我们把行业比喻成参天大树的树干，那么职业就是大树的枝干。若想结出甜美的果实，就要不忘所在行业的“立命之本”，不失所在职业的“使命与航向”。下一节让我们一起面对职场困惑的考验。

第四节　职业心态

了解过职业特性、职业分类及职业内涵之后，我们对“职业”的理解依然还停留在

“纸上谈兵”的阶段。在实际的生活中，仍然有很多职业困惑埋伏在职业之路中。以下是大学生求职路上的几种现象，让我们一起来面对。

一、保守退缩心态：7名研究生争1个环卫工作岗位

（一）现象

2006年，是广州市环卫局下属单位公开向社会招聘的第一年，286个本科生、研究生竞争13个职位，其中，广州市卫生处理厂化制车间一个要终日与病死禽畜打交道的职位，就引来19名本科生和7名研究生角逐。小左就是当时从26个本科、研究生中脱颖而出的优胜者，拥有暨南大学环境工程研究生的高学历。“当时是有一些选择，在应聘这里之前也在环保公司做过，这里的环境已经不像以前要手工做事，待遇很稳定，又有各种保险、公积金，不是见不得人的职业。”

作为一个名校研究生，为何选择与这些病死禽畜打交道呢？小左有些不好意思地告诉记者，就业压力很大是个现实问题。

（二）思考

苦于就业压力，而去选择一些保守的工作岗位，这已是屡见不鲜的社会现象了。这种现象，从一方面来说是一种人才浪费，从另一方面来说也反映出求职者的无奈、社会现实的残酷和年轻人追求稳定的心态。

（三）建议

（1）如果现在选择的行业，并不是打算永久待下去，那么，请最好尽早离开。

（2）规划好自己的目标职业，尽量做和其相关的工作，参加这样的工作能给自己未来的职业发展摄取并积攒经验。

（3）任何人做任何工作，至少都有两个基本的出发点，一个是前景在哪里，另一个就是“钱”景是什么。选择工资待遇好的工作，这本身无可厚非，但对于刚进入职场的学生而言，在选择职业时应该更注重前景而不是“钱”景。

二、盲目出击心态：广撒网，什么公司都面试

（一）现象

双学位让我“开门红”

2011年10月初，当大家还在忙着写毕业论文的时候，拥有经济学和法学双学位的我就已经顺利通过了美尔雅期货公司的面试。并且，公司向我发出尽快上岗的邀请。

与普华永道擦肩而过

虽然早早地拿到了一个offer，但我不想这么快就稳定下来，于是，我又毫不犹豫地加入求职大军中。

我在网上申请了四大会计师事务所之一的普华永道（PWC），因为对于自己能否进入普华永道信心不是很足，所以自始至终都抱着一种试试看的心理，没有全力去准备，最终没能通过面试。

事后想起来觉得很惋惜。其实，既然已经决定去面试，就应该对自己充满信心，并全力以赴地去准备，而不应该抱着“我大概进不了，权当体验一下吧”的心态。

从全面撒网到个人定位

虽然经历过一次成功的面试，但是在接下来的求职过程中，我还是没有意识到应该进行清晰的求职定位。我在网上申请了很多企业，基本上是全面撒网的“海投”。

普华永道的面试结束之后，我把目标瞄向了美的集团。面试现场，当我介绍到自己学的是金融专业时，美的集团的两位招聘经理都笑了：“读金融专业的学生应该去做基金，怎么来应聘营销岗位呢?”

这一句话点醒了我。金融的专业性很强，与学市场营销专业的同学相比，自己去应聘营销岗位没有什么竞争优势。

这时，我才意识到应该给自己做更加精确的职业定位，找工作虽然艰难，但也不能盲目地四处出击。我开始问自己想要的是什么，求职目标随之也清晰起来，法学和金融两个专业结合起来的职位成了我的主要目标。于是，我应聘了中国移动广东公司的法务人员，并已接到面试通知。

（二）思考

在人山人海的求职中，也许每个人的自信心和自尊心都受到不同程度的打击。在学校、学历、技能水平等硬性参考指标面前，也难免会出现“几家欢喜几家愁”的场面。打击是需要面对和调整的，也需要用合理的方式表达和宣泄。

需要明白的是，用人单位考虑的是如何选到最合适的具有专业素质的员工，不会因为同情而录用不合适的应聘者。其关注的核心是个体究竟会做什么与岗位匹配的工作，有什么样的能力，能为企业做出什么贡献。在求职过程中，不结合自身实际盲目面试求职等类似的做法，只会让自己手足无措、疲惫不堪，不仅不能全面地展现自己，也很难达到让用人单位录用你的目的。

（三）建议

（1）找准定位。求职者要根据自己的生理条件、个人优势、个人不足来选择适合的职业和行业。天生我材必有用，这个世界总有和你匹配的工作岗位。

（2）善于使用资源，合理寻求帮助。对于有志于自己创业的毕业生而言，国家对于创业青年提供了很多优厚的条件，不妨作一些相关的调查与了解。

三、自以为是的心态：学管理但老板不让我管事

（一）现象

小康是北京一著名高校本科毕业生，用她自己的话说，当年毕业时为了能把户口落在北京，忍气吞声地选择了中关村一家规模非常小的民营企业工作，做最基础的行政工作。“我是学企业管理的，虽然是个本科生，但我相信自己可以胜任管理职位，我天生就非常自信。这是个刚刚成立的新企业，正准备补充多方位的人才，这也给我申请有关的管理职位提供了可能。但结果是该公司没有让我做内勤总监的职位，甚至宁愿让这个职位空缺，也不愿意让我尝试。公司给我的理由是，我缺乏管理经验，老板对于让我管理公司内勤完全没有信心。我认为这个企业老板没有魄力，我干了不到两个月，没有要他一分钱就辞职了，他们不留我，自有留我处。”

小康说，自己当初学管理就是想有一天能成为管理人才，可实际上在那个公司，自己

做的就是高中生都能做的业务，这和她的理想相差甚远。到现在为止，她基本上是每年都要换个工作，因为她总在抱怨没有老板愿意给她管理职位，哪怕是个中层管理职位都没有。

（二）思考

管理，是做人的工作，需要的不仅是书本上的知识，更需要对企业的熟悉和实践经验；良好的人品是不可缺少的，但是精湛的能力更是胜任工作的砝码。另外，从基层做起，是企业和员工双向了解的过程。学习管理专业的新手，更要脚踏实地在工作的细节中考验自己的专业精神，从而得到企业的认可和接受。

从企业实际运作来看，很多企业都愿意选拔在该企业有一定经验的人补充管理岗位。因为这些人通常对企业知根知底，非常熟悉企业的运作流程，接受企业文化熏陶时间长，工作能力也被充分认可。所以，这样的人具有良好的职业发展、提升的空间与平台。

（三）建议

（1）志存高远，但要脚踏实地。踏踏实实从企业最基本的职位做起，这是企业员工成长为企业领导者的有效出路。

（2）管理者就是领导者，如果不具备一定的管理人才的素质，恐怕就不能胜任这个职务。国内一个有关管理人才的调查报告显示，企业需要两种管理人才，一种是拥有行业工作背景，另一种是具有很强的决策力和执行力。多了解企业招聘的人需要具有什么能力，从而不断提升自己的能力，这是每一个求职者尤其是职场新人的大功课。

四、方向缺失心态：北大毕业生免费陪人聊天

（一）现象

2006年10月，《新京报》报道，北京大学光华管理学院金融专业毕业生高健因为找不到工作开始自谋出路，在学校免费陪人聊天。他希望通过这样的方式起步，以咨询作为将来的发展方向，开创自己的事业。

谈到自己找不到工作的原因，高健分析说，一是因为自己当时在学校的成绩不是很好；二是因为自己的性格过于内向，在学校期间，基本不和老师交流，遇到问题也就是让同学帮助一下。

在他看来，自己在招聘面试的过程中很“老实”地交代了自己的学习成绩，这让他失去了不错的工作机会。经过一年找工作的经历，他原来内向的性格已经有所改变。他认为，自己之所以敢于选择“陪人聊天”的行业，是由于自己懂得一些基本的心理学知识，也愿意把自己求职失败的经历告诉他人，让其他人从中有所借鉴，对他们的求职有所帮助。另外，他坚信咨询行业是很有前途的。

据高健自己说，目前他每月的生活费还在靠父母接济。

（二）思考

从大学生的就业来看，高健毕业一年没有成功就业这种现象确实存在，也发生在许多大学生身上。尽管其毕业于北大，但现在这种双向选择就业的方式，使得学生能否就业、在什么样性质的公司就业，已经跟他毕业于哪个学校没有多大关系了。企业现在选人也更务实，他们只选对的、选合适的。

目前，高健“陪人聊天”是一个自主创业的尝试，还有很多的工作要做。创业需要考虑目标客户、市场定位、资金、商业模式等多方面因素，而他现在所做的这种完全免费的服务，在一定程度上增加了自己的阅历，今后还需要不断努力。

（三）建议

（1）合理认识自己。对自己客观、真实的了解是走出校园、走进职场的“试金石”。

（2）学习求职技巧。例如找工作之前要仔细分析企业，不能再盲目从之。

（3）拓宽就业思路。对自己究竟想干什么要有个清楚的想法，不要一条道走到黑。例如学金融的可以到企业做财务，不见得非要进银行。

（4）合理定位工作。机遇到处都有，丢掉“学生”这个称呼“保护伞”，给自己一个合理的职业定位。

五、自降身价心态：起薪零工资，企业不愿要

（一）现象

智联招聘曾对“职场人的第一份工作”的调查报告显示，职场人第一份工作的工资呈明显的下降趋势。尽管各城市居民平均工资呈上升趋势，然而大学毕业生首份工作的工资水平却没有得到相应提升，更有学生迫于无奈提出“零工资”就业。

在参与调查的5 296名大学生中，69.2%都表示如果暂时找不到工作，愿意在一家相对理想的单位零工资就业。大学生愿意零工资就业的原因，主要还是集中在为了积累经验上。在这近七成愿意暂时零工资就业的大学生中，又有近八成表示之所以可以接受零工资就业是想先积累工作经验，也有一成的人寄希望于能够在工作中体现自己的价值，使雇主看到自己的长处，从而能够获得该单位宝贵的工作机会。

（二）思考

实际上，有70%的企业表示不接受零工资的求职者，主要原因是这些企业清楚零工资是违反劳动法的行为。在职场人看来，大学生零工资就业会带来种种问题，其中尤以三个问题最为突出：一是可能会被黑心雇主钻空子，滥用廉价劳动力；二是会加剧大学生贬值，容易造成恶性竞争，扰乱就业市场；三是违背劳有所得的原则。

另外，职场人认为这也会造成零工资就业学生与其他同事之间的不公平竞争，同时，也反映出一些学生急于求得工作的着急心理。

（三）建议

零工资就业绝不是大学生解决就业问题的捷径，大学生就业问题的解决还是需要政府、社会、企业、学校及大学生自身的共同努力。一方面政府、社会、企业应该给大学生创造更好的就业环境，学校应该给学生提供更多的就业信息和就业推荐；另一方面大学生自己更是要从读书期间开始，为自己制定好职业规划，合理定位，不断提升自身能力，同时积极参与社会实践，用适当的方式展示自己的价值，为自己创造机会，从而为职场人生做好切实准备。

一千个人眼里有一千个哈姆雷特。不同的职业困惑，是每个人都可能遇到的。希望你能够在面对困惑时学会“举一反三”，看到不同的“哈姆雷特”，看到不同的风景，看到不同的未来。做一个自己想做的人。

第五节　自我职业探索

经过前面的章节，我们对“职业”有了进一步的认识。此刻，你有什么感想和收获呢？

____

____

现在，请带上自己，只带上自己，静心梳理属于你的“职业枝藤”。

脚步一　我的小档案

我的优点有：______________________________

我的缺点是：______________________________

我喜欢做的事情是：__________________________

我最不喜欢做的事情是：______________________

我擅长的事情是：____________________________

我不擅长的事情是：__________________________

我最在乎的事情是：__________________________

对于职业选择，我比较看重哪三个方面（按重要性依次列出）：______________

脚步二　我的职业倾向与职业兴趣

作答霍兰德“生涯兴趣测验量表”，了解自己的职业倾向和职业兴趣，并从中选择自己感兴趣的3～5种职业。

脚步三　职业调查

小脚印1——行业概览：

对自己感兴趣的行业的劳动力市场的供求状况、各行业在各地区的分布和相关国家政策，以及所感兴趣行业的历史发展趋势和当前所处的行业生命周期位置等信息进行收集，建立行业档案库。

小脚印2——职业概览：

对自己感兴趣职业的入职条件、岗位要求、职业素养、工作内容、工作职责、工作特点、工作发展前景等信息进行收集，建立职业档案库。

小脚印3——信息补充：

通过媒体媒介、实习或与某业内人士进行访谈等方式收集职业相关信息，建立职业私人资料库。

脚步四　制定自己的职业规划

经过前面间接和直接的接触，你对自己感兴趣的职业是否有了进一步的了解呢？在活动中又有什么感受和体会呢？

____

____

现在，请结合根据目标的阶段性，依据自身的情况，为自己制定一个合适的职业生涯规划吧。

长期规划：个人所希望达到的人生理想及想拥有的生活形态。

中期规划：今后5年内的计划，包括必须接受的训练、教育等。

短期规划：1个月到1年内的规划，须可行并且要具体。

我期望的职业是：______________________________

职业的入职条件有：______________________________

达到入职条件我要做到：______________________________

为了达到我的目标，我的计划列表如下：

	短期规划	中期规划	长期规划
目标			
目的			
行动			

至此，本章的这盘“主菜”已经品鉴完毕，对于职业特性、职业分类、职业内涵和职业心态等各种“庞大”的“食材”，不知各位朋友是否能够慢慢消化。在本章的末尾为你赠上几味“餐后甜点”，愿你在“主菜”的余味中，品尝出另一番“职业”的味道。

别着急，下一章将带你走进真正的职场初体验！

小故事

盖茨基金会里的砸墙者

盖茨基金会北京办事处，即将迎来一位新任首席代表。办事处里的很多人存疑，一诺这么年轻，她行不行？她才30多岁。

2015年，李一诺降薪三分之二，从麦肯锡跳到了盖茨基金会，像是一场职业自杀。但李一诺知道，她追求的不是钱，也并不甘心于只解决商业上的问题。她的野心更大，渴望参与解决更大的社会问题。

第一次见比尔·盖茨，在与他长达两个小时的对谈中，盖茨说的一句话格外打动李一诺——他开始关注生意以外的事情之后，发现在解决全球维度至关重要的问题上，存在的空白是巨大的。

这是一份面临更多复杂问题的工作。首先，盖茨基金会工作的核心是解决更大的、更复杂的、着眼全球的问题，包括支持中国加快实现自身一些重大健康和发展领域的目标和进程，如公共卫生领域结核病和艾滋病防控、控烟等，以及支持中国成为推动全球健康和发展的强有力的合作伙伴——这只是摆在明面上的复杂。更棘手的暗流是，西方对于中国的刻板理解。入职后，她发现大家对中国工作有许多误解、担心和压力。在盖茨基金会的高层里，除了她和中国办公室，中国人和中国的声音很少，大家对于中国的理解基本来自西方媒体的报道。比如，盖茨基金会的一大块业务是推进全球农业发展，“我说你们既然要解决农业问题，靠农业脱贫，而且是以小农户为主的脱贫方式，为什么没有人去看中国的模式呢？当时就有一个人说，我们不看中国的模式，因为中国不合适。我说为什么中国不合适呢？他说因为中国的体制不一样”。

她带领盖茨基金会北京代表处，花了9个月做战略，分了四大块，第一块就是讲中国的农业，用英语、用他们能听得懂的方式去分析中国的历次农业改革。“写东西，让大家了解真实的中国。讲中国，用他们听得懂的语言，安排他们尊敬的人讲。”她开始策划一个Get Smart on China（聪明看中国）系列活动，以邮件形式群发给盖茨基金会中国以外的同事，每两周一发。春运、微信、摩拜、中国的教育……都被她写入其中。

这种行动力，让余进拍案叫绝。余进也是前麦肯锡全球合伙人，她在一篇《写给奴隶社会》的文章中分析：“很多精英素质都是精益求精、追求极致的……（但）如果觉得不够超级标准，不能一炮打响索性不做反而制约了行动力。”而李一诺是，想到就做到，从能做到的先开始。

图书推荐：

1.《丰盛人生，分三步设计你的未来》（江西人民出版社，作者：［德］约尔格·科诺伯劳）

推荐理由：我们如何知道自己的一生中要驶向哪些港湾？我们可以为哪些目标而生活？这本书将带你踏上美妙的人生之旅，帮助你发现世界上最大的奇妙——你自己！许多人认为自己的人生在压力和日复一日的重复之中无意义地流逝。能否摆脱“忙而心亡”的生活状态，真正享受从容丰盛的人生？这正是该书的着眼点！现在，你有一个机会！暂时“逃避”一下你的工作生活，和我们一道进入一个美妙的旅程。在这里，你将真正了解自己的能力，发现藏在你内心的使命，规划自己的生涯，着手开始你一直梦想的生活……

2.《幸运绝非偶然》（长江文艺出版社，作者：［美］约翰·D. 克虏伯等）

推荐理由：生命中充满了必然，也充满了偶然，生命是必然与偶然交互作用的结果，因为在很多时候，生命中那些超出计划范围的事件和突发状况，看似比起我们精心安排的事情更能影响我们的生命航向。如何跟随必然把握生命中的偶然，让自己的生命向着既定的航向前行，从而实现我们的人生规划？从这本书中你将理解：有些看似无关的事情，确实和你有关！

3.《选对池塘钓大鱼》（机械工业出版社，作者：[美] 雷恩·吉尔森）

推荐理由：作者认为人生的成败就在于选择，选择的具体内容就是如何来选择职业、选择公司、选择老板。所以该书特别适合首次择业或再次准备择业的人。

影片推荐：

《穿 Prada 的女王》（美国）

剧情简介：影片讲述一个刚离开校门的女大学生安迪，进入了一家顶级时尚杂志社当主编助理的故事。从初入职场的迷惑到从自身出发寻找问题的根源，安迪最后成为一个出色的职场与时尚的达人。女主安迪的态度从一开始的得过且过，不为工作而改变自己，到后来主动换上了在时尚圈子里的衣服，完美地完成着她的工作。但最后通过与女魔头的交谈，她发现自己得到了工作，却放弃了家人和朋友，并且为了工作上的进步要将别人狠狠打压下去之后，毅然离开了杂志社并寻回了自己失落的幸福。

推荐理由：影片中体现了白领阶层群体所关心的话题，诸如：初次择业、职场奋斗、事业与家庭、个人形象提升，甚至连减肥都可以在影片中找到相应的情节。每个年轻人、每个女性观众都能够在影片中找到自己的影子，找到自己老板的影子。影片在时尚圈人士和年轻女性白领中产生强烈共鸣，被奉为“办公室生存宝典”，成为都市白领与各色老板斗智斗勇的热门话题。

第六章 走入职场初考验

凡事预则立，不预则废。

——《礼记·中庸》

就业困惑

小D现在是一名大三学生。由于专业课程减少，且学校要求实习学分，身边的同学纷纷开始实习，小D也打算开始找他的第一份实习工作。然而，小D一开始着手准备，才发现自己对于职场一窍不通。他的舍友和他履历相近，他们一起报名了同一份实习工作，最后舍友得到了公司的面试通知，小D却连简历筛选这一步都没通过。他参加学校的讲座，询问学长学姐，才知道自己在简历的撰写、求职信息的投递等方面都存在很多不足。他有些后悔，觉得自己应该认真准备求职的相关资料，才不会错过好的机遇。

还在学校的我们，有没有关注过求职技巧呢？网上的各种模板盛行，究竟什么样子的简历才是最合适的？获得面试机会之后，我们要怎么抓住这个机遇展现自己？让我们走进第六章，一起了解这些内容吧！

第一节 招聘信息大搜索

对于大学生而言，在有了自己的生涯规划、了解与明确了自己的职业方向之后，要做的就是找到尽可能多的适合自己的职位，然后投递简历。就业不仅是实力的竞争，更是信息的竞争。招聘信息是求职的基础，是通向用人单位的桥梁，是择业决策的重要依据，更是顺利就业的可靠保证，所以掌握丰富的求职信息，就意味着更多的就业机会。

一、做求职信息达人

小故事

咱们联盟有力量

郭茵从决定找工作开始，就一直关注校园招聘会的信息，并和一起找工作的同学组成了工作联盟。她所在的城市有好几所大学，通过在各个学校的联盟成员，他们拿到了每个学校就业网登录的账号和密码，并且与一起找工作的同学商定，大家分工协作，每天“互通有无”，相互提醒有哪些重要的招聘会，这样“眼观六路”“耳听八方”，将所有本地校园招聘会信息“尽收眼底”。

郭茵每天晚上必做的几件事情：（1）在本校就业网上查询第二天的招聘会信息。查询内容包括招聘单位、时间、地点、需求职位、职位要求等。（2）登录外校就业网，查询该校第二天的招聘会信息。（3）在工作联盟QQ群里发布第二天的招聘信息，相互提醒，彼此提供重要信息。（4）比较多个招聘信息，根据自己找工作的目标，决定第二天去哪些招聘会。

通过这种缜密的信息搜集办法，郭茵和盟友们没有错过任何一场自己想去的招聘会，获得了很多好的应聘机会。找工作不到两个月，她就通过校园招聘会拿到了一家著名外企的offer，自己的盟友也基本上都找到了心仪的工作。自己的团队由于获得如此大的成功，也得到了学院的支持，进一步将联盟范围扩大到全学院，辅导其他同学就业。

这是一个发生在某高校的真实故事。大学生的自主联合大大提高了收集信息的途径和效率，因此如果你希望自己能够像郭茵那样成功的话，就要学会利用身边的资源，和同学团结协作，组成一个团队。如果有可能，也可以在一些高校至少找一个同学做自己的“线人”，随时了解各个学校的招聘信息。这样，你和你的团队都会获得更多的就业机会！

二、敢问路在何方

适合自己的职位首先需要自己去发现。求职的路径很多，哪一条是属于自己的呢？

下面详细介绍一些常见的信息渠道：

（一）招聘会——面对面沟通

招聘会通常是指现场招聘会，由各高校的就业指导中心或当地政府的人才机构所举办，能与招聘人员面对面沟通，能透过职位说明进一步了解企业和岗位的信息，同时也能了解到一些职场和行业的相关信息。

（二）媒体——更多更快

媒体是求职者获取招聘信息的重要途径，合理利用媒体可以使你获得更多、更重要的求职信息。求职时可以利用的媒体包括：学校的就业指导中心网站、各地人才信息网、专业求职网站、企业官网、报纸、电视等。

1. 学校就业网

学校就业网包括学校的就业指导中心网站、学校 BBS（电子布告栏系统）等。BBS 的就业版块上会有各公司到该校的招聘信息，同时也是学生们一起交流就业信息、分享求职经验的重要领地。如北京大学毕业生就业指导服务中心，网址为 http://scc. pku. edu. cn；清华大学毕业生就业信息网，网址为 http://career. tsinghua. edu. cn/。

2. 常用的专业招聘网站

现在很多专业招聘网站都会提供大量招聘信息，这些网站与大公司合作，发布最新的招聘信息，很多公司直接通过这些网站提供在线职位申请。其中的大部分网站上还可以帮助你制作在线简历与求职信，并提供简历在线投递服务。常用的专业招聘网站有：

（1）过来人求职网。网址为 http://www. guolairen. com/。

（2）前程无忧。网址为 http://www. 51job. com/。

（3）中华英才网。网址为 http://www. chinahr. com/。

（4）智联招聘。网址为 http://www. zhaopin. com/。

此外，还有国家部委及各地区的人事人才网，比如中国人力资源市场网（http://www. chrm. gov. cn/）、中国国家人才网（http://www. newjobs. com. cn/）。企业的网站也是需要关注的，尤其是很多知名的企业都会将最新的招聘职位放在本公司网站上，并提供在线职位申请。所以，在明确了自己的求职方向后，随时关注自己心仪企业的网站上的招聘专栏，能让你方便地找到自己适合的岗位。当然，还可以关注报纸、电视上的招聘信息，这也是自己收集信息的重要渠道。

（三）亲朋好友——方便可靠

亲朋好友是找工作的最方便的渠道，特别是在自己不善于推销自己或者自身实力不足的时候亲朋好友的关系将会助你一臂之力。如果你很有实力，那么好的机会将会让你如虎添翼！那么怎样通过熟人来寻找工作机会？

1. 亲戚、朋友是求职第一人脉

亲戚朋友介绍工作有一些优势，比如有朋友的介绍可以事先对这个公司有一定的了解，而且进入公司的时候会更容易受到关注。

不同职位级别的人所主要依靠的人脉资源也略有不同。处于职业初期的人，特别是刚刚毕业的大学生通常依靠亲戚、朋友的推荐，而级别较高的职业人士则有很多是通过猎头、上司及朋友的举荐来获得新的发展机会。

2. 同学、师长是求职第二人脉

找到曾经或仍然在目标企业中工作的师兄师姐，这不仅是大学生求职的人脉关系，也可以通过了解他们“过来人”的经验帮助自己有效确认职业方向，对求职过程有进一步了解。

如果你的同学已经得到了企业的认可，显然同学的推荐会大大提升企业对你的信任度，因为企业会对你产生同样的期望。很多学生在学校的导师也拥有丰富的社会关系，这也是毕业生不可多得的职业资源，一定要善加利用。

毕业生要在求职修炼中左右逢源，就要多与人交往，不断拓展与职业相关的人脉资源，并且利用好这些资源来为自己的发展创造更多的机会。

（四）其他

当然，还有许多很好的信息来源渠道，比如QQ群、校内网，大学生也应该充分利用和把握。同时，每一种渠道在具体收集信息的时候，有许多小窍门，它会帮助求职者做得更快更好，这也是需要积累的经验。

第二节　简历该这样做

不打无准备之仗，机会总是垂青有准备的人！

如果说第一份工作是人生中最重要的一份工作，那毫无疑问，简历就是你这一生中最重要的一张纸。简历，不是用文字编写出来的，而是靠大学期间的一点一滴的行动书写出来的。一份给人留下深刻印象的简历，来自大学所忙碌的事情：学术、技能、社团、实习、考证等。

企业要的是具备一定职业能力的人，只有能力与职位匹配的学生才可能进入理想的企业，获得心仪的职位。要制作出企业人事主管心仪的简历，必须要了解企业对简历的筛选过程、简历的种类、简历的内容等，然后将信息汇总分类，制作与目标企业匹配度较高的简历。

知识窗

2020大学生就业力报告认为，缺少简历/面试方面的经验与指导成为影响自身求职的关键因素，占比达65.73%。同时，在疫情影响下，大学生的求职意识已然前置，求职态度更加积极。

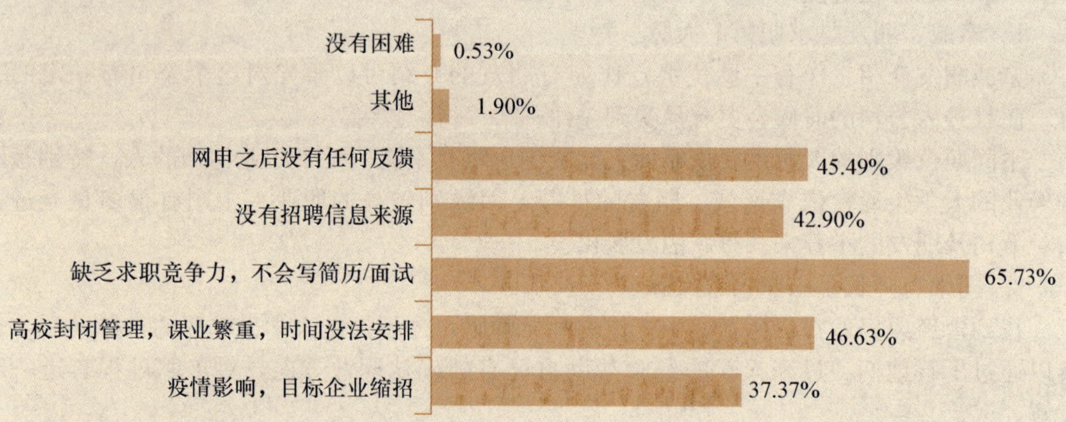

一、简历的筛选

企业对简历进行评估筛选时会对应一个分数，这个分数是由你的能力决定的，也与你能否把自己的能力很好地展现出来有关。简历上能展现能力的有：学历层次、学校档次、学习成绩、专业契合性、活动成果、社团职务、学术科研、英语水平等。

企业筛选简历一般遵循分类—扫描—搜索—评估的既定程序。此外，许多世界500强和应聘人数比较多的企业，为了节约人力成本，实现简历筛选标准化，简历的粗选工作已经逐步由电脑来完成了。人事主管负责从电脑筛选后的简历中再精挑细选，不过再选的过程还是相似的。对于应届毕业生，企业进行简历扫描的主要标准可以参考表6-1。

表6-1 应届毕业生简历扫描标准

扫描内容	常见评分标准
学历层次	硕士、博士学历加分
学校档次	重点高校加分，企业关注的目标高校加分
学习成绩	学分或年级排名靠前加分
专业契合性	符合企业要求的专业背景加分
活动成果	组织过比较重大的活动加分
社团职务	经历中有重要学校社团的领导职务加分
学术科研	发表过学术论文加分
英语水平	大多数企业都把大学英语四级列为最低标准，过了大学英语六级可以加分

需要留意的是，企业的招聘绝对不是要找在某一个或某几个方面完美的人。企业不会担心在筛选的过程中遗漏在某个方面确实优秀的人，它们要寻找的是在各方面都能满足企业基本要求、没有明显瑕疵的人。表6-2是国企与外企在甄选简历时的区别。

表6-2 国企与外企在甄选简历时的区别

企业类型 简历内容	外企	国企
个人信息	简单的个人信息：姓名、地址、电子邮件、固定（移动）电话。	丰富的个人信息：除了基本的联系方式，还可以提供性别、民族、籍贯、婚姻状况、身高、体重、照片、政治面貌等。
求职目标	一般需要，但不要过于具体。	基本不需要，国企职位很确定。
教育经历	学校、专业、研究方向、成绩、班级排名、主修课程。	一般不需要提供成绩（但要求看成绩单），列主修课程。
学术活动	对于本科生一般不看重，仅作为学习能力的一种印证；对研究生而言，其可以作为研发能力的表现。	很关注学术活动，一般明确要求在简历中注明发表的论文、参与的学术研究项目。有些国企根据学术活动来评价应聘者的专业素养和文字表达能力，如有相关的学术论文发表会让企业产生好感。
工作经历	简历中最重要的项目，根据应聘者过去的经历判断其是否具备需要的素质和能力，并判断其个性特征是否符合企业文化。要求用详细的文字或数字来描述在工作中的具体成就和结果。	与申请职位相关度非常高。

续表

简历内容 \ 企业类型	外企	国企
校园活动	对于已有工作经验的人来说，其作用是教育背景的补充，能反映个人性格特征和爱好。对于学生而言，仅仅只有校园活动的简历很难让外企满意。	对于应届毕业生，国企非常看重校园活动，特别留意是否为学生干部，像学生会主席或团支部书记很容易受到青睐。一般关注职位的高低而非具体内容。
奖励	不仅关注奖励本身，而且更在意获得奖励的难易程度，比如在一个班级里多少人可以获得、评奖的标准是什么。	国企比较看重奖励的数量，一般越多越好；对于政治要求比较高，对学生干部、优秀党员等的奖励会比较看重。
职业技能	相比证书，更注重各种软性职业技能，如计算机要求熟练掌握 Java、C++；适应办公语言为英语的工作环境等。	比较看重各类证书，尤其是国家承认的职业技能证书。
兴趣爱好	一般要求写；可能为面试时候的话题。	不是特别看重，可写可不写。
语言风格	通过细节的描写反映人的基本素质和综合能力，一些比较有表达力的行为动词可以使用，如领导、推动、发起等，会受到人事主管的欢迎。	推荐应届毕业生用简朴的语言来描述与申请职位相关的经历和能力，一般带有强烈感情色彩和强调个人能力的词汇不受欢迎。
语言要求	中英文简历都必须提供。	可以只提供中文简历。
总体	外企喜欢的简历：完善的教育经历，从国内外知名大学毕业；丰富的实践经历，拒绝书呆子；优秀的个人素质，具备领导的潜能、突出的性格品质。	国企喜欢的简历：格式美观大方，看起来舒服；内容全面，覆盖所有的重点内容；具有丰富的与申请职位相关的实践经验，展现应聘者深厚的专业能力、突出的文字水平。

资料来源：http://wenku.baidu.com/view/d753cc2b0066f5335a81218a.html.

除了国内读研，如今国外深造也成了个人简历的“加分项”。对于想要出国深造的同学来说，语言类考试必不可少。目前世界范围内认可的英语语言水平考试有雅思和托福两种。

雅思，全名为“国际英语语言测试系统”（International English Language Testing System），专门为准备进入以英语为主导教学语言的大学和学院进修的学生或以英语为母语的国家（指英联邦国家）的移民人士测试英语水平而设。

雅思考试的考试当局是以英、澳两国为主，在听力中发音力图做到国际化，也就是说各国口音都会有所表现，但以英、澳发音为主，其中的阅读题经常涉及的文化地理知识以这两国居多。

与中国的普通英语考试不同，雅思考试没有一个确切的及格线，或者说考生必须达到什么样的分数才能通过，所以具体雅思成绩要多少分才能出国，主要是看申请者的出国目标。

每个大学不一样，每个专业要求也不一样。一般来说主流本科都要求雅思考到总分 6.5，单项分不低于 6.0。法律、教育、建筑、医学这几个专业则要求达到总分 7.0，单项分 6.0 或者以上。

报名网址：https://ielts.neea.cn/。

托福，全名为“检定非英语为母语者的英语能力考试”（The Test of English as a Foreign Language），是由美国教育考试服务中心（Education Testing Service，ETS）举办的为申请去美国或者加拿大等国家上大学或者入研究生院学习的非英语国家学生提供的一种英语水平测试。

托福考试是美国人出题，它以美式英语为基准，因此在托福听力中完全是标准的美音，美式的习语、俚语也时有出现，而在托福阅读中，更有大量的关于美国的历史、文化、政治、地理等方面的文章。

托福考试总分为 120 分。托福成绩要满足目标学校的录取线，不同的专业、不同的学校对托福成绩有不同的要求。因此，首先要了解自己的目标机构和专业对托福成绩的要求，再有针对性地准备考试。

一般来说，学士、硕士、博士阶段的托福成绩都要求 100 分以上。当然，部分文商科的专业，譬如传媒、语言学、新闻等对于学生的语言表达能力要求较理工科专业的要求更高。

报名网址：https://toefl.neea.edu.cn/examination_reg_cn.html。

值得注意的是，当今社会的一些工作，对于汉语普通话水平也有要求。

根据各行业的规定，有关从业人员的普通话水平达标要求如下：

中小学及幼儿园、校外教育单位的教师，普通话水平不低于二级，其中语文教师不低于二级甲等，普通话语音教师不低于一级；高等学校的教师，普通话水平不低于三级甲等，其中现代汉语教师不低于二级甲等，普通话语音教师不低于一级；对外汉语教学教师，普通话水平不低于二级甲等；报考中小学、幼儿园教师资格的人员，普通话水平不低于二级；师范类专业以及各级职业学校的与口语表达密切相关专业的学生，普通话水平不低于二级；国家公务员，普通话水平不低于三级甲等；国家级和省级广播电台、电视台的播音员、节目主持人，普通话水平应达到一级甲等，其他广播电台、电视台的播音员、节目主持人的普通话达标要求按国家广播电影电视总局的规定执行；话剧、电影、电视剧、广播剧等表演、配音演员，播音、主持专业和影视表演专业的教师、学生，普通话水平不低于一级；公共服务行业的特定岗位人员（如广播员、解说员、话务员等），普通话水平不低于二级甲等。

普通话水平测试报名可以通过所在市的语言测试中心网站进行。

二、简历的内容

一般来说，无论何种简历都应该包括求职者的最基本信息和与该职位申请相关的信息，具体包括以下几方面内容：

（一）个人信息（personal information）

这部分内容主要的作用是方便人事主管清楚、简单地知道这份简历是属于谁的；如果对这位应聘者感兴趣，而且想联系他（她）的话，能够容易地拨通他（她）的电话。个人信息的填写应该简单、直观、清晰，没有多余信息。

（二）求职意向（job objective）

求职意向的书写要尽可能具体，一定要针对应聘的公司和职位。要充分表明自己在该方面的优势和专长，尽可能把选择放到一个具体的工作部门，当然选择也不能过窄。可以浏览公司的网站，在职务目录下去寻找相应的职位，或者浏览中华英才网、智联招聘、前程无忧等国内知名的求职门户网站。

（三）教育背景（education background）

学生求职者应该将教育背景置于最醒目的地方，应该注明自己的专业及方向。有工作经验的求职者则应选择将“工作经历”放在“教育背景”之前。如果有已经完成或正在进行的研究课题，则可以把研究课题写到简历中。另外，利用学习成绩，让人事主管更加了解你有多优秀。

这里要特别强调的是，学习成绩或平均学分绩点（GPA）可以附一些说明性的文字，例如专业排名前5%，相对的数字永远比绝对的数字更有说服力。如果专业课程中有与目标职位特别匹配的，则可通过增加“专业课程”项目加以展示；跨专业求职，则在自修课程中列出。

（四）工作经历（professional experience）

简历中的“工作经历”应该包括正式工作经历、社会活动、实习经历、兼职经历等。这些构成了每个应聘者自己的“能力库”。人事经理们都建议应聘者应首先明确目标公司、目标职位需要什么能力，然后从自己的“能力库”中挑选与该公司、该职位匹配的经历，并将其展示出来。

这部分你要重点突出三个R：responsibility，result，relevant，以此告诉潜在雇主，自己在过去的工作经历中承担了哪些职责、做了哪些项目、结果又是怎样，因为这些是自我经验和能力的证明。

（五）奖励情况（honors and awards）

这部分要注意强调奖励的级别，每个学生在大学期间都或多或少得到过奖励，而且奖项名目繁多、标准不一，仅仅说出奖励的名目是没有意义的。必须描述这个奖励的实质，最好用相对的数字来说明获得该奖励的难度，让人事主管明白只有优秀的人才能得到这样的荣誉。

（六）英语、计算机技能（English and IT skills）

如果你的技能多而杂，一定要再次注意“相关性”原则——对未来工作最有用和与之最直接相关的能力“一个都不能少”。至于无关的能力，则应该毫不犹豫地从简历草稿中删除。

关于资格证书的填写也要谨慎，如有些人将注册会计师笼统地翻译成CPA，但全世界各国都有自己的CPA，有些是互不承认的，所以一定要写上国别，写明考取年份，让人一目了然。

（七）其他个人信息（other information）

这个部分主要书写的是前面几个部分所没有提及的信息，比如针对职位的需求，通过“个人爱好”来补充说明自己的素质、能力。在很多情况下，人事主管会通过个人的喜好来判断这个人的一些品质，如团队协作精神、个人独立工作能力、与人沟通能力等。例如，当你应聘的工作特别强调员工的“团队合作精神”时，你最好在此处通过篮球、足球、排球等“个人爱好”来体现这个品质。

上述的每一项都是被人事主管默认为应该存在的项目，在按照上面的七步完成简历草稿之后，下面要做的是选择适当的中英文模板，写入上面的信息，这样简历就已经初步完成了。

三、简历的模板

若要将简历分门别类，简历可以细分为许多种。但大体上简历不外乎两种：时序型和功能型。

时序型简历是按照逆时序记录求职者曾就职的职位，在罗列出的每一项职位下，说明自己的责任、该职位所需要的技能，以及最关键的一点：突出的成就。时序型简历能够演示出持续和向上的职业成长全过程。关注的焦点在于时间、工作持续期、成长与进步，以及成就。时序型简历适合于以下情况：

（1）申请的职位非常符合教育背景和工作经历；

（2）有在著名公司工作的经历；

（3）升迁或荣誉具有连续性。

功能型简历又称技术型简历，在简历的一开始就强调技能、能力、资信、资质及成就，但是并不把这些内容与某个特定雇主联系在一起。职务、在职时间和工作经历不作为重点以便突出强化个人的资质。这种类型的简历关注的焦点在于所做的事情，突出你的技能而不是有关经历的时间。如果符合下列某种情况，可以考虑使用功能型简历：

（1）跨专业求职，但具有申请职位所需的相关技能；

（2）缺乏在著名公司工作的经历，职位不高或者缺少荣誉奖励；

（3）想避免给招聘者留下频繁更换工作的印象；

（4）工作经历有中断。

这两种格式的简历各有所长。一般而言，作为没有工作经验的应届毕业生，比较适合采用时序型的简历；对于已经有工作经验的求职者，适合采用功能型简历。

范例

时序型中文简历模板

中文姓名

通信地址　　　　　　邮箱地址

固定电话　　　　　　手机号码

照片

求职意向

（应聘职位）

教育背景（时间采取倒叙方式）

学校名称

院系名称　　　　开始时间——结束时间

主修课程：（选择不超过3门的相关、高分课程）
成绩排名：　　/　　平均学分绩点：　　/
实践活动（时间采取倒叙方式）

公司或社团名称　　职位名称　　地点
- 公司描述　　开始时间至现在
- 职位描述
- 工作内容及权责范围
- 工作成果
- 从工作中得到的经验与锻炼

公司或社团名称　　职位名称　　地点
- 公司描述　　开始时间至现在
- 职位描述
- 工作内容及权责范围
- 工作成果
- 从工作中得到的经验与锻炼

公司或社团名称　　职位名称　　地点
- 公司描述　　开始时间至现在
- 职位描述
- 工作内容及权责范围
- 工作成果
- 从工作中得到的经验与锻炼

获奖情况
- 奖项名称　　（奖励全校前??%学生）? 次　　时间
- 奖项名称　　（奖励全校前??%学生）? 次　　时间

其他技能
- 专业技能认证：　　成绩：
- 英语认证名称：　　成绩：
- 计算机认证名称：　　成绩：

其他资料

简历书写建议：

(1) 如无特殊要求，简历最好一页。

(2) 加入校Logo及励志名言，但不要华而不实。

(3) 建议不要将“个人简历”作为标题。

(4) 出生年月、民族、身份证号码、政治面貌等信息可以根据求职单位的需要有选择地填写。

(5) 毕业学校、专业、辅修专业在教育背景中提及即可，不要重复。

(6) 照片，要注意形象。

(7) 博客地址不需要加，除非与职业相关。

(8) 要在简历中体现明确的求职意向。

(9) 根据求职意向来决定是否需要在教育背景中罗列辅修专业。

(10) 实习经历与应聘职位相关的项目要重点介绍。

(11) 对奖学金的含金量进行简要描述。

(12) 根据应聘职位，适当突出相关的奖励。

(13) 在描述校组织或社团经历时，体现出自己所做的具体工作内容，体现相应的业绩。

(14) 志愿者的经历应强调与人沟通的能力。

(15) 英语、计算机技能，要分项表明。

四、简历投递

简历书写完毕，怎样才能有效地将其投递呢？把简历顺利提交到人事主管面前，让人事主管浏览那宝贵的10秒钟，是求职过程的又一次竞争。

(一) 电子邮件发送简历

电子邮件发送简历应注意的细节：

(1) 简历粘贴在正文中，粘贴后要重新排版，并且打印出来看看版面是否宽松舒适，不要以附件的形式发送（除非公司要求如此）。

(2) 避免在公共机房修改或发送简历，公共机房机器上的病毒容易让简历被公司拒之防火墙外。

(3) 写好主题，便于人事主管对简历进行分类整理。

(4) 只要一个附件，为人事主管下载提供方便。

(5) “温情”的结尾，给人以亲切感。

(6) 使用中文写，方便整理简历的中国人整理阅读，但是申请高级职位例外，便于外籍经理直接阅读。

下面这封为应聘新东方教师职位的电子邮件：

To：hr@guangzhouneworiental. org

From:yangping@sina. com

subject：杨平应聘口语教师中英文简历，谢谢您！

Dear Sir or Madam,

您好！我应聘的职位是：新东方听力口语部教师。

我叫杨平，男，29岁，英语专业八级，在“福德英语培训学校”主讲“美国口语”两年有余，去年被评选为“年度优秀教师”。

附件是我的中英文简历，同时我把简历粘贴在正文中，以免附件万一出现下载困难而耽误您的时间。谢谢！

很快就是五一劳动节了，顺祝您享受劳动，好好工作，天天快乐！:)

申请人：杨平（电话）

这份电子邮件好吗？好在哪里？

(1) 言简意赅勾勒出自己“合格”的背景，立刻引起人事主管注意。新东方理想中的教师形象就是：男青年、英语好、有授课经验。

（2）为人事主管着想，给人事主管行方便。

（3）一句幽默的“好好工作，天天快乐”，可能令人事主管愿意浏览你的简历。

（二）邮寄简历，成功率高于网投

以信件方式邮寄的简历，比网投的简历更有可能获得面试机会，主要是因为：

（1）自己打印的简历设计精美，包括彩色简历和照片，更容易给人事主管留下好印象。

（2）信件被遗失的可能性较小，而电子邮件发送的简历可能被忽略或者出现下载困难。

以邮寄的方式投递简历，应注意以下细节：

（1）在信封上标明“应聘××职位，谢谢”。

（2）把全部求职材料订在一起，不要使用不利于人事主管存放简历的大塑料夹子。

（三）上门亲递简历，成功率最高

关于上门投递简历用以下的对话为大家说明：

学生：老师，招聘单位不是明令禁止应聘者上门投递简历吗？

老师：鼓励大家这么做是基于以下几个事实：其一，只有一部分招聘单位有这样的“明令”；其二，招聘单位禁止应聘者上门，是担心应聘者打扰了本单位正常的工作秩序，换言之，如果你可以做到不打扰或者“几乎不打扰”，你上门投递简历也没有什么罪过。

学生：亲递简历，真有这么高的成功率，真的都能有面试机会？

老师：此言差矣。亲递简历，只能让合格简历获得面试机会。一份不合格的简历，即使你捧到人事主管面前，照样拿不到面试机会。

学生：那么，为什么还要上门亲自递交简历呀？

老师：因为即使你的简历完全合格，它也未必被人事主管注意到，网投的简历实在太多了！

学生：上门投递简历，人家一定会收吗？

老师：凡事无绝对，当然不一定。不过据我了解，上门亲递简历的求职者，到目前为止还没有被拒之门外的。

学生：人事主管那么忙，人家能出来接待我们？

老师：说得对，人事主管绝对不会接待上门者。你只能拜托前台的工作人员把你的求职材料转交给人力资源部。记住，一定要把简历和求职信放在一个大信封里，封面上注明“申请广告营销职位，请转交人力资源部，十分感谢”字样。

学生：即使人家勉强收了你的简历，是否会觉得你不守规矩，反而不给你面试机会呢？

老师：可能会有这样的人，但是到底占多大比例我们很难弄清楚。我想，我们可以换位思考，如果你是人事主管，你是更愿意“帮助”一个上门求职者——毕竟态度可嘉，还是更想“惩罚”他——这么不守规矩，永不录用！

学生：明白！不过这样的话，大家岂不都跑上门去亲递简历了？

老师：说到底，一份合格的简历，即使是网投也应该成功率很高。大家网投出去的简历石沉大海，根本原因还是你简历存在致命伤：以自我为中心的自传体流水账，而不是以招聘要求为中心的客户化简历！

综上所述，为了突破简历关，建议大家按以下三个步骤操作：

(1) 根据职位的要求，制作出一份具有高度匹配性的简历。

(2) 按照招聘启事的投递说明，无论是发送电子邮件还是邮寄，上交简历。

(3) 如果在合理的时间内没有收到面试通知，亲自上门，亲递简历。

第三节 写求职信的诀窍

一、主动出击

一般的公司只会要求应聘者寄上简历和一些必要的证明材料。求职信是应聘者主动表示自己热爱这份工作的一种表现。也就是说，简历和证明材料是被动的，是求职过程中必备的文件。求职信则是主动的，是求职过程中附带的，是具有争取面谈机会的一种关键的半正式沟通方式。

换言之，对于广大求职者来说，求职信事实上是一种自我推销的手段。一来可以表现自己对这份工作的热忱和对公司的重视；二来可以将自己针对应聘职位要求的一些技能和特点进一步突出，吸引招聘人员认真阅读自己的简历，增大了自己获得下一步面试或者笔试的机会。总之，在越来越激烈的求职竞争的环境下，一封得体的求职信是帮助你赢得第一场比拼的有力武器！

二、求职信书写规则及范例

（一）求职信写作的七个黄金法则

1. 不要一封求职信"走天下"

很多求职者经常会把自己的求职信"一稿多投"，比如很多人不论是应聘网络公司的测试工程师还是软件公司的销售培训生，都是一律将自己的全部经历搬到求职信上，使人事主管无法找到公司招聘职位看中的能力和相关经验。

2. 不要做简历的"复本"

求职信不是简历的复写，写求职信是为了吸引招聘人员能够继续阅读你的简历。从求职者的角度看，如果是简单地复制简历的内容，事实上是丧失了一个更好地介绍自己和弥补简历中未能展现自己能力的机会；从阅读求职信的招聘人员的角度看，看到这样一封求职信，根本不会留下任何深刻的印象，甚至可能因为内容的重复而不会详细阅读求职者的简历。一封简历复写版的求职信不但没有促进求职者和招聘人员之间的沟通，反而成为求职的绊脚石。

3. 恰当的篇幅结构安排

西方有一句知名的谚语"less is more"，翻译成中文就是"贵精而不贵多"。这也是求职信写作中一个关键的原则。如果你的求职信洋洋万言，读了大半页尚未让人事主管找到“爱你的理由”，或者过于简短，未能出现足够的有效信息，那么基本上，你的求职信和简历将会静静地躺在垃圾桶中了。

4. 充分表达自己的独特之处

注意这里说的是“充分”，其包含两层意思：不足及过分在求职信的写作中都是不可取的。所谓不足，并不是说有人会在求职信中明确地写出自己不能胜任应聘的职位，而是说很多求职者由于事前没有对应聘的公司和职位作足够的调查，不了解其中的规则，导致在求职信中不自觉地表达了自己不能胜任此项工作的意思，比如应聘咨询公司，却在求职信中说自己不喜欢旅行，或者在表达自己经历的时候没有突出自己擅长与人沟通的能力。

所谓过分，是指在求职信中过多地展示自己的才能，这个最常见于很多已经有工作经验的人的求职信中。正如中国的古语所云：“过犹不及”，要知道过高水准的经验可能给人事主管造成你不可能在应聘职位上工作很久的印象。

5. 行动等于结果

求职信本质上是一种实用的商业信函，这就意味着在其中应该减少空泛的形容词堆砌，真正需要的是事实和细节，比如具体做过哪些工作或项目。

6. 奉献与索取法则

很多的求职者在求职信中往往提出大量的关于个人期望薪水和职业发展规划的内容，但是一涉及“为什么应聘该公司、该职位”这一核心问题的时候，却不能写出人事主管最想看到的“我愿意为公司奉献什么”的内容，而是一味强调自己选择该公司完全是为了个人的进一步发展。诚然，公司发展和员工个人提升这两者是相互促进的，但是用人单位在招聘新员工时，考虑更多的是员工能否帮助公司壮大。当你自己想要从别人那里得到东西的时候，首先要问问自己，自己能够满足别人的什么需要。这是每一个求职者必须铭记的法则。

7. 传达出职业精神

任何形式的求职信本质上都反映着一个人的商业专业程度，因而其格式、行文都应该以商业专业信函为标准。求职者的商业专业程度应该体现在方方面面，细节决定成败，不要因小失大，杜绝以下几种非商业专业的错误：

（1）求职信的书写格式过于随意、不整洁，或采用彩色信纸、彩色书写等；

（2）出现错字或者病句等低级错误；

（3）充斥不必要的专业术语；

（4）递交求职信：邮寄时，信封选择随意、书写不规范；发送电子邮件时，邮件的名称随意、出现很多不正式字符等。

（二）求职信书写范例

好的求职信要执行以下两个功能：一要推销自己适合所申请职位的优点。如果自己有不足之处，必须在求职信中加以弥补。二要展示自己对职位的理解及自己能力与职位的匹配。这远远胜过表达自己对职位的兴趣，因为对职位的兴趣人人都可以有，而对职位的理解却是见仁见智的，与职位匹配则要能力和缘分。

以下面求职信为例：

范例1：

（中国移动广东公司　人力资源部张先生）

尊敬的张先生：

您好！我是一名即将毕业的××大学本科生，非常高兴在中华英才网、中国人才指南网和我们的校园网站上看到中国移动广东公司的招聘信息，特别是看到广州和中山分公司都在其中，如果能在自己的家乡加入中国移动，对我这个喜爱中国移动、喜爱广州的人来说是绝妙的。

点评：既告诉对方自己如何得知招聘信息，同时表达了自己的热诚。

但是您一定有疑虑，因为我这个学旅游酒店管理的人却想应聘市场营销！关于这个问题，我想进行如下说明：

(1) 在学科知识上我并不逊于市场营销专业的学生。我们的专业除了学习市场营销的一系列课程外，还专注于消费者心理的研究，正如中国移动所说“沟通从心开始”，把握消费者心理对于营销策划更为重要。另外，我还广泛阅读了从《定位》到《忠诚的价值》等众多营销书籍。

(2) 市场营销中许多具有艺术性、技巧性和因地制宜的东西，都不是可以从书上学到的，被称为“广告教父”的大卫·奥格威曾被牛津大学退学，“策划狂人”史玉柱也不过是一个整天计算数学方程式的“四眼学生”。在营销方面，我已经证明了我的天赋，我的营销案例分析课程是全院最高分95分，而且从简历中您也能够看到，我曾经成功地参与了企业的策划活动。

点评：把自己最大的优点呈现出来，既然是校园招聘，最有力的证据就是自己的学习成绩，而且是比别的同学都高的学习成绩。事实上，该职位对专业本身并无限制，但王强“自暴其短”说自己的专业不是市场营销，实际上是想以“先抑后扬”的手法起到“后来居上”的效果。意思是说，虽然专业不对口，可是自己的知识结构和那些专业对口的学生相比丝毫也不逊色，而这恰恰说明了自己的学习能力更强。

在广东移动的业务当中，我很中意12580移动秘书服务，我觉得这是一个设计得非常好的增值服务，像工作人士及我们这样正在找工作的大学生就非常需要此项服务。最关键的问题是如何推广给顾客。假如我有幸能够加入中国移动，我会采取如下的方法进行推广：

(1) 在大学校园设立咨询台进行推广。我们可以联系学校的就业指导中心，强调这项服务可以帮助大学生不错过任何一家企业的面试通知，那么学校很可能会免费提供场地让我们做宣传。

(2) 免费免操作为顾客提供半个月的12580移动秘书服务，所谓免操作，是指顾客不需要到营业厅办理，不需要自己打10086开通，也不需要设立密码，一切都和短信息一样，是自行开通的！顾客对于任何一项服务都是非常非常怕麻烦的，所以我们要把服务做到“零麻烦”！当顾客已经习惯这项服务时，我们就可以要求顾客打电话开通此项业务了！

点评：以模拟工作的方法来展现自己对该职位的理解，尽管方案未必能够行得通，但是充分地展示了自己对中国移动的关注和热诚。

当然，目前我对于中国移动的业务完全是门外汉，不过，我只是想让您了解我对通信业务的热情和喜爱！同时我相信自己能够为中国移动的壮大添砖加瓦，和全球通的新广告词一样，“我能”！

感谢您的阅读，忠心期待您的回复。

秋高气爽，顺祝您心情愉快！

点评：再次表示出热诚，以祝福对方的形式收尾，很好！

王强（个人签名）

联系地址：广东省广州市新港西路 135 号　邮编：510000

联系电话：86-138-********　　86-020-********

邮箱地址：wangqiang@126.com

日期：2010 年 11 月 22 日

这封求职信强有力地执行了自己的使命：

（1）弥补申请人的不足。其实该职位并不限制专业，王强率先提出自己专业不对口这个“伪不足”其实是为了制造一种“后来居上”的效果。这就叫“先抑后扬”！

（2）强调申请人的优势。即使在简历中已经说过一次自己在营销课中获得 95 分的高分，在推荐信中完全可以再强调一次！

（3）以模拟工作证明申请人的优点：善于思考、关注中国移动、非常热诚。

招聘者：我们要招最合适的员工。

求职者：我要拿最满意的 offer。

面试是二者完美结合的过程！

第四节　面试的必备技巧

对于求职者而言，之前大量的准备工作，比如积极参与各种招聘会、费尽心思几经修改简历、废寝忘食地填写网上申请并且回答那些令人筋疲力尽的开放性问题、多方搜寻“笔经”去应对那些纷繁复杂的笔试等，其最直接的目的就是为了获得一次面试的机会。

从招聘者的角度看，为了控制招聘过程中发生的成本，用人单位不可能给予每一个求职者笔试和面试的机会。它们根据自己选择人才的标准，从数量巨大的申请者中筛选出一部分给予面试机会，是想通过面试对求职者的相关素质和能力做进一步的了解，以选择出合适的人才，为公司的长远发展注入新鲜的血液。因此面试作为招聘者和求职者之间第一次近距离的直接交流，也是双方博弈的过程，它既是整个招聘/求职过程中最后一个环节，也是最为复杂、最具技巧性的一个环节。

对于求职者来说，面试之前需要了解下面的问题：

（1）招聘者选择合适的员工为什么要通过面试而不是其他渠道，比如向你的老师、同学侧面了解你？

（2）组织面试有什么目的和原则？

（3）自己去参加面试的目的何在？

（4）如何说服面试官？如何说服不同类型的面试官？

(5) 针对流程不同的面试要有不同的解决方案，需要具备哪些素质？

(6) 面试中需要注意哪些细节？

一、凡事预则立，不预则废

面试是通向录用成功的“敲门砖”，它不仅是求职者深入了解应聘单位的一次机会，也是求职者充分展现自我、推销自我的契机。

“凡事预则立，不预则废。”了解了事情的目的性和针对性，才能取得成功。如果说简历是把能力“写”出来，那么面试就是把能力“说”出来。在面试的过程中，面试官希望获得的是求职者沟通表达、应变、团队合作、分析解决问题、逻辑思维、心理承受等方面的能力。

其实对企业来说，面试是一种质量控制，招聘者从数以千计的简历中初选出最合适的几十份或几百份，来对这部分应聘人员进行更深入的了解，在面试中找出以下这些问题的答案。

(1) 这位求职者能否胜任这份工作？（他是否具备空缺职位要求的技能、经验、知识和判断力？）

(2) 是否喜欢这位求职者？（他的个性和处事方式能否很好地融入公司的文化和环境中？能否对这里的工作充满激情和热爱？）

(3) 能否吸引到这位求职者？（所提供的薪酬、福利、公司文化和其他的软硬件设施能否吸引他？）

针对以上三个方面的问题，不同类型的公司有不同立场。一般说来，大公司更看重从长远来挖掘合适的职员；一些小型的公司出于培训成本和短期利益的考虑，更喜欢那些能够马上挑起工作担子的求职者。对此，美国著名的资深求职咨询师迈克尔·尼斯（Michael Neece），提出了面试过程中的四大要点。

(1) 证明自己能够胜任这份工作。你必须给出坚实有力的例子来证明自己具备这份工作要求的相关技能，而且不只是“硬技能”，同时也包括那些“软技能”，比如快速学习新东西的能力等。对于每一个面试都必须如此，最好通过全面的准备，找出面试官所关注的要点。

(2) 能够清楚有效地表达与交流自己的思想。不仅要清楚传达出自己的重要观点和信息，同时还要确信面试官能够正确地理解你所说的。

(3) 建立亲善关系。让你的面试官觉得你具有该公司特有的气质和风格，是该公司的一分子，这样容易拉近你和面试官的距离，使面试官对你产生好感。但要达到这一目的并不简单，必须要在那个公司文化的基础和基调上，表述自己的认识和观点。此外，一些微小的细节也是传递这种信息的重要途径。

(4) 收集反馈意见。在每一次面试结束以前，都要向面试官要求反馈意见。可以通过提问，比如“您觉得对于这个职位，我有什么优势”，“您认为我的经历中有什么不足的地方”，“不知道您方不方便给我一些反馈”等。但是一定要注意提问的方式和措辞，如果不是以恰当的方式来表述的话，可能无法得到面试官的反馈。

二、常见的面试类型与技巧

（一）行为面试

行为面试（behavioral interview）是外企招聘时最常用的面试方式，通过一系列基于具体行为的问题，来考察应聘者特定方面的素质及能力。用类似“这件事情发生在什么时候”“你当时是怎样思考的”“为此你采取了什么措施来解决这个问题”等问题，来考察应聘者在过去某种特定事件中的具体表现。

行为面试应用非常广泛，基本上快速消费品行业的企业如宝洁、雀巢、箭牌、强生、高露洁等企业，在面试中都采用行为面试来考察应聘者的综合素质。

主要考察的素质能力有：领导能力、团队合作能力、解决问题能力 、结构化思维能力 、分析能力 、学习能力 、创新能力 、沟通影响能力。

对于行为面试的问题，推荐采用“What＋STAR＋Key Words”法则来应答。以下述问题为例：

问题：到目前为止，令你印象最深刻的一件由你来负责的事情是什么？

（1）What。首先用一句话简明扼要地回答面试官的这个问题。

回答：我印象最深刻的一件事情，是大三的时候我组织班级同学参加学校戏剧文化节，这个活动完成得很险，所以我印象深刻。（点评：向面试官讲明 What 后，最后扣住“印象深刻”这个关键词再进行强调，加深面试官的印象。）

（2）STAR。用 STAR 法则对具体经历进行详细描述。

S 代表情景（situation）：发生的时间、地点、项目和涉及的人员；

T 代表任务（task）：要完成的任务或遇到的问题；

A 代表行动（action）：自己采取哪些步骤或行动；

R 代表结果（result）：最终得出了什么样的结果。

回答：

S：戏剧文化节是我们学校的一个传统活动，以班级为单位，每个班级代表一个国家的戏剧风格，通过排演这个国家的经典剧目来展示这个国家的戏剧艺术。我们班级代表的是英国，选择的剧目是莎士比亚的《哈姆雷特》。

T：我当时是班长，和其他两位班委分别负责服装、道具、剧目的彩排工作。

A：我所负责的服装工作进展很顺利，花一天时间去服装市场就基本上敲定了。（点评：第一个行动是把自己分内事情做好。）但是其他两组的工作过了一个星期还没有眉目。我当时很着急，也很生气，觉得另两位班委责任心不够强，所以提出由我来统一负责，服装、道具、彩排一起抓。（点评：第二个行动是要全面负责。）结果我很快就意识到了自己错怪了另外两位班委，找道具、找排练场地、找同学彩排，每一项任务都比找服装难！当时还只有两个星期时间准备，靠我一个人不可能完成任务。所以，我立刻向两位班委道歉，再次请他们和我一起负责。（点评：第三个行动是道歉并弥补过错。）

R：最后，我们班排练的剧目《哈姆雷特》如期参加了学校戏剧文化节，虽然只拿到了中游的名次，但总算是把任务完成了，没有出丑。

(3) Key Words。注意提取问题中的关键词，你要在描述中紧扣这些关键词，因为关键词反映了面试官的考查意图。

回答：我至今对这件事情印象还很深刻，因为这是我做班长期间做得最悬的一件事情。如果只靠我一个人负责，肯定完不成任务。从这件事情开始，我很少会轻率地责怪别人。想责怪别人，必须先换位做做他人的事情、体验一下他人的难处才有资格！

（点评：再次总结强调了“我负责的”及“为何印象深刻”关键词。）

总体点评：这个同学的回答清晰明了，同时体现出自己的诸多优点：责任心强、知错就改等。

（二）案例面试

案例面试（case interview）基本是咨询类公司特有的面试方式，考察的是应聘者解决商业问题的专业素养，属于咨询人员专业技能面试。如今这种面试形式也被越来越多的其他行业企业所采用。

主要考察的素质能力有：领导能力、逻辑思维能力、分析能力、创新思维能力、陈述能力等。

主要考察的问题有三种：市场估算（marketing size）、智力题（brainstorm）和商务案例（business issue）。

案例面试的成功要素包括：

(1) 框架（framework）：选择合适的分析框架，将问题逐步分解；

(2) 定义关键点（define key points）：利用框架进行分析，快速找出关键要素；

(3) 互动（interaction）：在分析过程中，通过互动方式，敏感且有效地获得关键信息；

(4) 方案（solution）：给出切实可行、能自圆其说的方案。

在完成案例分析的过程中，以下的细节你必须要注意：

1. 倾听问题

善于倾听是咨询顾问最基本的一个技能，弄清楚客户真正的需求是什么，有时候一个词就可以改变面试结果。

2. 做笔记

当面试官开始向你阐述这个案例的时候，一定要在纸上记录有关的信息，尤其是关键的背景资料和数据。若是让面试官把案例重复一遍，这是很尴尬的事情。

3. 不要做任何假设

在做案例分析的时候，一定要遵守一个原则：不要做任何假设（make no assumption）。即使你有相当多的经验，知道某类案例最可能的原因是什么，也要按逻辑步骤一步一步分析。绝对不要在面试官刚叙述完这个案例时，不通过分析就假设可能的根本问题。一定要记住：案例面试是更重视过程的一类面试，面试官不关心你是不是能以最快的速度给出答案，或者仅凭直觉就能解决问题，而是看重你用结构化的思路来分析问题的过程。

4. 学会求助

如果你在案例分析的过程中困在“死胡同”里了，也不用着急。这里教你一个小技巧，就是坦白向面试官承认，你可以这样说“似乎沿着这个方向分析，并不会有太大收获了，所以我想后退一步，再重新思考”。你甚至可以向面试官求助“虽然我已经有很多有用的信息，但我好像进入了一个死胡同。我可以与您商量一下，启发我另一个思考角度吗?”这样做，就比坐在那里闷头思考实际得多。

5. 保持眼神交流

在面试过程中一定要保持和面试官必要的目光接触，这是自信与专业的表现，也是维系你和面试官之间的桥梁。有时候也可能从面试官的眼神中获取非常有用的提示。

6. 不要急于开口

面对一个案例，在面试官阐述完毕之后，先考虑一下，整理出来一个思路，再进行分析。在整个过程中，都要思考清楚了再说，宁愿说的少，也不要说了一堆自己刚开口就后悔的话。这也是你冷静沉着的表现。

7. 学会开口要时间

当你需要时间整理思路的时候，也可以直接向面试官提出“我需要 1 分钟思考一下”等时间方面的要求。面试官基本上都会同意，不过思考的时间不宜过长，1 分钟可以，5 分钟就太多了。毕竟一个案例面试的时间也就 15～20 分钟。

8. 重视你得到的信息

有些应聘者在案例面试中往往过于专注在给出完美的答案上，却忽视了面试官给的反馈，那样也就失去了案例面试的意义。所以，必须重视所获得的信息，并及时对这些信息进行处理分析。

9. 注意态度

在整个案例面试过程中要注意始终保持热情、积极和稳定沉着的态度，在面试官故意刁难或提出强压问题时，可以用深呼吸来放松心情，千万不要流露出不耐烦或厌恶的表情。在客户面前能否表现轻松自在，也是案例面试中面试官考察的一点。

（三）小组面试

小组面试又称“群面”（group interview）或“无领导小组讨论”。小组面试的方式，一般由 5～8 个应聘者组成一个小组，共同应对一个需要解决的问题，小组成员以讨论的方式，经过各种观点和思想的碰撞、提炼，共同找出一个最合适的答案或结果。在讨论的过程中，每个成员都处于平等的地位，并不指定小组的领导，面试官则在一旁对应聘者在讨论中的发言内容及左右局势的能力进行评估。小组面试的内容可能是实际商业背景中的真实案例讨论，也可能是一项集体游戏。

主要考察的素质能力有：沟通能力、分析能力、应变能力、团队合作能力、人际影响力、自信心等。

考察类型按照内容主要分为：案例分析类、问题解决类和技能考察类。

小组面试流程及技巧：

（1）规则说明阶段：面试官用 1～3 分钟说明面试流程及规则。

在小组面试正式开始前，面试官会首先交代整个小组面试的大致程序和规则，包括分组的方式、分组结果，面试过程中的注意事项等。在这个阶段要仔细聆听，并记录下相应的规则程序，防止在后续讨论过程中出现违反规则的情况。

（2）自我介绍阶段：小组每个成员用 1～3 分钟分别做自我介绍。

做自我介绍时自信、清晰、流畅。应该仔细聆听小组其他成员的自我介绍以表示对他人的尊重，并通过别人的自我介绍预先判断小组其他成员的背景、性格特征、优势等，为自己在后续讨论环节中找准角色定位做铺垫，同时帮助调整自己的自我介绍内容。

(3) 审题思考阶段：面试官交代题目，派发相关材料，应聘者 5 分钟左右的审题、思考时间。

在拿到题目和材料之后，一定要沉着，尽可能做到边阅读边思考：这类问题属于什么类型的问题、材料的主题含义是什么等。

(4) 观点陈述阶段：约 2 分钟的时间供小组成员分别阐述各自观点。

发言的时候注意条理和逻辑顺序即可。

(5) 小组讨论阶段：讨论时间长短因问题的实际情况而有不同。

在小组面试的讨论环节中，每个人也都应该找到适合自己的角色，贡献自己的力量。角色很重要，如果在小组面试中能选对属于自己的角色方向，并为整个小组贡献最大值，那么通过小组面试的概率就很大。关于小组讨论过程中的角色分工见表 6-3。

表 6-3 小组讨论过程中的角色分工

角色定位	职责描述
领导者	思路引领，团队协调等
时间控制者	时间划分、管理时间、推进讨论、协助领导者等
建议者	熟悉某个知识领域、有灵感，提出自己的建议和见解
记录者	记录所有成员的观点与发言，并整理给总结发言的组员
总结者	将小组讨论的结果向面试官陈述或者代表小组作方案展示等

由于参与小组面试的每个成员都是平等的，需要通过努力才能争取到小组公认的角色，并为小组的讨论结果贡献自己的力量。这些角色并不是在讨论前明确指派的，而是在完成任务的过程中自然形成的。

(6) 总结展示阶段：小组总结，然后做陈述或者回答面试官提问。

总结者来代表小组做展示或者回答提问，思路上要清晰，表达要准确。小组的其他成员也应该仔细聆听小组代表的陈述和面试官的提问，随时记录下能够补充的观点和建议，并给予总结者必要的反馈和提示，例如在台下以适当的方式来提醒总结者做陈述的时间进度。

面试官评分依据：发言次数的多少；是否善于提出新的见解和方案；敢于发表不同的意见，支持或肯定别人的意见，坚持自己的正确意见；是否善于消除紧张气氛，说服别人，调解争议，创造一个使不大开口的人也想发言的气氛，把众人的意见引向一致；看能否倾听别人意见，是否尊重别人，是否侵犯他人发言权。同时，还要看语言表达能力如何，分析能力、概括和归纳总结不同意见的能力如何，看发言的主动性、反应的灵敏性；等等。

面试注意事项：

(1) 对自己充满信心。小组面试虽然是求职竞争者之间的“短兵相接”，但也不是特别难对付的事情，因为应试者面对的是公平竞争。

(2) 态度自然，有理有节。及时表达与人不同的意见；反驳别人先前的言论，不要恶语相加，要做到一方面能够清楚表述自己的立场，另一方面又不令别人难堪。

(3) 不可滔滔不绝，垄断发言，也不能总是沉默，处处被动。每次发言都必须有条理、有根据。

(4) 最好找机会成为小组讨论的主席，以展示自己引导讨论及总结的才能，尤其是对该问题无突出见解时，当领导者更是明智之举。

（四）压力面试

压力面试（stress interview）是指有意制造紧张，以了解求职者将如何面对工作压力的一种面试形式。事实上，压力面试不是单独存在的一类面试，往往是穿插在其他类型的面试过程中。面试人通过提出不礼貌甚至冒犯的问题或者用怀疑、尖锐、挑衅的语气发问使应聘者感到不舒服；针对某一事项或问题做一连串的发问，直到应聘者无法忍受。

主要考察的素质能力有：心理承受能力、抗高压能力、应变能力、人际交往能力。

应聘者在应对压力面试时，首先是要能识别面试官在进行的是压力测试，其次必须保持情绪稳定，用敏捷的思维和良好的控制力来化解面试官的压力拷问。下面的案例可以为大家提供参考。

案例 1：在小组面试中遭遇的压力面试回忆

在小组讨论完毕后，面试官给我们抛出了一个难题，他要我们小组给出一个淘汰者名单，必须淘汰三名组员，如果不说，那么整组一起被淘汰。我觉得群面，就必须要将自己的自信、逻辑思维等优点表现出来。面对这个难题，大部分的组员都只是挑不得罪人的理由描述，如某某人说话太少之类的。我就主动站起来告诉面试官：选 A，因为组里有两个人都想当领导，一山不能容二虎，影响团结；选 B，因为整个讨论过程，表现出来的思维不缜密，说出来的提议很偏激；选 C，因为他不积极，发言少。这样，面试官就低头看了一下我的简历。

点评：这位同学成功地应对了面试官抛出的小组压力测试，并把自己最好的一面展现出来，且说得有理有据，让其他组员心服口服。

案例 2：小组面试后

面试官：如果你没被录取，你认为最大的原因是什么？

应聘者：鉴于今天的表现及在自我介绍的时候我提到的性格缺点是慢热，我是慢热型的人，等我把思路理清楚开始的时候，别人已经结束了。

面试官：能不能理解成你反应迟钝？

点评：面试官巧妙设下圈套，应聘者不能跟着他的思路走。

应聘者：不能，我虽然慢热，但是我认为我是在全面思考之后再做出反应，而且技术服务职位（应聘的岗位）需要我们先倾听，然后再做出反应！

点评：应聘者巧妙地将面试官的问题引入到自己如何适合这个岗位，将劣势变成优势。

三、面试准备，早早益善

没有任何人会来强制要求你为面试做准备，这是一个自觉性的问题。但是，成功的求职者都有一个共同点，那就是准备。

一个经验丰富的律师是否会在没有对案子进行过全面考虑的情况下进入法庭并且取得胜利？一个专业的登山运动员是否会不带任何必需品和珠穆朗玛峰的地图而只身来到尼泊尔的首都加德满都？答案是否定的。如果你想要达到顶峰，就必须要在事前做好充分的准备，“成功总是眷顾那些有准备的人们”。

面试也是如此，“工欲善其事，必先利其器”。对面试准备充分，面试时就不会紧张。有很多与自己竞争优势相关的小故事可以和面试官分享，还有能让面试官感兴趣的好问题当面向其请教。如此一来，面试成为一个展示自身能力的机会。经过一番充分准备，你在面试中至少能够让面试官感觉到：

- 你对这个职位、公司及行业的现在和未来的兴趣和关注
- 你具备面试官进行有意义的深入交谈的知识基础
- 你对面试官和应聘公司的尊重

（一）常见面试问题

1. 考查素质能力的问题

（1）你在大学里参加过什么社团活动？在社团中通常的作用是什么？（团队合作能力）

（2）你在实习期间的收获是什么？（学习能力）

（3）你怎么激励团队达到成功？（领导能力）

（4）如果你所处的团队中，并不是每个成员都承担着相同的工作量，你怎样处理这种情况？（解决问题能力、沟通能力）

（5）你经历过最大的挑战是什么？你是如何跨越它的？（陈述能力）

2. 有关成就/成绩的问题

（1）在过去的日子里，你觉得自己最大的成就是什么？

（2）大学四年的成绩怎么样？

（3）大学四年你都获得过什么奖励？

3. 对自我认识的问题

（1）简要介绍你自己。

（2）你为什么对这份工作感兴趣？

（3）谈谈你的优势。

（4）你最大的弱点是什么？

（5）为什么你认为自己适合这个职位？

（6）你有哪些兴趣爱好？

（7）如果我向你的朋友或者家人询问对你的评价，你认为他们会怎样说？

（8）我为什么要从这么多应聘者中选择你？

4. 有关职业生涯规划的问题

（1）你的短期和长期的目标是什么？

（2）你认为你适合干什么？

（3）哪位老师或人物对你的影响最大？

（4）讲述一件你的经历，说明你是如何为自己设定目标、制定计划、实施计划并最终达到目标的。

（5）你总是能实现自己为自己设定的目标吗？

5. 开放性问题

（1）你争取成功的动力是什么？

（2）曾经有人要求你去做一些不道德的事情吗？如果有，你是怎么处理的呢？

（3）如果你完全不同意你上司的某个要求，你怎么处理？

（4）哪些品质在你看来对成功是最重要的？

（5）哪些之前的经历帮助你获得了这些品质？

（6）积极的态度对你有多重要？

（二）面试之前的准备及注意事项

关于面试之前的注意事项及其具体要求可参见表 6-4。

表 6-4　面试之前的注意事项及其具体要求

注意事项	具体要求
调整心态	缓解紧张的心理压力，放松自己；积极、认真地进行准备。
着装	注意着装的式样、颜色，要正式，不显浮躁和轻浮。一般来说，风格比较保守的企业会希望你面试时穿正装。男生深色西装、女生深色西装套裙为宜。
面试前夜	一定要正常作息，保证足够的睡眠。失眠怎么办？可以试试这些办法：听一些轻松的乐曲、睡前散步、洗一个热水澡、喝点啤酒或者牛奶、看一本平时你一看就头疼的书。
早餐	面试当天的早餐也要按平日习惯吃，食量不过多也不过少。一定不要将早餐带到面试现场边等候边吃。
面试的提前到达	最好比预定时间早到 10～15 分钟，遵循有关人员的安排耐心等待。过早来到面试现场会让你在长时间等待中增加紧张焦躁情绪。
3W	牢记面试的时间（when）、地点（where）、联系人（who）。
通信	手机最好 24 小时开机，出门较长时间可准备一块备用电池，必须保证随时可以联系到你。

（三）面试中的对策

关于面试中的注意事项及其具体要求，可参见表 6-5。

表 6-5　面试中的注意事项及其具体要求

注意事项	具体要求
备用简历	面试单位有时会出现将简历丢失或者混淆应聘者的情况。
纸笔	随身携带一个小巧灵便的本子和笔备用，但不要显得过于死板、规矩。
证明材料	身份证和学生证是必需的。带上其他与应聘职位相关的证书、已发表文章、学术论文等的原文和复印件备用，复印件最好带两份以上。
面试心态	紧张是自然的，面试官也会紧张。
索要名片	有礼貌地向你的面试官索要名片，以获得继续与面试官保持联系的机会。
时刻留心	留心记住面试中谈论过的细节，面试后一旦被问起可以从容应对。

（四）面试之后

面试的结束并不意味着求职的结束，仍然有很多后续工作需要落实，以帮助增加受聘的可能性。

在每次面试后都花些时间做笔记，回忆一下面试中都讨论了什么问题，记下见过的所有面试官的名字，最好是能够在面试结束的时候向他们索要名片。刚刚面试完的记忆是最鲜活、最完整的，这可以帮助你准备将来类似的面试，并有利于在面临选择时判断这到底是不是一份自己心仪的工作。

在总结面试经验的时候，不要忘记给自己的表现打一个分，想想哪些地方自己表现得不错，而哪些地方还需要进一步改进，这样在以后准备面试时可以对这些地方进行有针对性的强化训练。没有任何面试是失败的面试，因为在每一次面试中，无论结果如何，都可以学到一些东西，有所长进。真正的失败在于不好好学习、总结、吸取经验教训。

此外，在每一次面试结束以后，还要记得尽快给面试官或者秘书、接待人员发一封感谢信，可以是通过电子邮件、传真或者邮寄。如果你对自己的字迹有信心，也可以亲笔写在精致的信纸上以示诚意。

不要小看这些小事情，如果你真的很想要这份工作的话，就要花一定的时间和精力去做这些后续的工作。当面试官抱观望态度，在几个求职者之间犹豫不决的时候，一封再简单不过的感谢信会使你脱颖而出，让面试官觉得你就是他想要招的人。

信息的搜索、简历的书写及面试的进行，这些主要是个体考虑分析自身的能力，并将其与企业的要求进行匹配，但职业的选择并不只是完全由个体决定的事情，它还与诸多的因素有关。如果自己的家庭条件不是很宽松，父母的年龄比较大了，需要人照顾，那么最好的选择就是离家比较近的、工资待遇高一些的公司，公司的潜力可能要在此之后考虑了；如果自己是少数民族，且有一些生活习惯的要求，那么最好的选择就是到与自己生活习惯相近的或本民族聚集的地方工作，这样生活会更加便利，也不容易产生孤独寂寞感；如果你的专业比较冷门，也要选择一个与你目标接近的职业，再静待时机寻求转换，同时也不要盲目追随热点行业，再热的行业都有可能会变“冷”，现在的冷门行业将来也可能转“热”。另外，国家的政策也是职业选择应该考虑的因素，国家对某些地区、某些项目的扶持与倡导，也会给求职者带来更多的机遇。对于求职的诸多影响因素我们将会在下一章做详细的讲解。

小故事

董明珠面试00后

董明珠在“初入职场的我们”综艺节目中面试在校大学生，为市场营销部挑选实习生。经过HR的层层筛选，最后有5名学生进入董明珠亲面环节。他们全部是海外及国内高校在校生，有的大四，有的已经研究生在读。

面试地点就在董明珠的办公室。一走进去，学生们就看见5个座位，分别标记4 000、1万、2万、5万、10万，代表期望月薪，由学生们自由选择落座。第一个女孩走向 4 000 的座位，紧接着，另外两名女孩选了 1 万及 2 万的座位。剩下两名男生，一人抢先占了 5 万的位置，最后一名男生，走向了 10 万的座位。

面试环节开启，在一片安静中，来自中国台湾的郑茹心第一个走上前递交简历。她选了 2 万的座位，就读于上海交通大学，工商管理专业，已有数段专业相关的实习经历，在某国际知名快消品牌做过实习生。在现场，她更展示了一段演讲般的发言，表达关于女性奋斗的价值观。

第二名女孩，郑斐然，选择了 1 万的座位，中欧商学院在读。与其他学生不同，她来自家族企业。还是学生的她已是家族企业的“营销总监”，却并不想顶着“企二代”千金光环，希望变得更独立一些。

第三个站起来的，是选 4 000 元最低薪资座位的孟羽童，她就读于浙江大学西班牙语系。她专业不对口，在互联网公司做过实习。在自我介绍后，她突然提出自己有中国舞功底，已达到最高标准，并直接 cue 董明珠是否愿意看一看。随后，她打开手机播音乐，表演了一段女团舞。董明珠在这一刻笑容满面，观察室里的主持人蒋昌建及岳云鹏等嘉宾，都表现了对她的赞赏。

第四位面试者宋佳昌，选择了 5 万薪资，本科就读于华盛顿大学，哥伦比亚大学教育学院研究生在读，同样专业不对口。他曾参加过《最强大脑》——这项经历很突出，代表智商高、知识面广。

最后一名站起来的，是 10 万座位的男孩梁坚洛。他也是现场年龄最小的面试者，2000 年出生。他就读于墨尔本大学商科，主修商业管理和市场营销专业，拥有专业相关的实习经历，各种实践经验丰富。在面试现场，他用直播带货、展示商品的方式，介绍自己的数项优势经历。在介绍了学校、专业、实践经历后，他突然提到董明珠办公室的细节。首先，他观察到办公桌上董明珠和钟南山的合影，提到企业的一场消毒液制造机的直播。其次，他观察到墙上的员工上班路线图，提出这象征了企业对员工的关照。此外，他还提前打印了自己做的方案，并提出希望有机会下来聊聊。这段临场观察与表现真正打破了常规面试天花板。

而在这场面试中，第一个被选中的，是表演舞蹈的孟羽童。即使经验不足，却敢于展示自己，董明珠表示愿意给她一个学习的机会。第二个入选的，是最后出场、教育背景与个人能力都极为优秀的 00 后梁坚洛。出人意料，第一个淘汰的，是获得过称赞的郑斐然，董明珠认为她更适合回到家族企业，因为要打破家族千金的光环，靠的不是逃避和离开。而第二个淘汰的，是来自海外名校的宋佳昌。“我从来不认为海归派比国内的学生强，还是靠自己努力。”董明珠说。也因此，上海交大学生郑茹心成为第三名入选的实习生。

长大成人的路上，没有人能保证次次做赢家，失败与成功的场景，或许你已经很熟悉了。而如果你也面临这样一次竞争，你将靠什么通关？像 00 后梁坚洛一样靠出色的学业与能力？像专业不对口的孟羽童一样靠大方活泼的个性？还是像郑茹心一样靠挑不出错的教育与实践经历双保险？人生中，面对每一次选择与被选择，说到底，要握好手里最大的牌，提升自我价值，才可能使拿到 offer 的概率翻番。

资料来源：董明珠面试 00 后：被挑选的年轻人，学校、专业、经历，少了什么最致命？.（2021-04-27）. https://mp.weixin.qq.com/s/uyG1npi57yKtPoFFd1DjJw.

图书推荐：

1.《我们聊一聊：15 位名人给大学生的 34 封私人信件》（中信出版社，作者：蓝狮子）

推荐理由：34 封来自大学生的信，15 位名人一对一答复，他们是潘石屹、俞敏洪、丁磊、何飞鹏、黑幼龙、洪晃、金志国、李东生、马明哲、马云、苏芒、吴晓波、许知远、严旭、袁岳。有人说：心态决定一切。这本书绝不是什么职场成功宝典，但它也许会是你职业生涯的“试金石”！

2.《高效能人士的七个习惯》（中国青年出版社，作者：[美] 史蒂芬·柯维）

推荐理由：每个人的选择不同，有的人喜欢小桥流水人家的田园生活，而有些人享受变幻莫测的零和竞争……不论是谁，都渴望最大效率地利用有限的生命描绘一幅满意的人生画卷。不妨看看这本书，与其说会为你增加成功求职的砝码，不如说会为你的职业之路、人生之路点亮黑暗中不灭的明灯！

3.《职场礼仪》（中国人民大学出版社，作者：金正昆）

推荐理由：孔子曰“不学礼，无以立”。歌德说，一个人的礼仪，就是一面照出他肖像的镜子。这不是教你“懂规矩”，而是教你如何“成方圆”！

影视剧推荐：

《新闻编辑室》（美国）

剧情简介：该剧讲述了一个虚构电视台“亚特兰蒂斯有线新闻台”（ACN）台前幕后的故事。男主角 Will McAvoy 是一位资深主播，有着“台柱”身份的他却因为性格冷酷而得罪了不少员工，他飞扬跋扈、刚愎自用，引发了团队成员的不满，他的大部分部下将要另谋他就。McAvoy 的老板、ACN 电视网新闻部部长 Charlie Skinner 有卓越的眼光与远大的新闻理想，他不但没有放弃 Will，更利用他的工作能力竭力维护这档节目中的所有人才。而 Will 不得不带领一批全新的团队成员，重整旗鼓。

推荐理由：剧中这群新闻人是浪漫的理想主义者的代表，那种近乎疯狂的理想主义让人欲罢不能。这部剧不一定完全客观，也或许只是拍出了一种理想状态，它有亮点、有幽默、有温情、有政治。它足够自由，剧中的媒体敢于发声、斗争，他们证明着新闻从业者是让真相最大限度地靠近受众群体的保证。

第七章 环境影响：家庭、学校与社会

千万种诱惑使我们无法实现自我，而其中最大的障碍是我们在潜意识中不愿意忠于自己，我们以理想或社会规范来要求自己，而这些外在的标准，实际上我们无法企及，而且也不需企及。

——赫曼·黑赛

就业困惑

同学F已经到了择业阶段，却对于职业选择十分迷茫。他是学金融的，身边的同学们从大一寒暑假就开始找实习单位了，他们专业能力强，外语水平高，很容易就能找到好的实习单位，毕业了也容易找到很好的工作；而F直到大三才开始实习，而且外语一直是F的痛点，这让他倍感压力。即使开始尝试寻找工作，F也常常不自信，认为自己不能胜任这些工作。更让F纠结的是，他的父母都是公职人员，对F劝说道，如果他不能在金融行业找到比较好的工作，不如去考公务员，这样的话薪资稳定、工作体面，不用整天熬夜加班当“金融民工”。听了父母的劝说，F对找工作更加迷茫了。

你们是否察觉到了家庭、社会环境等各种因素对你们择业的影响？你们如何理清这些影响，又如何面对自己真实的想法呢？第七章或许能让你察觉到外部因素对于职业生涯的影响，让你更加明晰自己的内心选择。

第一节　家庭环境如何影响你的择业

每个人都是在家庭中慢慢长大的。家庭在日常生活的点点滴滴中对一个人的成长进行着潜移默化的影响，因此每个人的身上都会带有家庭给他打上的特别的印记。那么，家庭对人的影响是怎样的呢？

一、父母——你性格形成中最重要的两个人

你知道孟母三迁的故事吗？

《三字经》里说："昔孟母，择邻处。"这个典故是说，在战国时期，孟子小时候和母亲住在墓地旁边，他就和邻居的小孩一起学着大人跪拜、号哭的样子，玩起办理丧事的游戏。孟子的母亲就带着孟子搬到市集，到靠近杀猪宰羊的地方去住。到了市集，孟子又和邻居的小孩，学起商人做生意和屠宰猪羊的事。孟子的母亲知道了，又把家搬到学校附近。每月夏历初一这个时候，官员到文庙，行礼跪拜，互相礼貌相待，孟子见了之后都学习记住。孟子的母亲很满意地点着头说："这才是我儿子应该住的地方！"于是居住在这个地方。从这个典故中，我们可以深刻地感受到孟母对孟子的爱，她为了孟子能够健康地成长，不惜频繁更换住所。从心理学的角度来解释孟母在孟子成长中的作用，可以说孟母对孟子的照顾使其具有了安全型的依恋关系，这种安全型的依恋关系让孟子长大后成了一个伟大的思想家！

那么，什么是安全型依恋关系呢？这就要讲一讲心理学的著名理论——依恋理论。心理学研究认为，每个人都有依附于那些具有支持和保护作用的他人的需要，这种需要在幼儿时期尤为明显，婴儿和养育者之间的情感依附就被称作依恋。如果孩子在与父母早期的关系中体验到爱和信任，他就会觉得自己是可爱的、值得信赖的。然而，如果孩子的依恋需要没得到满足，他就会对自己形成一个不好的印象。一个不受欢迎的孩子不仅觉得自己不受父母欢迎，而且相信自己基本上不被任何人欢迎。相反，一个得到爱的孩子长大后不仅相信父母爱他，而且相信别人也觉得他可爱。这种早期亲子关系的经验被不断重复、印证，慢慢地形成了儿童的"内部工作模式"，其实质是儿童对自我、重要他人及人际关系的一种稳定认知。这种"内部工作模式"主要以无意识的方式运行，并且一旦建立起来就倾向于永久，它决定着儿童的行为方式。例如，它会引导个体去思考自己应该得到何种对待和关注、给他人怎样的信任和支持、对他人的需要给以怎样的关注、在亲密关系中的交往策略等。"内部工作模式"会在以后的其他关系，特别是成年以后的亲密关系和婚恋关系中起重要的作用。大量的研究表明，早期亲子依恋的质量会对个体的人格和心理产生重要的影响。

心理学家通过对婴儿的研究，将儿童依恋分为安全型和不安全型两大类，其中不安全型中包括回避型、矛盾型和混乱型。

安全型依恋的儿童在人际交往中积极主动，与照顾者建立起相互信任的关系，在安全感的支持下饶有兴趣地探究周围环境。对于陌生人也能友好相处，表现出自信、独立、适应性强等积极的心理品质。这些社会品质的发展与积极进取的探索行动进一步促进了儿童认知尤其是智力的发展，改善了整体素质，增强了身心发展的和谐性。

不安全型依恋的儿童由于受强烈的不安全感和内心冲突所困扰，不能有效地探索环境，难以与人建立友好的交往关系，这在很大程度上阻碍了他们对外界事物的认知与探究，限制了他们的经验范围。其中回避型依恋的儿童虽能进行自主的探究活动，但探究并不深入。在与人交往过程中又易为强烈的焦虑所困扰，而且由于具有回避型行为倾向，人际交往与活动的机会减少，导致社会经验缺乏和社会性发展滞后。矛盾型依恋的儿童怯于

探索，与陌生人交往异常谨慎，这又缩小了人际空间，阻碍了社会能力的发展和对现实世界的理解。混乱型依恋的儿童在生活中往往惶惑不安，缺乏自主性，不能进行自我定向，实际上是缺乏自信感、自主性和人际交往的能力。

这些在与人和周围环境相互作用过程中所表现出来的心理品质的差异表明，安全型依恋的儿童相对于不安全型依恋的儿童具有某种现实发展的优势。这种依恋关系的安全性使儿童生活的环境具备了心理意义上的安全保障，即保证了较高的活动安全度，这驱使儿童自由地探索与交往。不安全型依恋的儿童安全感的缺乏反而增强了寻求安全的需要，在这种需要得到适当满足之前对自我环境的探索和对社会环境的开拓都很难有效地进行。

成人的依恋关系是儿童依恋关系的发展，如果你对自己具有怎样的依恋类型感兴趣，可以做一下自我探索，来看看你和下面三个主要的成人依恋类型中的哪个类型更相似。

（1）回避型：与别人亲密令我感到有些不舒服。我发现自己很难完全相信和依靠他们。当别人与我太亲密时我会紧张，如果别人想让我更加亲密一点，我会感到不自在。

（2）安全型：我发现与别人亲密并不难，并能安心地依赖于别人和让别人依赖我。我不担心被别人抛弃，也不担心别人与我关系太亲密。

（3）矛盾型：我发现别人不乐意像我希望的那样与我亲密。我经常担心自己的伴侣并不是真的爱我或不想与我在一起。我想与伴侣关系非常亲密，而这有时会吓跑别人。

其实，评估一个成人的依恋类型远没有上面寥寥数语所写的那么简单，上文中成人依恋类型的描述是简单的、概括式的。如果你有对自己的过去进行更为深入探索的欲望，希望你能够和学校心理健康教育机构联系，开始一段自我探索的旅程。同时，你也要深刻地意识到一点，父母从你出生的那一刻起就对你的未来充满希望和期待，因此在你未来的职业选择过程中，他们关于职业的期待、建议、态度等必定会对你有所影响。这种影响往往会如上文讲到的依恋关系一般，已经慢慢地融入你的思想和观念中，甚至已经成为你思想和观念的一部分。为了更好地帮助你理解自己的父母和家族成员对你职业的影响，就让我们一起来看看你的家庭职业价值观吧！

二、家庭职业价值观——家族成员对你职业的影响

在你的家庭中，父母会期待你从事某一职业或者某类职业，这种期待是他们根据自己的经验得出来的。当然，除父母之外，你的家族成员同样也会对你的职业有所期待，都有他们自己选择或者偏好的理由。为了让你对自己目前所具有的职业价值观有一个清晰的了解，我们来一起看看你的大家庭成员所从事的职业和他们的职业价值观。

1. 家族职业图谱

请你通过类似家谱的形式来画一张家族职业图谱，这张图谱能够帮助你认识到父母对你的职业期待。同时，也一起来看看你的家族成员比如你的爷爷或者外公的职业，即使你的家族成员中的一些已经去世了，但是他们对你职业的影响可以通过你的其他亲人传递下来。如果有些人的信息你不是很确定，那么可以通过联系家人的方式来进行确认，最终形成下面这张完整的图谱（图 7－1）。

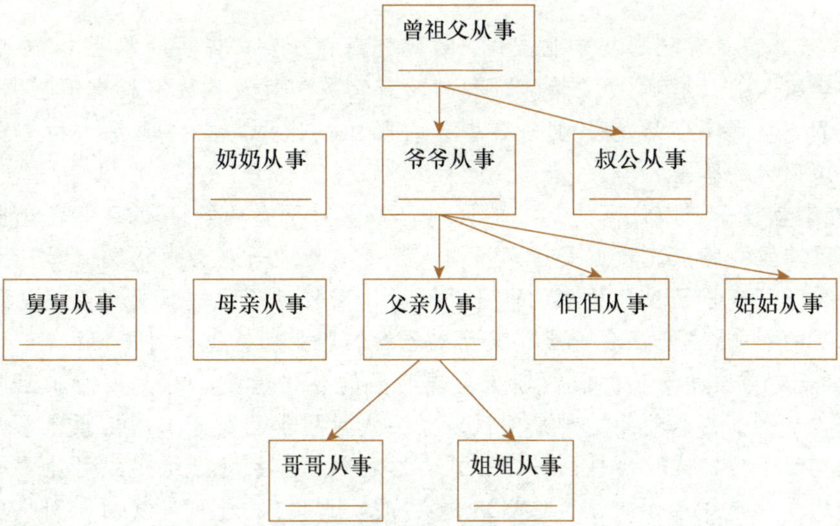

图 7-1 家庭职业图谱

家族职业图谱可以帮助你理解你在家族中所处的位置，感受家族成员的职业是受到“尊重”和“敬仰”的还是被“轻视”甚至“不屑”的，是被“喜欢”“认可”的还是被“厌恶”“排斥”的。这对你很重要，它可以帮助你更好地理解家族对你的期待，尤其是对你未来职业的期待，这会促进你的思考和成长！

2. 家族的职业价值观

每个家族成员对于自己所从事的职业都会有一定的看法，这可以被称为职业价值观。通过了解每个家族成员的职业价值观、他们对你的职业期待，以及这种职业期待的理由，可以帮助你更深刻地理解自己做出职业选择的原因。

人类之所以不断进步的一个重要原因就是下一代能够吸收上一代的知识经验，以帮助自己更好地成长，在每个人的职业选择上也充分体现出这个特点。因此当你了解了自己的家族职业图谱之后，会清晰地看到自己身上所传承的家族职业价值观，又或者会惊讶地发现自己也许承担起家族职业价值观开创者的角色。不论如何，希望你能够在其中不断思考、不断成长！

知识窗

父母对子女的职业期待

2009 年，教育部中央教育科学研究所和科技部中国科学技术发展战略研究院联合开展了“家长对中小学子女的职业期望及其影响因素”的研究项目。该项目调查时要求每个学生与家长各填答一份问卷。项目实际调查完成的样本为 20 个省市的 61 个小学班和 57 个中学班，有效的学生问卷、家长问卷分别为 6 079 份和 6 028 份。该研究得出以下结论：

1. 绝大部分家长从孩子很小的时候就已经开始对子女未来有所期待，这可能反映了中国社会竞争日益激烈的现实。

2. 家长普遍更青睐那些专业性强、稳定性高和社会声望高的职业，“专业技术人员”、“科学家”、“工程师”、“教师”和“政府官员”对大多数家长有很强的吸引力。然而这些职业在现实生活的职业分布中只占很小的比例，在“理想”和“现实”之间，存在着巨大的落差。

3. 在期望孩子“人往高处走”的同时，家长对子女的职业期望也表现出一定程度的“代际传承”特点。也就是说，不少人还是有着“子（女）承父（母）业”的想法，希望孩子从事自己目前从事的职业。同时，家长对子女的职业期望也受到自身所在社会阶层的影响，“低社会阶层”父母对子女的职业期望也相对更低。

4. 家长对男孩和女孩的职业期望呈现明显的分化趋势，对女孩的职业期望更集中于工作稳定性高的职业。这种期望反映了公众对职业性别分工的刻板印象，在一定程度上也反映了现实的社会性别分工模式。这种刻板印象和思维定式可能影响未来青少年一代的学业选择（如文理科选择）和实际择业倾向，进一步复制和固化现有的社会性别分工模式。

资料来源：http://www.china.com.cn/guoqing/2011 05/26/content_23831563.htm。

第二节 与教师和同伴交流你的职业观

一、教师

在学生的成长过程中，教师具有极其重要的影响，这种影响可能是学习习惯上的，可能是理想信念上的，也可能是人格品质上的，或者是其他的。这种影响是在潜移默化中发生的，能够影响到学生未来的发展。《放牛班的春天》就是一部讲述教师及其影响的电影！该电影讲述了这样一个故事：

在一个表面看似安静的封闭式学校里，寄宿着一位冷酷、专制的校长，同时寄宿着众多渴望自由、温暖的孩子。在这个被称作“池塘之底”的学校，盛行着残酷的规则，即“行动—反应”原则，如果有孩子犯了错误，全校师生立即集合，如果在三秒内找不到肇事者，所有孩子都要被关禁闭，而且取消所有娱乐活动，禁止任何外来探访，直到找出肇事者为止。无疑，在这里孩子们的心灵遭到了扭曲，渴望自由的灵魂与周遭的冰冷、无情激烈地碰撞，形成了他们极端叛逆的性格。谁也不曾对新来的老师马修——一位秃顶的、失败的音乐家抱有什么希望和幻想。校长用不变的方式对待新老师，孩子们同样用不变的方式对待新老师。一切都是如此的现实，现实到每个人都在心中默认：每一位老师都是从一个血气方刚、充满理想抱负、热爱孩子的青年人，变成了一个没有生活激情、被旧有的思想枷锁捆缚、视自己为教育的机器、不思改变的“老年人”。但是，马修没有向生活屈服，没有向命运妥协。最后，他带领孩子们共同用音乐开启了一段新的生命旅程。没有人从一开始就知道，一段音乐点燃的不仅仅是孩子们心中的火苗，更是点亮了他们一生中希望的灯塔。其中的一个孩子最后竟然成为著名的音乐家。生活一直在继续，那个学校依然静悄悄，只是里面不再寄宿着冷酷而专制的校长，不再寄宿着失望而灵魂扭曲的孩童，当然也不再有马修。但是，那里静静地流淌着希望的甘泉，滋润着每个学生干涸的心灵；那里久久地回荡着天籁般的歌声，浸润着每一方枯萎的心田。

马修用他坚韧的人格品质潜移默化地影响着他的学生，也用他的并没有得到众人认可的音乐才华引导了另一个著名音乐家的人生。在人类的历史长河中，有许多的师者如他一样，静静地走进学生的心灵，又悄悄地从学生的身边走开，在悄无声息中影响了许多人的人生。

（一）教师的影响

在你的成长过程中，是否有像马修这样的老师呢？现在请你回忆一下，从小学到大学，有哪几位老师你很喜欢？他们是你哪个学习阶段的老师？是哪个科目的老师？你在这个科目上的学习成绩如何？请填写在下面的横线上：

老师一：

姓名：________________________________

所在的学习阶段：________________________________

所教科目：________________________________

你和他/她的关系：________________________________

对你的影响：________________________________

____

____

你对其所教科目的学习状态：________________________________

____

老师二：

姓名：________________________________

所在的学习阶段：________________________________

所教科目：________________________________

你和他/她的关系：________________________________

对你的影响：________________________________

____

____

你对其所教科目的学习状态：________________________________

____

从上面的整理中，你是否发现一个共同的现象，就是喜欢老师与否与你的学习成绩有着显著的关联。老师是怎样对学生产生深刻影响的呢？下面这个实验能够让你对老师带给你的影响有一个深入的理解。

知识窗

罗森塔尔效应

心理学家罗森塔尔研究了教师在心理上对每个学生抱有的期望与教育效率（学生的学业成绩）两者之间的关系问题。他和同事们进行了这样一个实验：对小学1～5年级的学生实施“预测未来发展”测验后，向各年级教师提供测验信息，称其随机抽出的20%的学生有可能比其他学生发展得更好，实际上这20%的学生与另外80%学生的测验成绩相当。8个月后，罗森塔尔等人又对全体学生做了一次测验，结果发现就像教师期待的那样，这种期待使得这些特定孩子特别是一、二年级的学生的智力要比其他的学生发展得更好，这证实了明显的期待效果。实验结果表明：尽管是随机取样，但由于教师持有暗含的期望，使儿童的智力像教师期待的那样有了提高。教师的期待是什么？教师的期待是一种信任、一种鞭策、一种爱，学生会被感动，对教师更加信任，学习更加努力，而这个信息又被及时反馈给了教师，形成了一个良性循环，使得师生双方互相信任，因而取得了期望效果。

资料来源：余国良．社会心理学．2版．北京：北京师范大学出版社，2007：102.

从小学到大学，教师已经成为每个学生成长过程中的一部分，对学生的成长有着不可忽视的影响。在学生的职业期待中也能够看到教师的影子，有些教师的想法已经和学生的想法融为一体了，很难分出彼此。你是否思考过，为什么教师对自己会有如此大的影响？这要从人的人格发展阶段中的内心需要谈起。

（二）教师的影响源于人格成长过程中的内心需要

“师者，所以传道授业解惑也。”在“传道授业解惑”的过程中，教师是学生心目中的一个权威人物，不仅是知识学习上的师长，更是学生人格健康成长上的师长。教师作为学生成长中的重要他人，是学生社会化的重要影响因素，是学生开始走出家庭并逐步用社会的标准来评价自己的一个重要参考指标。因此，教师对学生的影响是源自学生人格成长中强大的内心需要，这个需要就是初步社会化和建立自我同一性的需要。

根据美国心理学家埃里克森的心理社会发展阶段理论，人在不同的年龄阶段具有不同的发展任务。在学生的成长过程中，从其进入小学开始接受正规的学校教育直至上大学这个阶段，其任务之一就是逐步社会化和形成自我同一性，也就是建立一个新的同一感或自己在别人眼中的形象，以及在社会集体中所占的情感位置。在学校生活中，学生的目的是如何适应社会、如何掌握今后生活所必需的知识和技能。在这个过程中，评判其学习知识和掌握技能效果的重要指标之一就是教师的评价和认可程度。学生们在无形的竞争中期望能够得到教师的关注和积极的肯定，并在教师的肯定中逐步树立自己是优秀的、被人喜欢的、有能力的或者其他的自我意识，形成一个稳定的自我同一性。

（三）教师对职业选择的影响

自己喜欢的老师言传身教会对你的职业选择产生潜移默化的影响，教师的人格特点、价值观念在无形中被学生效仿、接纳，甚至逐步内化为学生自己价值观念的一部分。比如有的学生希望自己成为一名数学家，就是为了实现自己喜欢的高中老师的理想。又如有的学生希望自己也能够成为一名老师，像自己喜欢的老师一样关心、爱护自己的学生。

此外，老师在与学生长期的交流与相处中也对自己的学生有一定的了解和认识，作为一个更有社会阅历和经验的人，可以就学生的性格和特点提出一些有针对性的建议，和学生就职业选择做一些交流。

二、同伴

（一）有了问题你愿意和谁交流

案例

兰是某大学管理学院二年级的学生，一直和一名高中男同学华保持密切联系，但是二人并没有确定恋爱关系。在这学期，本专业的一名男生辉向她发出了明确的求爱信号，说喜欢兰，希望能和兰交朋友。兰在平时的接触中非常欣赏辉的幽默和睿智，在华和辉之间，兰陷入了一种选择的困扰。如果你是兰的话，这个秘密你会和谁分享？

A. 父母　　B. 朋友　　C. 老师　　D. 其他人

请写下你的选择：____________

如果你的选择是B的话，你的这个答案和我们课堂调查中70%的学生的想法是一致的。为什么大多数大学生的选择是朋友呢？这是因为，从中学阶段开始，朋友所起的作用逐步超过父母、老师所起的作用，尤其是到了大学后，朋友已经成为大学生人际交往中的重要组成部分。每个大学生和自己的好朋友组成的群体，一般被称为“同辈群体”。在这个群体中，群体成员成长于相同的社会环境和生活条件中，有着相似的价值观，趣味相投，感情融洽，情绪易互相感染，行为易互相模仿。群体成员强调每个人的平等和一致性，同心协力、相互容忍、共有共享、一同参与。在大学中，这种同辈群体普遍存在，其影响力常常高于家庭、学校，高于父母、教师，影响着每个大学生的学习和生活，是大学生社会化的重要影响因素。

（二）同辈群体的特点

同辈群体之所以能成为大学生成长中的重要支持力量，是和其具有的以下特点密不可分的。

1. 价值取向趋同

每个同辈群体的成员是大学生自己主动选择的，往往形成“物以类聚”的状态，成员之间具有相同或相似的生活环境，经过日常生活的磨合、碰撞和交流，具有较高的心理认同感，价值取向趋同，因此能够在沟通中实现彼此支持。

2. 关系平等

在同辈群体中，成员之间的关系是平等的，即使有领导和服从的关系存在，也是在交往中自然形成的，是每个人自愿接受的；不用拘泥于长幼辈分的限制，可以自由表达自己的想法，对他人的建议可以采取接受或保留的态度，即使是拒绝也不用担心对方会受到伤害；在作决定时每个人都只是对自己负责，受到的束缚和限制较少。

3. 交流内容广泛

大学生在与同辈交流时，交流的内容十分广泛。这主要是因为同辈群体成员的年龄相仿、生活环境相似，会遇到共同的成长性问题。群体成员对一些问题或有相似的经历，交流时彼此之间更能互相理解。在交流过程中互动充分，能够深入触碰自己的思想，激发自己的思考，其建议更贴近自身需求，更具可行性。

（三）大学生同辈群体对就业的影响

每个大学生都要面对就业，都希望自己在毕业后找到一份满意的工作，因此就业是大学生同辈群体交流最多的话题之一。有研究表明，同辈群体是大学生职业定位的重要信息源。大学生在与同辈群体交流的话题中，关于就业的话题占到 53.6%[①]。那么，从心理学角度来看，同辈群体的影响是怎样发生的呢？下面这个著名的心理学实验可以帮助你理解。

知识窗

阿希从众实验

心理学家阿希在 1956 年从众实验中进行了从众现象的经典性研究。

研究过程：

在实验中以大学生为被试者，每组 7 人，坐成 1 排，其中 6 人为事先安排好的实验合作者，只有 1 人为真正的被试者。实验者每次向大家出示 2 张卡片，其中 1 张画有标准线 X，另 1 张画有 3 条直线 A、B、C。X 的长度明显地与 A、B、C 3 条直线中的 1 条等长。实验者要求被试者判断 X 线与 A、B、C 3 条线中哪一条线等长。在实验中真正的被试者安排在最后。第 1、2 次测试大家没有区别，第 3 次至第 12 次前 6 名被试者按事先要求故意说错。这就形成一种与事实不符的群体压力，可借此观察被试者的反应是否发生从众行为。

实验结果：

（1）大约 1/4 到 1/3 的被试者保持了独立性，没有发生过从众行为。

（2）所有被试者平均从众行为百分比为 35%。

（3）大约有 15% 的被试者，从众行为的次数占实验判断次数的 75%。

实验结果访谈：

在实验后，阿希对从众的被试者做了访谈，归纳从众的情况有 3 种：

（1）被试者确实把他人的反应作为参考框架，观察上就错了，发生了知觉歪曲。

（2）被试者意识到自己看到的与他人看到的不同，但认为多数人总比自己正确些，发生了判断歪曲。

（3）被试者明知其他人都错了，却跟着做出了错误反应，发生了行为歪曲。

一般认为，发生从众行为是因为个体在群体中受到信息上和规范上的压力。

（1）信息压力：经验使人们认为，多数人的正确概率比较高，在模棱两可的情况下，就越发相信多数人，越从众。

（2）规范压力：群体中的个人往往不愿意违背群体标准而被其他成员视为越轨者，害怕与众不同而成为一匹“离群之马”，遭受孤立，因此采取多数人的意见。

资料来源：余国良．社会心理学．2 版．北京：北京师范大学出版社，2007：334-335.

阿希的从众实验具有现实意义，证明个人会屈从于集体的压力，即便他明白集体的行为是错误的，但是在进行决策时，从众行为很可能会导致集体决议成为个人意见的结果，

① 伍志燕．同辈群体与当代大学生价值观的相关性研究．学校党建与思想教育，2011（3）．

而正确的意见却在盲从中被掩盖。同辈群体可以给大学生提供支持，使大学生获得归属感，同时也引发大学生进行思考，就是如何能够坚持自己的意见，选择适合自己的道路。每个大学生对自己未来的职业都有期待，这些期待主要包括保健因素（如工资收入、福利待遇、工作环境、工作条件等）、声望地位因素（如工作单位的地理位置和知名度，工作的社会地位、社会价值和在社会上的声誉等）和发展因素（如能独立自主地工作、在工作中机会均等、公平竞争及个人的能力、特长、抱负能够得到施展等）。大学生如何在与同辈群体讨论沟通之后形成一个适合自己的职业价值观，对自身的发展是非常重要的。

第三节　如何应对这个竞争激烈的社会

社会，是一所特殊的大学，和你学生时代的大学有着截然不同的特点。大学生在适应自己的第一份工作时往往困难重重。佛罗里达大学管理学教授丹尼尔·费得曼（Daniel Feldman，1987）对大学生在校园环境和工作环境的“入职冲击”做了如下的对比研究（见表 7-1）。作为一名大学生，你是否已充分认识到了它们之间的不同呢？

表 7-1　大学环境—工作环境

工作文化		校园文化	
1	更固定的时间安排。	1	弹性的时间安排。
2	你不能缺勤。	2	你可以逃课。
3	得到的反馈既无规律又很少。	3	得到的反馈既规律又具体。
4	没有寒暑假，节假日也很少。	4	充足的假期和自由的节假日。
5	很少有问题的正确答案。	5	问题总有正确答案。
6	任务模糊、不清楚。	6	教学大纲提供明确的任务。
7	根据团队表现进行评估。	7	分数上的个人竞争。
8	工作循环周期更长，持续数月或数年。	8	工作循环周期短，每周班级会面 1～3 次，每学期 17 周。
9	奖励通常以主观标准和个人判断为基础。	9	奖励以客观标准和优点为基础。
你的老板		你的教授	
1	通常对讨论不感兴趣。	1	鼓励讨论。
2	分派紧急的工作，教辅周期很短。	2	规定完成任务的交付时间。
3	有时很独断，并不总是公平的。	3	被期待是公平的。
4	以结果（利益）为导向。	4	以知识为导向。
学习的过程		学习的过程	
1	具体的问题解决和决策制定。	1	抽象性、理论性的原则。
2	以工作中的临时性时间和具体、真实的生活为基础。	2	正规的、结构性的和象征性的学习。
3	社会化、共享型的学习。	3	个人化的学习。

资料来源：里尔登，等. 职业生涯发展与规划. 3 版. 北京：中国人民大学出版社，2010：255.

从上面的这个材料中，你能否真正感受到社会和大学环境的不同？实际上，这只是影响职业很小的一部分。社会对职业的影响是巨大的，伴随现代社会的飞速发展，每年都会有新职业产生，也会有传统职业慢慢走出人们的视野。大学生在思考自己职业发展的时候，在考虑自己内心感受和需要的同时，也要能够看到外面的世界。影响职业生涯的外部力量还有科技的发展、全球化市场、不断变化的工作组织、新的工作方式、工作中性别角色的关系等。

一、社会发展对职业的影响

“未来是什么样的呢?”有谁能够回答这个问题?伴随科技的日益发展，世界已经发生了翻天覆地的变化，未来的世界对每个大学生都充满着新鲜和挑战!

科技的发展影响着人们的衣食住行：人们所穿的服装从款式到面料，不断推陈出新；即使在寒冷的冬天，也能够吃到新鲜的水果和蔬菜；居住条件日益改善，冬暖夏凉不再是梦想；交通日益便捷，日行千里不再是神话。同时科技的发展也推动了经济全球化的进程，世界变得越来越小，不同地域之间的沟通越来越方便、快捷，跨国公司日益发展壮大，社会上的职业也在悄然发生着各种变化，新型职业不断涌现，一些传统职业已经渐渐淡出人们的视线。

（一）传统职业不断变化

每个行业的发展在不同时期有着不同的状态，因此其相关的职业发展也是动态的，不同时期有着不同的需求。2019 年夏季求职期行业平均薪酬见表 7－2。

表 7－2　2019 年夏季求职期行业平均薪酬排行榜

排名	行业	平均薪酬	排名	行业	平均薪酬
1	基金/证券/期货/投资	11 210	27	交通/运输	7 990
2	信托/担保/拍卖/典当	10 899	28	农/林/牧/渔	7 987
3	专业服务/咨询(财会/法律/人力资源等)	10 439	29	汽车/摩托车	7 948
4	中介服务	10 178	30	教育/培训/院校	7 926
5	跨领域经营	9 869	31	医疗设备/器械	7 864
6	网络游戏	9 747	32	仪器仪表及工业自动化	7 856
7	银行	9 700	33	环保	7 736
8	保险	9 699	34	广告/会展/公关	7 708
9	学术/科研	9 600	35	家居/室内设计/装饰装潢	7 686
10	IT 服务（系统/数据/维护）	9 346	36	耐用消费品(服饰/纺织/皮革/家具/家电)	7 636
11	计算机软件	9 289	37	媒体/出版/影视/文化传播	7 520
12	航空/航天研究与制造	9 280	38	贸易/进出口	7 509
13	互联网/电子商务	9 276	39	旅游/度假	7 451
14	房地产/建筑/建材/工程	9 251	40	大型设备/机电设备/重工业	7 425
15	能源/矿产/采掘/冶炼	9 177	41	快速消费品（食品/饮料/烟酒/日化）	7 422
16	外包服务	9 160	42	娱乐/体育/休闲	7 331
17	通信/电信运营、增值服务	8 822	43	物流/仓储	7 258
18	租赁服务	8 606	44	政府/公共事业/非营利机构	7 240
19	计算机硬件	8 489	45	检验/检测/认证	7 200
20	电气/电力/水利	8 488	46	零售/批发	7 095
21	电子技术/半导体/集成电路	8 397	47	加工制造（原料加工/模具）	7 091
22	医药/生物工程	8 280	48	物业管理/商业中心	7 025
23	礼品/玩具/工艺美术/收藏品/奢侈品	8 251	49	办公用品及设备	6 777
24	通信/电信/网络设备	8 232	50	酒店/餐饮	6 714
25	医疗/护理/美容/保健/卫生服务	8 226	51	印刷/包装/造纸	6 474
26	石油/石化/化工	8 218			

统计规则：智联招聘（www. zhaopin. com）。

资料来源：基于智联招聘 2019 年夏季在线招聘数据库的数据监测统计分析。

（二）新兴职业不断产生

近年来，随着互联网发展和社会需求的变化，一批新职业应运而生。这些新职业时间自由、灵活度高，深受年轻人青睐。

项目数据分析师

工作职责：项目数据分析师（CPDA）是专门从事投资和运营项目数据分析的高级决策人，通过掌握大量行业数据以及科学的计算工具，将经济学原理用数学模型表示，科学合理地分析投资和运营项目未来的收益及风险情况，为做出科学合理的决策提供依据。项目数据分析师主要包括数据挖掘和投资两大领域，在投资分析、信贷融资、企业经营管理、企业战略规划、决策管理等影响政府和企业重大决策的领域担任重要角色，主要为政府和企业进行重大决策提供科学、真实和准确的依据。

技能要求：项目数据分析师从硬件要求上需要个人懂业务、懂管理、懂分析、懂工具、懂设计。从软件方面来讲，项目数据分析师要求态度严谨负责，有强烈好奇心，有清晰逻辑思维能力，擅长模仿和勇于创新。

人才培养：国内正式的数据分析行业认证的项目数据分析师指的是不同行业中，专门从事行业数据搜集、整理、分析，并依据数据做出行业研究、评估和预测的专业人员。适合经济学、财务、统计、投资、金融和企业管理等相关专业的毕业生。

工资待遇：作为新兴行业，大数据人才在业内屈指可数，对于大数据职位的基础岗位，一般大专以上应届毕业生经过专业培训即可胜任，月薪在 1 万左右。而高端大数据系统架构师等岗位，年薪资水平一般在 20 万～50 万元。

云计算工程师

工作职责：完成 VMware、Openstack 相关项目的规划、实施、调试工作；参与部署云平台环境，解决部署实施过程中遇到的技术问题；负责公司云平台的日常维护、调试优化工作；负责整理公司云平台相关的技术文档和使用手册，做好云计算产品技术积累；研究云计算相关新技术并应用到云平台。

技能要求：熟悉 OpenStack 架构，熟悉 OpenStack 源码，包括计算、存储、网络、界面等组件；具备扎实的技术功底，熟悉 linux 操作系统及 linux 环境编程；具备良好的英语能力；能够独立解决问题，有快速学习的能力，有良好的沟通能力，做事积极主动。

人才培养：未来三年云计算相关的工作需求每年将会以 26%的速度增长。适合计算机相关专业本科或以上学历毕业生。

发展前景：云计算是传统计算机技术和网络技术发展融合的产物。它旨在通过网络把多个成本相对较低的计算实体整合成一个具有强大计算能力的完美系统，并借助 SaaS（软件及服务）、PaaS（平台及服务）等先进的商业模式提供用户所需的计算力、存储空间、软件功能和信息服务等。

全国电子商务工程师

工作职责：全国电子商务工程师（CEBE），利用计算机技术、网络技术、电子信息交换相关技术等电子技术手段，通过专业的网络商务平台等现代信息技术平台，帮助商家与个人（B2C）或商家与商家（B2B）或个人与个人（C2C）从事各类商务活动或相关工作的人员，是现代企业从事商务活动及企业内部财务、统计、人事、项目、流程等数据信息工程管理相关系统的架构设计开发者和主要参与者。

技能要求：具有电子商务交易模式、电子商务支付与安全、网络营销、电子商务法律等商业管理知识，能从事业务流程系统分析、电子商务系统规划和设计、网络信息收集与整理、网络营销管理、电子商务软件和工具应用、电子商务运行系统维护以及相关数据管理。

人才培养：电子商务是大学的一门专业课程，也是目前市场上最热门的培训课程之一。

发展前景：在巨大的市场需求下，电子商务人才成为职场颇为抢手的职业人员，让具备此资格的从业者有足够的理由待价而沽。根据岗位职责和综合能力的差异，电子商务职业岗位的月薪在 3 000 元到 8 000 元左右，而随着电子商务业的日益兴盛，这一职业的薪酬水平还有大幅上升的空间。

系统架构师

工作职责：系统架构师是一个最终确认和评估系统需求，给出开发规范，搭建系统实现的核心构架，并澄清技术细节、扫清主要难点的技术人员，主要着眼于系统的“技术实现”。因此他/她应该是特定的开发平台、语言、工具的大师，对常见应用场景能给出最恰当的解决方案，同时要对所属的开发团队有足够的了解，能够评估自己的团队为实现特定的功能需求所需要付出的代价。系统架构师负责设计系统整体架构，从需求到设计的每个细节都要考虑到，要把握整个项目，使设计的项目尽量效率高，开发容易，维护方便，升级简单等。

技能要求：技术能力、整体规划能力、设计能力，熟练掌握和理解 C/S 或 B/S 体系结构软件产品开发及架构和设计，对. Net/JAVA 技术及整个解决方案有深刻的理解及熟练的应用，并且精通 WebService/J2EE 架构和设计模式，并在此基础上设计产品框架，具有面向对象分析、设计、开发能力（OOA、OOD、OOP），精通 UML 和 ROSE，熟练使用 Rational Rose、PowerDesigner 等工具进行设计开发，精通大型数据库如 Oracle、SQL Server 等的开发。

人才培养：大学中的计算机科学、软件科学等相关专业会教授相关知识。要成为系统架构师还需要有一定的互联网行业工作经验。

发展前景：优秀的系统架构师是保证软件系统强大生命力的核心人物。系统架构师能够帮助公司全面研究现有架构和设计模式，评估系统设计的优缺点和可能存在的风险，通过一系列的专题指导和具体案例帮助公司掌握先进的、成熟的设计模式，简化复杂的业务逻辑和需求，确定系统最适合法人方案。在必要的情况下，还可就特定领域或课题，为开发人员提供定制指导。系统架构师的一般月薪在 2 万—10 万元左右。系统架构师是软件项目的总设计师，是软件企业的新产品、新技术体系的构建者，是软件开发中急需的高层次技术人才。其是由系统开发工程师发展而来，可以向研发总监、高级技术总监等高层次的方向发展。

新媒体运营

工作职责：通过现代化移动互联网手段，通过利用抖音、快手、微信、微博、贴吧等新兴媒体平台工具进行产品宣传、推广、营销。通过策划与品牌相关的优质、高度传播性的内容和线上活动，向客户广泛或者精准推送消息，提高参与度，提高知名度，达到相应营销目的。

技能要求：熟练使用内容制作软件，擅长文案撰写工作，掌握视频剪辑、插画、H5、微信公众号编辑等技能。有数据分析能力，对网络热点敏感，熟悉网络视频音频渠道，能够策划和执行新媒体营销，完成活动文案的策划、创意、撰写和执行等。

人才培养：大学里的新闻与传播相关专业会开设相关课程，在网络上也有新媒体运营的课程。

发展前景：新媒体开启了社会新的领域，激发了一直“默默无闻”的普通群体，唤醒了他们参与社会进程的欲望。新媒体快速崛起，新媒体运营的重要性不言而喻。

新媒体编辑

岗位职责：需要负责网站、微信公众号等新媒体平台内容的搜集，撰写文章；负责公司网站、新媒体平台账号的日常维护、网站内容更新；能够独立运营自媒体、短视频平台等，有一定的选题策划能力；负责公众号后台数据的分析整理。

技能要求：熟练使用内容制作软件，对新媒体有自己的理解，具备新闻敏感度，有优秀的创意和较强的执行能力。

人才培养：大学中的新闻学、传播学等专业会开设相关课程。

发展前景：在传统媒体向新媒体转型的关口，新媒体作为近年发展的热点之一，具有良好的发展前景。新媒体编辑入门门槛较低，但作为新媒体行业不可或缺的岗位，具有关键的地位。

新兴职业是在适应市场经济需求的背景下产生的，是社会职能不断转变和完善的一种表现，因此你的职业生涯不再是与一个单独的公司或机构紧密相连，你要对独立管理自己的生涯发展承担更多的责任。这需要你战略性地思考自己的职业生涯，并且持续审视环境以获得新的信息。未来的职业规划需要你放眼世界，立足当下，全心去感受世界的变化和自己内心的需要，将一些新的元素带入你的职业规划中来。因此，这就需要你：

（1）不断监控你所选定的行业或职业的市场发展趋势。

（2）阅读报纸中的“商业”部分，留心电视里的商业新闻，以对劳动力市场有所了解。

（3）登录优质的提供商业预测和市场展望的互联网站点。

（4）养成习惯，关注和询问有关当地经济的信息如新近的商业成功、新发展的领域和新的行业。

（5）在基于生活质量和个体感兴趣的工作机会的基础上，选择生活的地方。

（6）通过为社区服务和成为机构会员的方式融入一个社区，作为加强个体认同感的方式。

（三）自由职业者越来越多

随着社会发展，越来越多人选择成为一名自由职业者。调查发现，无论是否有实际自由职业的经历，“自己决定工作内容”、“不被上班制度束缚”和“可以掌控工作节奏”都是人们认为选择自由职业最重要的三大理由，也是大家认为自由职业最吸引他们的地方。

自由职业，主要以自我雇佣（self-employment）来定义，包括不同形式的 freelance 和个体经营小生意、独立店铺、工作室等职业形态。自由职业者为自己工作，不受雇于某一固定的雇主。自由职业者的从业领域范围非常广泛，例如：自由撰稿人、自由摄影师、博主/Up 主/Vlogger、漫画师/插画师、互联网产品设计师、独立店铺主理人、翻译/口译员、考试辅导/语言培训师、技术/法律/税务顾问……

（四）工作方式的变化

由于社会的不断发展，科技的不断进步，人们的工作方式也不断发生变化。个人的工作场所，正在通过信息网络与世界范围内的其他工作场所相联结。随着经济的全球化，可供人们选择的工作方式也越来越具人性和灵活性。

1. 永久性的全职工作

每周工作 5 天、每天工作 8 小时，这种永久性的、全职的工作方式是人们最熟悉也是最普遍的。永久性的全职员工是企业或单位的中坚力量，直接为组织效力，能够享有全面而稳定的收入和福利待遇，最不可能被解雇，极具稳定性。

2. 弹性工作时间

弹性工作制是在 20 世纪 60 年代提出来的，当时主要是为了解决职工上下班交通拥挤的问题。目前，弹性工作时间也是很多企业组织广泛使用的，其最常见的做法是允许自己确定自己的工作日程。“弹性”的方式很多，包括：（1）核心时间与弹性时间结合制。一天的工作时间由核心工作时间（一般为 5～6 个小时）和环绕核心工作时间两头的弹性工作时间所组成，员工可以选择保证核心工作时间的几种上下班方案。（2）成果中心制。公司对职工的考核仅仅是其工作成果，不规定具体时间，只要在所要求的期限内按质量完成任务就照付薪酬。（3）紧缩工作时间制。职工可以将一个星期内的工作压缩在两三天内完成，剩余时间由自己处理。

弹性工作时间受到很多人的认可，它可以减少缺勤率、迟到率和员工的流失；让员工感到个人的权益得到了尊重，社交和尊重等高层次的需要得到了满足，因而产生了责任感，能够提高工作满意度和士气。

3. 远程办公

远程办公是指在远离办公室或雇主工作场所的地方工作，让雇员享有灵活的工作时间和地点。换句话说，就是每天到工作地点通勤被通信联系所取代。许多人在家工作，也有一些人使用移动通信技术在咖啡店或其他地点办公，这些人被称作“游牧工作者”或“网络通勤者”。远程办公的好处是可以兼顾家庭和工作，工作时间更具弹性，有利于员工灵活地安排工作，让员工拥有更多的自主权，减少工作与家庭的冲突，从而使员工的工作满意度更高。

4. 兼职

兼职是指职工在本职工作之外兼任其他工作职务，兼职者除了可以领取本职工作的工资外，还可以按标准领取所兼任工作职务的工资。从事兼职是一个人增加收入、学习从事一门新工作或者照顾家庭成员的最好选择。尤其是随着互联网的发展，为兼职工作提供了强大平台，有利于兼职这种工作方式的发展。

目前，还有很多种工作方式，如独立签约人、自由职业者等。这些工作方式的出现，是在帮助人们理解就业形式发生了多种多样的变化。选择适合自己的就业方式，是未来职业选择的一部分。

二、性别角色定型的影响

在中国文化中，男性和女性有着各自的性别角色特点。一般认为，男性是独立的、竞争的、自信的，是环境的主人；女性是被动的、依赖的、非攻击性的。关于性别角色的固定形象可参见表 7－3。

表 7－3 性别角色的固定形象

能力群集：男性一端更理想	
女性的	**男性的**
根本没有攻击性	攻击性很强
毫不独立	非常独立
非常易动感情	不易动感情
毫不隐瞒感情	几乎总是隐瞒感情
非常主观	非常客观
很容易被打动	极不易被打动
非常顺从	好统治他人
很不喜欢数学和科学	很喜欢数学和科学
对小的危机都很激动	对小的危机毫不激动
很被动	很主动
毫无竞争力	很富于竞争力
毫无逻辑性	很富于逻辑性
倾向家庭	很善于处世
毫无商业技巧	很有商业技能
非常含蓄	非常直率
不懂得世道常情	很懂得世道常情
情感很容易受到伤害	情感不容易受到伤害
毫无冒险精神	很有冒险精神
很难作出决定	很容易作出决定
很容易哭	从不哭
几乎从不发号施令	几乎总是发号施令
毫无自信	非常自信
表现出攻击性会很不舒服	表现出攻击性没有什么不舒服

续表

能力群集：男性一端更理想	
毫无雄心	雄心勃勃
不能区别感情与思想	很容易区别感情与思想
非常依赖	毫不依赖
表面上非常自负	表面上从不自负
总认为女人优于男人	总认为男人总是优于女人
不能与男人自由地谈论性问题	能与男人自由地谈论性问题
热情一表达性的群集：女性一端更理想	
女性的	**男性的**
从不使用粗野的语言	使用非常粗野的语言
很健谈	毫不健谈
很机敏	很迟钝
很温和	很粗鲁
很能领会他人的感受	丝毫不能领会他人的感受
非常虔诚	毫不虔诚
对自己的外表很感兴趣	对自己的外表毫无兴趣
习惯于很整洁	习惯于很懒散
很安静	很吵闹
很强烈的安全需要	很少有安全需要
欣赏艺术与文学	毫不欣赏艺术与文学
很容易表现出温柔	很难表现出温柔

资料来源：余国良．社会心理学．2版．北京：北京师范大学出版社，2007：136-137.

表7－3中列出的关于男性和女性的固定形象会影响一个人的职业发展。对于女性而言，其比男性更倾向于照顾家庭；在升职方面，很多女性会经历“玻璃天花板效应”，因管理层的偏见造成的人为障碍阻碍了优秀的女性进入中级或高级管理层；在工作中，女性遭受故意的触摸、施压的约会、骚扰电话等困扰的比例会明显高于男性。同样，对于男性而言，在职业发展上也会受到传统观念的影响。比如男性往往被认为是家庭中的主要经济支柱；男性通常与社会权力、团队领导、健壮的身体、逻辑严谨的思维及雄心抱负联系在一起，当其表现出具有顺从、情感丰富、善于照料他人等特质时往往不易被人接受；男性倾向于在实用型、研究型和企业型领域中工作，难以进入一些如幼儿园教师、护士等女性主导的行业；男性承担家庭责任不会被认可为“家庭妇男”，当男性回归家庭时会受到很大的社会压力。

环境对于你未来职业的影响，并不限于上面提及的内容，还有很多影响因素未曾提及，比如你的民族信仰、你所生长的地域文化等。如果你能够学会在生活中慢慢去理解和诠释，学习用发展的视角来审视身边的环境，你定会从中有所收获！

第四节　环境探索活动

经过前面三节的学习，我们对家庭环境、校园环境和社会环境对职业选择的影响有了一些了解。你有什么感受和收获呢？通过接下来的小活动，你会对自己的职业取向、职业生涯规划和设计有更深刻的思考和认识。

○ 就业训练营

活动 1　我的家族职业图谱

根据你的实际情况来修订一张属于你的家族职业图谱，并思考下面这些问题：

1. 看到家族职业图谱，你想到什么？

____

____

2. 父亲如何形容他的职业？他平时会提到哪些职业？他用怎样的语言来表述这些职业？父亲的这些想法对我有怎样的影响？

____

____

3. 母亲如何形容她的职业？她平时会提到哪些职业？她用怎样的语言来表述这些职业？母亲的这些想法对我有怎样的影响？

____

____

4. 家族职业图谱中的每一个人对从事的职业是否满意，是否能够胜任这个职业？

____

____

5. 从你目前的职业生涯状态出发，你能够想到家族中的哪些人和事？

____

____

6. 在你的家族中，有哪些重大的事件使得家族成员特别看重某些职业，或者看重某些职业所具有的特点？

____

7．你的家族对你有哪些期待？

活动 2　我的家族职业价值观

请你写下两个家族成员的职业价值观：

家族成员 1：

职业：

职业价值观：

家族成员 2：

职业：

职业价值观：

在整理完家族成员的职业价值观后，请你整理一下家族成员对你的职业期待和职业价值观期待。在下图的中心圆中写下你对自己的职业期待和职业价值观期待，在周围的圆中写下你家族中其他人对你的职业期待和职业价值观期待。

在上面的这些期待中，你的期待和家族期待有哪些共同点和不同点？花一些时间去思考，并主动和他人讨论，看看对自己的职业期待和职业价值观期待有哪些有益的补充和完善。

（1）家族共同的职业期待和职业价值观期待：

（2）我的职业期待和职业价值观期待与家族职业期待和职业价值观期待的共同点：

（3）我的职业期待和职业价值观期待与家族职业期待和职业价值观期待的不同点：

我的理由是：

活动3 我的人生恩师

我关于职业的观念	有感于老师的思想或者言行

活动4 我的朋友伙伴

朋友的名字	人生阶段（在什么时候相识）	朋友的职业取向

案例

小薇是一个面临找工作的大四毕业生，找了半年工作的她发现周围许多同学都找到了理想的工作，但是自己依然迷茫，不知道该如何选择。是应该听从父母的意见去国企或者事业单位做本本分分的财会人员，还是应该和同学们一样勇敢地挑战自己，去外企过忙碌的生活？

在小薇的择业过程中，父母和同学都在某种程度上影响着小薇。小薇的父母都是事业单位的会计人员，他们觉得一个女孩子不用那么拼命，事业单位工作稳定、生活安逸，更适合小薇。小薇的一些同学则斗志昂扬，他们认为这是将自己所学的知识理论联系实际的好机会，而且外企竞争激烈，上升空间大，可以凭借自己的实力干出自己的事业。小薇是一个办事踏实且有冲劲的女孩，她认为双方的考虑都有一定的道理，觉得自己去事业单位过安逸的生活挺好，同时也觉得外企上升空间大一些，去外企好好拼搏一番也挺好，她在迷茫中不知道该如何选择。在同学的帮助下，她找到了学校的心理健康教育与咨询中心的老师，希望能够得到老师的帮助。

专家点评：

小薇在择业时面临的困惑，也是很多大学生会面临的困惑。如何确定自己的择业方向，不仅要能够感受并辨别出父母、朋友及周围环境对自己的影响，更重要的是能够感受到自己的专业、兴趣和自己对未来的预期。一个人的发展，周围环境固然起着非常重要的影响，同时更重要的是，你要学会倾听自己内心的声音！

小故事

母亲的榜样力量

一土学校创始人李一诺最感激的，还是她的母亲李莲娜。母亲是她的 role model（榜样），从价值观到思维方式，母亲对她影响最大。

母亲是个女强人，40 岁不到就在 3 000 多人的化工厂做总工程师、副厂长，是那里第一个女总工程师。有理想，有担当，这是母亲对她最大的影响。李一诺印象最深的一件事，是一次化工厂出事故大爆炸。“听我妈同事说，所有人都往外跑，唯有我妈朝着爆炸现场往里跑。我后来问我妈，你不怕死吗？我妈说，那时候就一个想法，我是搞技术的，出了这么大事故，我不去看谁去看？”

母亲 38 岁时和父亲离了婚，但她从未看到妈妈真正低落过，而是记得，妈妈最爱挂在嘴边的话是，“都已经这样了，想办法呗。”母亲这种对待失败的态度，也是李一诺后来心理“强大”的一块基石。

资料来源：张薇. 李一诺：贪心的人.（2019-01-01）. https://zhuanlan.zhihu.com/p/113516245.

图书推荐：

1.《史蒂夫·乔布斯传》（中信出版社，作者：[美] 沃尔特·艾萨克森）

推荐理由：有人说“苹果改变了世界”，而他的主人正是乔布斯——一个标准的美国式个人英雄主义者，一个被父母遗弃的私生子，一个只能忍受六个月大学生活就退学的叛逆者，一个曾经吸食大麻的“瘾君子”，更是一个“不创新就等于死亡”的践行者。到底是什么样的环境塑造了一个冷漠、尖锐、古怪、粗野、自傲却又充满激情、富有创造力的，集多重性格于一身的乔布斯？打开这本书，解答你心中的疑惑。

2.《与自己对话》（中信出版社，作者：[南非] 纳尔逊·曼德拉）

推荐理由：他是南非总统（任期：1994—1999 年）。他在其 40 年的政治生涯中获得了超过一百项奖项，其中最显著的便是 1993 年的诺贝尔和平奖。他是南非首位黑人总统，被尊称为“南非国父”。但他曾在牢中服刑了 27 年，经常遭受狱警的挑逗并经常被迫吃下拌有泔水的饭菜。在他的总统就职演讲上，他邀请了当年“陪伴”他的三位狱警，并对他们说：谢谢你们，当时我年轻气盛，脾气暴躁，是你们让我学会了控制情绪。他就是纳尔逊·曼德拉。本书将带我们走进曼德拉的生活日记，听他娓娓讲述：无论身处何地，不要忘记——与自己对话。

影片推荐：

1.《放牛班的春天》（法国）

推荐理由：一段音乐，释怀了一位老师的一生，也延续了他众多学生的一生。这会是怎样的一段音乐呢？那些音符静静地流淌在岁月的长河中，等待身处不同地方的人们去品味人生，去思考生命。

2.《阿甘正传》（美国）

推荐理由：这是一部 1994 年出品的老电影，在这部电影中，不仅能够看到阿甘对母亲的亲情、对女友的爱情、对战友的友情，更能看到他对自己的执着、承诺、乐观、真诚！阿甘是一个傻子，但是他所具有的信念和品行是那些自以为是的聪明人难以达到的，而且也拥有了一个聪明人难以拥有的！“做自己，成为我自己”是一个多么宝贵的信念！

综艺节目推荐：

《令人心动的 offer》（中国）

推荐理由：该节目其实在以综艺形式为求职者输出职场干货，大到职场“拒商”、是否提倡裸辞、谈判的逻辑、邮件的回复，小至领导开车该坐什么座位等，这些职场老人耳熟能详的“礼数”对于小白视角的年轻人来说都是需要避免踩到的“雷”，从此意义上讲，该节目又何尝不是一堂别开生面的职场培训课？

第八章 职业生涯决定与行动

最好的选择未必是选择最好的。

——培根

就业困惑

小Y现在大二，他身边的同学都开始关注实习信息，小Y却十分迷茫，不知道如何抉择。原因在于小Y不仅在学习本专业，还辅修了另外一个专业，课程比其他同学更多，抽不出时间来实习。她认为实习的时间和精力成本是非常高的，而且不同岗位和不同公司带来的实习体验也不太一样，如何找到高质量的实习岗位也是一个重要问题。小Y身边的同学要么明确了本科毕业后就工作，因此积极实习；要么专注于本专业的学习，取得了很好的成绩。小Y本人的成绩一般，出于兴趣爱好辅修第二专业，又想要尽快和同学们一样去实习，这让她陷入了困境。

在本书前面的内容中，我们了解了生涯规划的重要性，逐渐明晰了自己内心的想法。在现实情况中，我们依然面临“做出决定”这一步。我们怎么做出决定、开始迈出第一步？让我们走进第八章，看看我们可以怎么做吧！

我们的人生就像一列列疾速前行的火车奔驰在各自的人生轨道上，过去的自己曾停靠在小学、初中、高中和大学等大大小小的驿站中，在那里我们结识同行的伴侣、完成阶段性的学习目标、锻炼才能、开阔眼界，但是生活从来没有永远的驿站，我们的列车终将踏上新的旅程，而过去一切一切的准备都是为了我们更好地奔赴下一个驿站，那么大学毕业后你的驿站在哪里呢？你已经为了实现它而做好准备了吗？

总结起来，在这群充满焦虑等待答案的学生中主要有下面几种身影：有些学生会认为这么重大的人生选择只有听取有更丰富人生阅历的人的意见才会万无一失，于是他将选择权交给师长、父母，听从他们的安排；有些学生也会觉得自己还不了解内心的想法，也不想仓促做决定断送自己将来向其他行业转换的可能性，于是他学着同学，想把每一种选择都走一遍，一边准备着考研和保研的考试，一边啃着 GRE 词汇书复习，准备出国申请，此外还在网上搜索职位信息，为找工作而努力；还有一种学生不想去面对选择的焦虑和痛苦，于是乎干脆不选，在就业的压力下勤奋考研，希望再过几年在校的清闲时光；也有学生清楚地知道自己毕业后想过的生活，于是他早早开始准备，为目标一步一个脚印地前行，这期间有过失败、有过心酸，但最终不断拼搏，依然微笑着追求自己想要的生活。

从前文的描述中，你有没有找到自己的影子呢？或者你又是如何做选择的呢？你希望学会如何运用理性科学的方法准确评估各个选项，继而选择最适合自己的道路吗？本章将为你的这些疑惑找到答案。通过前面几章的阅读，我们了解了探索自己兴趣与性格、生涯技能、生涯价值观的方法；通过书中的介绍，我们也对职场世界中的几大职业及探索自己感兴趣的职业的方法有所了解；我们还了解了在生涯选择中家庭、校园和社会环境所起的作用。本章我们就要结合前文中你所学到的所有知识，来帮助你做出生涯决定了。我们先学习生涯信念的内容，以帮助你对生涯和职业选择有一个正确和理性的认识。其次我们通过小练习帮助你了解自己的决策风格，继而教你学会利用生涯选择方格，来评估自己目前正在考虑的各种选择并做出慎重的决定。此外本章也会和你一起讨论在做决定后应该如何制定自己的行动计划来帮助我们步步为营，并最终实现自己的目标。如果你准备好了，现在就开始我们本章的学习吧。

第一节　职业信念的确立

我们在做任何事情时都不能忽视信念的力量。有时信念可以助我们一臂之力，让我们在困境时坚持不懈最终成功，但有时执着于不恰当的信念也会让我们深陷泥沼，徘徊在幸福门外。可见信念对我们是多么的重要，本节就来和你一起谈谈生涯信念的话题，你也会通过本节的一些小练习和方法识别并矫正自己的生涯信念。

一、初识信念

笑话两则

问：一只兔子和一只跑得很快的乌龟赛跑，猜一猜谁赢啦？

答：兔子。

问：错！是乌龟啦，前面说了是一只跑得很快的乌龟，跑得很快噢。兔子不甘心，又和一只戴了墨镜的乌龟比赛跑步，这次谁赢啦？

答：嗯。兔子吧。

问：错！那只乌龟把墨镜一摘。咦？又是刚才那只跑得很快的乌龟。

问：什么老鼠用两只脚走路？

答：米老鼠。

问：什么鸭子用两只脚走路？

答：唐老鸭。

问：错啦，所有的鸭子都是用两只脚走路的！

读完上面的笑话你有没有掉入陷阱中呢？上面的笑话在幽默之余也告诉我们一个轻松的道理，我们常常执着于一个自己总结出的规律道理而错过了真相，最后成为一个作茧自缚的人。在生活中，我们也常常被对于某件事情的看法困住，最后总结出无路可选的道理。实际上归根到底，我们的苦恼、烦心都是信念惹的祸。不信读读看下面几条信念，想一想抱持着这样信念的学生会给人什么样的感觉。

我家境不好，同学们一定都瞧不起我。

只有唱歌好的女生才惹人喜爱，我唱歌五音不全，所以才没有人喜欢我。

男生流泪是软弱的表现，所以我不会在任何人面前流泪示弱，有什么事情我都要靠自己的能力去解决。

只有成绩好才能证明一个学生的实力和素质，所以我要全心投入学习，不能让任何课余活动影响我的学习时间。

能不能获得工作机会一方面是能力，更重要的是依靠运气，我虽然能力强，但是运气一直很差，在学校里就发生过很多事情让我无缘无故受挫，所以我的命不好，也不会找到什么好工作的。

二、生涯信念概述

信念影响着一个人的行为，行为的结果会产生不同的情绪；有些时候过去事件的结果增强了某些信念，使得这些信念在其他的场合带出不同的情绪。由此可见，信念和一个人的行为和情绪的关系是多么紧密。具体到生涯探索，生涯信念也影响着人们的生涯决定和生涯选择满意度。所谓生涯信念，是一组对自己及对自己在工作世界未来发展的综合性假设，比如“我适合从事文艺表演类工作”；“我认为只要勤恳努力，踏踏实实地奋斗，就一定会在工作中取得成绩”；“工作机会一定要自己努力去争取。天上不会掉馅饼，自己不努力表现，是不会有人垂青的”。生涯信念本身并没有好坏优劣之分，但充分了解生涯信念有助于我们洞察生涯信念是如何影响生涯选择行为的。此外，我们尤其要警惕那些干扰性生涯信念，它们可能阻碍我们做出理性的生涯选择①。

一杯茶

南隐是日本明治时代的一位禅师。有一天，有位大学教授特来向南隐问禅，南隐只以茶相待。

---

① 金树人. 生涯咨询与辅导. 北京：高等教育出版社，2007：331.

他将茶水注入这位来宾的杯子，直到杯满，而后又继续注入。

这位教授眼睁睁地望着茶水不停地溢出杯外，直到再也不能沉默下去了，终于说道："已经漫出来了，不要再倒了！"

"你就像这只杯子一样，"南隐答道，"里面装满了你自己的看法和想法。你不先把你自己的杯子倒空，叫我如何对你说禅？"

我们的大脑犹如这装满水的杯子，如果执着于脑中的意念和想法，也就无从有多余的空间去接纳和吸收其他的建议和可能性了。所以在做出生涯决定前，我们要好好检视一下自己，看看脑中有哪些生涯信念，以及它们又是怎样影响自己的生涯选择的。

你需要先学会如何识别干扰性生涯信念，下面列举了 10 项学生中常见的生涯信念，请从中挑选出你认为的干扰性生涯信念。

（1）"我只有做好万全的准备和计划才可以开始行动。"

（2）"人一生只有一次生涯选择的机会。"

（3）"一件事情如果我做了改变，那就意味着我已经失败了。"

（4）"我只有从事这项工作，才有快乐可言。"

（5）"我的工作必须满足我所有的需要。"

（6）"只要我在工作上全力以赴，没有什么事是我不能做到的。"

（7）"我这个人有没有价值，完全要看我从事什么职业。"

（8）"我认为每个人都有一项最匹配他的职业，而每一项职业也只需要某一种特质的人才。"

（9）"我愿意抱持开放的心态进行生涯探索，并在不同的生涯发展阶段适时做出改变。"

（10）"我觉得界定一个人的成功要拿现在的他和过去的他作比较，而非和他人作比较。"

上述 10 项生涯信念中，1～8 项为干扰性生涯信念，其中 1～7 项为学者研究发现的生活中最常见的干扰性生涯信念。如果你对选项有疑惑，那么不要犹豫，赶快把它提出来和身边的同学或老师讨论一下。生涯信念是对你的未来生涯发展有直接影响的关键因素，希望你能抛下所有疑惑和困扰，去创造未来无限的可能①。

干扰性生涯信念会如何影响我们的生涯决定与行动呢？这里我以第 3 项为例简单说明一下。抱持这种信念的学生认为变化与重新选择是一件耻辱的事情，它意味着失败，因此即便发现自己树立的职业目标并不适合自己，他也会硬着头皮干下去，绝不会选择转行，这种"持之以恒"的毅力固然有些时候会帮助他攻克难关并最终取得事业的成功，但是更多时候会使他陷入痛苦的泥沼，难以从工作中收获成就感与满足感，也会错失许多发展良机。可见，干扰性生涯信念对我们生涯的影响不可忽视。

三、生涯信念评量

尽早识别干扰性生涯信念并对其进行修正将有助于我们顺利完成生涯选择和决定，下面的"生涯信念量表"可以帮助你了解自己的生涯信念，并发现自己可能存在的干扰性生

① 金树人. 生涯咨询与辅导. 北京：高等教育出版社，2007：334.

涯信念。

○ 就业训练营

练习 1 生涯信念量表

请仔细阅读下表中每一项想法，并评量你对该想法同意的程度，圈出符合你选择的数字。“1”至“4”分别表示“完全不同意”“有点不同意”“有点同意”“同意”。

生涯信念量表

1. 正确而适当的生涯选择，对我来说甚为重要，因为我不想出任何差错。	1	2	3	4
2. 我现在就应该确定自己最适合的职业，万一选错了职业，那恐怕会后悔一辈子。	1	2	3	4
3. 除非我能找到一份很理想的职业，否则我不会感到满意。	1	2	3	4
4. 在我决定一项职业之前，我必须对自己适合做什么有绝对的把握。	1	2	3	4
5. 工作是人生的重心，我所从事的职业应该要能满足我各方面的需求。	1	2	3	4
6. 如果我一直找不到喜欢的工作，那生活将会十分无趣。	1	2	3	4
7. 我希望找到一份合适的职业，可以协助我克服如害羞、焦虑或不善交际等一些个人特质上的问题。	1	2	3	4
8. 工作是达成自我实现与成就感唯一有效的途径。	1	2	3	4
9. 我所选择的职业，也应该要让对我具有重要意义的人感到满意。	1	2	3	4
10. 待遇优厚与福利完善的职业，才能让我拥有满意的生涯。	1	2	3	4
11. 选择职业时，应该要顾及社会价值观的评价及社会的需求。	1	2	3	4
12. 一份具有挑战性且富变化性的工作，才能顺应现代职业市场的需求。	1	2	3	4
13. 从事某项职业时，若不成功，就代表失败，没有其他的借口。	1	2	3	4
14. 在我选择要从事的工作领域中，我必须成为专家或领导者，并得到他人的敬重。	1	2	3	4
15. 选择职业的条件是哪一种职业可让我获得最多经济利益。	1	2	3	4
16. 如果我的生涯发展不能依照原来期望的方式进行，就意味着我失败了。	1	2	3	4
17. 总会有某位专家或比我懂得更多的人，为我找到最好的职业。	1	2	3	4
18. 也许有某项测验可以明确指出，我做什么工作最容易成功。	1	2	3	4
19. 接受生涯辅导，必然可以找到我最擅长且会有优异表现的工作领域。	1	2	3	4
20. 一些朋友都早已确定了他们将来的志向，我却到现在还犹豫不决，必定是我哪里不对劲。	1	2	3	4
21. 如果我现在就决定某项职业，可能从此会受到该职业的束缚。	1	2	3	4
22. 我的某些特质，可能是我选择职业、从事工作的致命伤。	1	2	3	4
23. 如果我不能拥有成功的生涯，一定是我某些方面不如别人。	1	2	3	4
24. 一个经常改变工作的人，不会有成功的生涯。	1	2	3	4
25. 如果我不能找到与所学知识相契合的职业，那无异于枉费了多年所受的教育。	1	2	3	4
26. 一个人如果害怕当众演讲，就不适合担任律师、教师、推销员等需要好口才的工作。	1	2	3	4

续表

27. 只要能找到一份令人满意的职业，我必定会永远坚守工作岗位。	1	2	3	4
28. 做决定之前，我必须找到一种最适当、最能让我发挥所长的工作，否则我宁可不做决定。	1	2	3	4
29. 我无法从事任何与我本身能力专长不合的工作。	1	2	3	4
30. 我必须要找到与我兴趣、性向、能力等各方面条件充分匹配的职业，才能做决定。	1	2	3	4

资料来源：吴芝仪．生涯探索与规划：我的生涯手册．嘉义：涛石文化股份事业有限公司，2000.

计分方法

请将全部30题的得分相加，即可得到“生涯信念量表”的总分。得分越高，表示干扰性生涯信念越强。

1. 绝对适切（1～6题）	高分	对生涯选择抱持完美或绝对适切的预期，认为工作应可满足各方面需求。
	低分	不在乎所选择的职业或生涯方向是否理想、适切，亦不认为工作能满足需求。
2. 工作世界（7～12题）	高分	认为生涯选择须顺应社会价值观及工作世界的需求。
	低分	看重自我价值，不在乎社会价值观的导向。
3. 期望标准（13～16题）	高分	对个人未来的生涯发展或是生涯选择条件具有高度的期许，并认为不成功即是失败。
	低分	不对未来发展抱持高度期待，较不在乎生涯的成功与否。
4. 决定方法（17～19题）	高分	较依赖他人的意见做决定，总想征询别人的看法。
	低分	不以他人意见为依据，有自己的主张。
5. 自我怀疑（20～23题）	高分	对自己的特质、能力缺乏信心，总以为自己不如别人。
	低分	对自己的特质、能力充满自信。
6. 决定结果（24～27题）	高分	相当坚持生涯决定结果的不可改变性和持久性。
	低分	对生涯选择抱持较弹性的看法，认为生涯发展充满很多可能性。
7. 人境适配（28～30题）	高分	认为所选择的职业或生涯方向须与个人各方面特质、兴趣专长等充分匹配。
	低分	不认为须找到与兴趣、能力充分匹配的职业或生涯方向才能做决定。

四、处理干扰性生涯信念

明晰了自己的生涯信念，也找到了可能影响自己生涯选择的干扰性生涯信念，接下来就是处理它的时候了。下面我们就来谈一谈处理干扰性生涯信念的话题。

咨询心理学中的认知行为流派主张一种以处理来访者认知结构为主要治疗方向的疗法，因此它较其他流派对干扰性生涯信念的本质有着更为独到的分析。下面我们就引用认知行为流派中的一种代表疗法——阿尔伯特·艾利斯的理性情绪行为疗法——关于认知和信念的观点来学习处理干扰性生涯信念的方法。

艾利斯的理性情绪行为疗法指出，非理性信念是指不合理、不合逻辑甚至与事实不符的想法。这些想法暗藏着许许多多的“应该”或“必须”，会造成个体情绪上的不安、沮丧，甚至严重的自我挫败感。非理性信念常常被当事人所经历的某一事件唤起，随后给其情绪和行为都带来很多负面影响。因此，艾利斯发明了 ABCDEF 六步骤疗法来帮助来访者识别、评估、驳斥和改变非理性信念。你们也可以学习一下，跟随六步骤疗法来处理自己的干扰性生涯信念。

练习 2　生涯信念六步法

下面我用一个学生事例来讲解，如何用 ABCDEF 六步骤疗法来处理干扰性生涯信念，你可以仿照学生事例在横线上练习处理自己的干扰性生涯信念。

步骤 A：识别与描述缘起事件（activating event）。想一想，是什么事情引发了你内心的不舒服，随后又唤起了哪些内心的独白？虽然在前面的练习中你可能通过测试直接找到了自己的生涯信念，但是在这里还是希望你将信念与事件联系在一起，这样可以更真实地反映你的信念，唤起你的情绪。当你看到上表的结果并挑出了你想要处理的干扰性生涯信念时，这个结果让你想起了哪一段经历？当时是怎样的场景？你可以写在下面的横线上。

小明来到心理咨询室，谈起了他实习的经历。他说，实习所在公司在实习评价上给了他一个中评，这让他很难过和生气。

____

____

步骤 B：提取事件引发的内心信念（belief），并评价内心信念是积极的、负面的还是中立的，是理性的还是非理性的。想一想，缘起事件的发生勾起了你内心的哪些想法？把它们都表达出来吧。你也可以在这里记录下你刚刚发现的干扰性生涯信念。

小明回忆总结了自己实习的经历，说道：“在实习中我一直努力工作、认真学习，尽我最大所能去完成实习工作，虽然不能说尽善尽美，但也是竭尽全力。我的上司非但没有肯定和鼓励我的表现，反倒只给了我一个中评。这样的结果使我感到沮丧和懊恼，我的上司没有看到我的努力，简直是太混蛋了。”

____

____

____

信念的抽取有很多的层次和步骤。首先是事件直接引发的信念，比如“上司的中评让我产生上司看不到我的努力的消极想法”。随着分析的步步深入，核心信念也会慢慢呈现，比如“我的付出别人应该自然而然地感受到并且用相等的方式回应我”。

抽取核心信念可以采用焦点询问法，即用“为什么”开头的问句层层推进，直到自己无法回答为止。当然你也可以请朋友来帮助你一起抽取核心信念。对于各个层次信念的抽取和检验都有助于你更好地理解自己的生涯信念。例如：

问：为什么得到上司的中评会让你产生他看不到你努力工作的想法？

答：因为如果他看到了，他不会给我中评，我的努力足以让他对我嘉奖和鼓励。

问：为什么你觉得你的努力足以值得他嘉奖和鼓励？

答：因为我每天都努力地工作，为了完成工作，我会主动自学很多知识。我还主动承担了很多额外的工作，并为此经常加班。你不觉得这样的我简直就是一个模范员工吗？

问：看来你确实付出了很多，还是想问为什么你觉得这么多的付出值得他的嘉奖和鼓励？

答：不就应该是这样的吗？我的付出应该得到别人同等的回报啊，要不我做这么多事情干吗？

问：______

答：______

问：______

答：______

问：______

答：______

步骤C：澄清信念所带来的情绪和行为上的影响（consequence）。虽然事件本身会给当事人的情绪和行为上带来直接影响，但是艾利斯认为事件所引发的信念常常左右了事件的结果，即心理学常说的“自我预言的实现”。对信念所产生的结果进行评估可以帮助你辨别信念的属性，判断它是非理性的还是理性的，是正面积极的还是负面消极的。艾利斯认为非理性信念常常会给人带来不健康或有害的情绪，比如愤怒、焦虑、抑郁等消极的情绪，以及酗酒、退缩逃避、不停责备自己和他人等负面行为。只有理性的信念会促使事件的结果走向正面，非理性的信念会加大负面结果产生的可能性，反过来，事件的负面结果也会强化当事人的非理性信念。比如如果小明选择用暴力的方式发泄他心中压抑的愤怒情绪，他的行为促使他的指导老师给予负面的评价，继而会强化小明心中的认为指导老师不公正待他的非理性信念。

情绪上：小明想到上司的差评可能会影响他留任公司获得工作机会，因而很担忧、害怕、焦虑、惭愧，也有强烈的挫败和羞耻感，同时对上司带有愤怒的情绪。行为上：小明会批评、责备甚至诋毁他的上司。

______

______

______

步骤D：驳斥（dispute）非理性信念。反驳非理性信念的方法有很多种，可以分别从认知、行为和情绪上入手。实际操作中，你不必太急于抽取抽象和核心的非理性信念。比如“我总是把自己看得一无是处”；“我其实自尊心很强，对别人的评价非常敏感”。反过来，你可以从具体事件分析入手，抽取自己具体细致的信念。例如“一收到上司布置给我的工作任务就让我压力很大，我不相信自己能够把它做好”；“今天一进入公司同事们注视我的目光让我觉得格外的不舒服，是不是我昨天和王斌约会的事情被他们发现了？他们一定在心里说是我先主动接近他的，而且只是看重了他的家庭背景”。随后再逐步挖掘出核心的非理性信念。

以小明的经历为例。小明可以分别从认知、情绪和行为三方面入手给予干预。认知上，小明可以检验自己的逻辑是不是正确，是不是得到中评就一定意味着实习上司对他工作的一种否定？是不是努力和付出都表现出来并且让实习上司注意到了？情绪上，小明可能会意识到自己把事态戏剧化和灾难化的倾向，也将意识到自己有一种追求完美、追求肯定的需要。小明通过驳斥会逐渐意识到自己羞耻、愤怒等过激的反应可能是非理性的，对于自身也是有伤害的，通过调整，小明会转化为失望、沮丧的感觉。转变认知和情绪后，行为上小明可以和实习上司做进一步沟通，向他展示自己更多的工作能力。此外，小明也可以在工作之余探索一种让自己更容易得到满足和回报的生活方式和娱乐方式。

步骤 E：发展出一种有效的（effective）理性信念和逻辑。通过驳斥，你可以慢慢地意识到内心深藏的哪些非理性信念在潜移默化地影响自己的所想、所感、所行。通过反思和调整，慢慢地你会帮助自己树立一个更合理的理性信念，从而引导你客观地认识外部事件对自己产生的影响。

小明通过步骤 E 找到了对于这件事情的一个更合理的态度：“尽管我对实习上司给我这样的评价仍然感到很失望，但是我觉得这不是世界末日。只要通过和上司更好地沟通，我相信我仍然可以慢慢改变他对我的看法，总有一天会给我好评的。”

步骤 F：新的感受（feelings）与行为。信念的调整会逐渐促进你在情绪和行为上获得改变。理性信念会帮助你舒缓强烈情绪，也会使你对行为做相应改变。调整了自己的信念后你的情绪和行为上有哪些变化呢？请将变化写在下面的横线上。

小明通过调整自己的信念，他感到自己对上司的愤怒渐渐消除，对于可能失去工作机会的担忧和害怕也减轻很多，反而增加了很多乐观和平和的情绪。行为上，小明不再使用诋毁、批评的语言，而是意识到自己需要和上司进行深入沟通，于是他预先列出了一些要和上司沟通的内容并主动和老师进行了沟通。之后，小明了解到上司给予自己中评的原因，对于一些上司没有看到但自己已经做到的事情，小明也对上司做了说明。对于小明确实没有做好的地方，小明表示在接下来的实习中会注意并加强提高。并且小明主动沟通、积极学习的举动给上司留下了很好的印象，上司当面表示，虽然这一次给小明的是中评，但是上司仍愿意考虑小明留任的意向。

艾利斯的理性情绪行为疗法，可以帮助你按图索骥地一步一步将自己从想法的束缚中解脱出来。但许多时候，解困并不是一件容易的事情，常常需要多次的自我反省、努力与挣扎，此外，不断的练习也会让你获益匪浅。如果觉得独自完成它有一些难度，希望你可以预约一个心理咨询师或生涯规划师，请他帮你来完成。自我成长是一个慢慢积累的过程，相信有他人的帮助，你会走得更顺利。其实我们常常被自己脑中想象出的那个框框束缚住，跳出来看，你会明白，原来世界比你想象得要更加广阔。

第二节　做好择业决定

了解了影响你决策的生涯信念，也处理了可能妨碍你生涯发展的干扰性生涯信念，接下来平坦大路为你展开，到了你决定走向何方的时刻了。经过了这么多关于自我和工作的探索，你决定好做什么工作了吗？你了解自己做决定的方式吗？你想学习一种科学有效的方法来帮助你理性地做出生涯决定吗？这些问题你可以在这一节找到答案。

一、透视决策风格

你是怎样做决定的呢？许多人会觉得这个问题很奇怪，因为他们从来都没有想过自己做决定的方式。想要做一个正确的决定当然是每个人做决定的初衷，但再细细想来，你面临的许多选择中有多少可以用正确或错误去评判呢？选择早餐的口味，选择牙膏的品牌，选择衣服的颜色，选择心仪的大学，选择毕业之后的出路……生活中的选择常常无所谓对错，它们是你决策风格的具体表现。认识自己的决策风格，你会更加明白自己的喜好，有助于做出满意的生涯决定。

决策风格是指个体在长期的决策过程中所表现出的稳定的决策倾向。通常认为，决策风格同时受个性和环境因素影响。个人的决策风格因为受到个性特质的影响从长期看具有稳定性和个体差异性，但是决策风格也会因时因境去调整，比如面临人生的重大选择和晚餐地点的选择可能体现不同的风格。本节主要围绕你在面临人生重要事件时做决定的风格，它可以更好地预测你在生涯决定时所体现的方式。

练习 3　我的决策风格

在你的成长历程中一定有一些重大的人生时刻，尤其当你渐渐成长为一个独立的个体后，有着和父母不同的生活和朋友圈时，当你面临这些重大时刻时是怎样做决定的呢？请回顾一下你 16 岁之后的生活，你的生活中有哪些重要事件？比如高考、第一次恋爱、选专业或选课……请回忆三件重要事件，记录一下当时的情景、你面临的选择、最终做的决定、决策的方式及决定后的结果，填在下面的空白处。

事件 1

a. 目标或当时的情境

b. 你所有的选择

c. 你做出的选择

d. 你的决策方式

e. 对结果的评估

事件 2

a. 目标或当时的情境

b. 你所有的选择

c. 你做出的选择

d. 你的决策方式

e. 对结果的评估

事件 3

a. 目标或当时的情境

b. 你所有的选择

c. 你做出的选择

d. 你的决策方式

e. 对结果的评估

通过对上面事件的回顾，你对自己的决策风格有哪些发现？在三个不同的事件决策上有没有共同点？请将你的发现总结在下面。

____

____

____

通过上面的活动，你也许已经总结出你做重大决定时常采用的方式，并会用一些词汇来描述它的表现，但也许还不知道这样的表现可以归类为哪一种决策风格。莉莉安·丁克雷（Lillian Dinklage）1968 年在哈佛大学攻读博士学位时对青少年的决策风格做了研究，并将其归纳为 11 种类型。现在这种分类法已经被广泛采用，适用人群也从青少年扩展到成人。许多大学的就业指导中心都会采用这种分类法来帮助学生了解自己的决策风格并更好地作生涯决定。这 11 种类型分别是：

（1）冲动型的人常常迅速做出决定，对于决定的后果没有太多的考虑；

（2）宿命型的人将决定交给运气，比如选择投掷硬币等方法；

（3）顺从型的人将决定权交给他人，比如师长、家长或朋友，而拒绝自己做决定；

（4）延迟型的人常将决定拖到最后一刻；

（5）折磨型的人会因为需要做决定而备受折磨，在决定前他会考察每一种可能的选项，搜集尽可能多的资料，并反复剖析，最终被巨量的信息压垮；

（6）直觉型的人会因为一个直觉、一种情绪、一个灵光闪念而做决定；

（7）瘫痪型的人会因为一想到做决定就倍感焦虑和害怕而无法做决定；

（8）逃避型的人会主观逃避做决定；

（9）保守型的人将会一直选择风险最低的选项；

（10）叛逆型的人会按与主流相反的思路而选择那些违反常规的选项；

（11）计划型的人会权衡事实数据和个人情感进而做出决定。

从这 11 种决策风格来看，当然计划型堪为最理想的选择。但需要说明的是，每个人的决策风格常常是这 11 种决策风格的组合，常常因具体的情境而做调整。每一种决策风格也常常在特定情境中表现出优势。比如在决定去哪里吃饭时，冲动型的决策风格可能会为这个不太重要的决定节省很多时间。但是，面对未来的职业选择，建议你按照计划型的方式来做一个科学理性的决定。如果你已经习惯了其他的决策风格，你可以根据本书的结构一步一步走，这样可以帮助你制定理性的生涯规划。同时你也可以去学校的就业指导中心或心理咨询中心去聊一聊你的生涯选择，咨询师会根据你的情况进行具体的辅导。

二、生涯选择方格

本书的内容已经接近尾声，相信读到现在，你也已经对于内在的自我和外在的职业世界有了许多认识和了解，顺着我们的思路，结合自己的兴趣、个性、特长、价值观和职业特点及家族期待，你心中是否已经有了职业选择的答案？或者你还纠结在几个选项中而不知如何取舍？无论你已经有了一个中意的职业而想要再来确认一下是否合意，还是在几个选择前犹豫不决，你都会发现下面的方法对你来说很有帮助。

下面将为你介绍的方法叫作生涯选择方格。生涯选择方格基于生涯建构系统的理论，从个体的主观想法和认识出发，来建构个体在工作中看重的因素。这种方法提供了一个系统的工具来帮助你整理、厘清脑中繁杂的思绪和念头，并依据整理后的清晰的思路来评估你的理想生涯。下面我将举例来介绍生涯选择方格的操作方法，你可以按照下面介绍的步骤来完成后面的空白方格。

	生涯选择方格							
	1	2	3	4	5	6	7	
相似点 5　　4							理想工作	相异点 2　　1
A								
B								
C								

步骤 1：列举生涯选项。请设想一下毕业后 1～5 年内你可能或不可能去做的职业，从中选出 6 项你最想通过方格考量的职业，填写在表格中数字 1～6 的下方。可以是你回顾本书的探索活动后发现的一些职业，也可以是亲友推荐给你的职业，或从自身专业背景出发可能适合从事的职业，总之回顾所有你可能知道的关于职业的信息和你对某些职业的想法会帮助你开拓思路找到答案。

	生涯选择方格							
	1	2	3	4	5	6	7	
相似点 5　　4	公务员	外企销售	国企销售	民企人事专员	大学教师	创业开店	理想工作	相异点 2　　1
A								
B								
C								

步骤 2：列举生涯想法。请你从列出的 6 个生涯选项中，依照 123、456、146、235、124、345 的序号，将 3 个生涯选项组成一组并进行每 3 个生涯选项的比较。在比较时请注意发掘这 3 个选项的相似点和相异点，并试图去回答这样的问题：123 这 3 个生涯选项中，3 区别于 1 和 2 的特征是什么？1 和 3 有哪些相似点，又刚好是 2 不具备的？请通过比较，找到一些相似点或相异点，依次列入 ABC 的横栏中。例如通过比较 1（公务员）、2（外企销售）、3（国企销售）这 3 个生涯选项，我发现 1 区别于 2、3 的特征是薪酬待遇固定，而 2、3 每个月的工资常常需要与业绩来挂钩，这样就在 A 这一栏，写上了薪酬待遇不固定和薪酬待遇固定。类似的，我发现 2 区别于 1、3 的特征可能是无法落户。你可以依据这样的比较来完成以下表格，你的比较越细致，列举的生涯想法越多，对于厘清你真实的生涯选择就越有帮助。

	生涯选择方格							
	1	2	3	4	5	6	7	
相似点 5　　4	公务员	外企销售	国企销售	民企人事专员	大学教师	创业开店	理想工作	相异点 2　　1
A　薪酬待遇不固定								薪酬待遇固定
B　可以解决户口								无法解决户口
C　工作稳定、风险性小								工作不稳定、风险性大

步骤 3：评估生涯选项。请按照 A 至 C 列举的条件来评估每一个生涯选项的特点。4、5 代表生涯选项更倾向于左侧的特点，5 代表非常符合，4 代表比较符合。1、2 代表生涯选项更倾向于右侧的特点，1 代表非常符合，2 代表比较符合，3 代表不偏不倚，接近中点。评估时请从你的“理想工作”开始，“理想工作”没有具体的职业名称而是假定在最理想的情况下你希望从事的工作具备的特征。回顾你通过自我探索了解到的关于自己喜好

的信息，然后将你的想法真实的填写在“理想工作”下面。然后你可以依次评估1～6的生涯选项，在评估时请尽可能客观地评估每一个选项的特征，必要时你可以采访业内人士获得答案。

	生涯选择方格							
	1	2	3	4	5	6	7	
相似点 5 4	公务员	外企销售	国企销售	民企人事专员	大学教师	创业开店	理想工作	相异点 2 1
A 薪酬待遇不固定	1	4	4	1	1	5	1	薪酬待遇固定
B 可以解决户口	5	1	4	1	5	1	5	无法解决户口
C 工作稳定、风险性小	5	4	5	5	5	1	4	工作不稳定、风险性大

步骤4：确定最优生涯选项。请将1～6的生涯选项与你的理想工作进行比较。最接近理想工作特征的生涯选项将为最优生涯选项。你可以通过计算各项评估总分之和，及各分项中当前选项与理想工作评分差值的平均值。总和与理想工作越接近，平均差值越小，可以说明该项工作越接近理想工作。

	生涯选择方格							
	1	2	3	4	5	6	7	
相似点 5 4	公务员	外企销售	国企销售	民企人事专员	大学教师	创业开店	理想工作	相异点 2 1
A 薪酬待遇不固定	1	4	4	1	1	5	1	薪酬待遇固定
B 可以解决户口	5	1	4	1	5	1	5	无法解决户口
C 工作稳定、风险性小	5	4	5	5	5	1	4	工作不稳定、风险性大
总计	11	9	13	7	11	7	10	
平均差值	0.3	2.3	1.7	1.7	0.3	3.7	0	
结论	通过比较得出公务员和大学教师为最佳生涯选项，如希望进一步做区分则需列出更多生涯想法。							

关于生涯选择方格的操作方法你掌握了吗？下面是你的应用时间，快试试用这个方法来找到你的最优选项吧。下面的表格留出了填写6个生涯选项和13个生涯想法的位置，你也可以依据自己的情况自绘表格。

	生涯选择方格							
	1	2	3	4	5	6	7	
相似点 5 4							理想工作	相异点 2 1
A								
B								
C								
D								
E								
F								
G								
H								
I								
J								
K								
L								
M								
总计								
平均差值								
结论								

第三节　怎样行动最有效

通过上表的帮助，相信你已经顺利地找到了自己的生涯方向，确定了自己的生涯目标。有了目标就要确定航线了，我们希望通过本节的内容帮你制定和规划行动路线图，指导你完成接下来朝梦想进发的旅程。

一、生涯行动计划表格

梦想就像是远方的灯塔，美丽绚烂，也等待我们抵达。在茫茫的职涯大海中，到达远方的目标需要我们细致的规划。生涯行动计划表格可以成为你有用的工具。生涯行动计划表格是一份可以帮助你实现生涯目标的计划图，形式、风格都随你选择。以下表格将帮助你构建行动计划的大纲。想清楚这些问题的答案，你的行动计划是不是已渐渐清晰呢？

我现在在哪里？ 我已经得到什么？	例如： 你的专业和感兴趣的科目的学习情况？ 你的实习或课外活动的收获？ 你从小到大的才艺、特长和技能？
我要去哪里？ 我想得到什么？	例如：出国、考研、保研、就业。
我需要什么来到达那里？ 我需要什么才能成功？	例如： 达成生涯目标所需准备的知识与技能包含哪些？ 要学好它们，你需要具备什么技能？ 它们对什么工作有用吗？ 会有很多压力吗？
我要采取什么行动？	例如： 你要如何培养所需技能？ 你如何了解相关信息？ 和老师、师兄谈谈？到就业指导中心咨询？网上咨询？
有关的时间限制	例如：你需要考虑你要设定的目标及达成目标的期限。
我如何知道已经达到目标了？	例如：当你决定好自己的生涯路径时，告诉父母、老师和学校。
我要和谁讨论我的想法？	例如：长辈、朋友、老师。

完成上面的表格需要你花上一些时间，你可能需要请教一些人，比如请前辈、家长或老师给你提供一些更明确的信息，或是希望到就业指导中心请生涯规划老师提供给你简历、面试方面的辅导，或者请老师看一看你的计划表。总之，你的生涯规划可以请许多人帮助，让他们一起来帮助你实现梦想，在收获梦想的同时你也会感觉到人际支持的温暖与可贵。

下表是一个大学生活规划的范例，供你参考，我们希望你能够开动脑筋，制作专属于你自己的规划。

大一上	大一下	暑假	大二上	大二下	暑假	大三上	大三下	暑假	大四上	大四下
● 适应大学生活 ● 结交朋友	● 探索专业兴趣 ● 参加社团活动	● 英语培训 ● 社会实践	● 参加社团活动 ● 探索职业目标	● 确定职业目标 ● 准备相关考试	● 实习 ● 社会实践	● 完成专业资格考试 ● 专业课学习	● 实习 ● 专业课学习	● 目标公司或行业实习	● 求职	● 就业 ● 毕业论文

二、生涯行动中需要注意的问题

生涯行动的过程伴随着困难和挑战，那么你准备好应对它们了吗？我们希望和你分享和探讨一些常见的生涯行动困境及其解决方法，为你的梦想之旅做好预备，让你可以更好地面对和迎接你的未来。

（一）生涯目标的改变与调试

我们都希望自己可以拥有预见未来的能力，可以知道未来的自己在何方、过着什么样的生活、做着什么样的工作，只可惜许多事情并非我们所能预料的。我们规划的目标，也不是一成不变的。许多学生面临着调整自己生涯目标的难题，这可能是由于家庭阻挠、就业环境改变等客观原因，也可能是由于自身兴趣的转变、能力转型等主观原因。不论怎样，确定一个生涯目标并进行调整是非常常见的，重要的是，我们该怎么办。

遭遇这种困扰的学生大多是高年级学生，他们有着更迫切的焦虑，即将毕业而自己还没有定向，这该如何是好？许多学生在这种高压下，觉得已经来不及做出改变，于是就决定硬着头皮往下走，坚持着并不适合自己的目标，最后让自己痛苦不堪。尽管临近毕业，但是当你将自己的职业生涯发展放在整个人生的时间轴来看，好好花这一两年的光景来认真探索并找到适合自己的目标是一件很值得的事。即便一开始探索中会走一些弯路，但是相比于急切上路，到后来越走越远、无路可退，在大学里能够及时地转弯真的是太幸运了。

许多学生在大学里尽管不喜欢自己所学的专业，但为了逃避压力就选择了读研究生。到研究生毕业时，忽然发现所学专业着实让自己痛苦不堪，不想再从事相关工作，决定转行。但找工作时却付出了更多的辛酸，因为用人单位总是会好奇一件事情，为什么你在本科和研究生两个可以做选择的阶段都选择了同一个专业而现在又要来从事一个与所学完全不相关的工作呢？当然，发现和追求自己的梦想从来都不晚，如果在研究生阶段发现了自己真正想要的勇敢改变也未尝不可，只是如果你可以及早转弯，对你更加有益。

（二）生涯行动没有动力

有的学生更擅长做思想上的巨人，但是在开始真正行动时却犯了愁，拖拖拉拉，怎么都迈不开步前行。尽管自己做了一张非常细致的行动计划表，但是却无论如何说服不了自己开始执行。这种情况在学生中非常常见。其原因有很多，要逐一来分析。

有的学生在行动上没有动力，可能是源于自己制定的生涯目标并不是心之所向，经过许多的探索和测试，但仍没有发现自己的真实想法，甚至难以把自己的声音和家人、朋友的意见区分开来。如果是这种情况，那希望你不要着急做决定，将注意力集中于发现自我，比如在朋友圈中常扮演什么角色、平常的生活都是怎么度过的等，如果可以留心观察自己的生活，并且有意识地分离出属于自己的部分，那么你也会慢慢找到自己生涯选择的声音。当然，心理咨询中心的辅导老师也可以在这个问题上给你很好的帮助。

还有的学生在行动上没有动力，是因为对自己没信心。自己制定的目标却没有信心能实现它，担心朋友的嘲笑、父母的不认可、老师的阻挠，好像要实现自己的梦想就要和全世界为敌一样，想到这里就害怕。如果你是在等待自信来行动的学生，希望你坚持自己内心的声音。大声说出你的梦想、你要成为的样子，相信你的坚持会让真正爱你的人更爱你。

从自我探索到职业世界探索再到生涯决定，一步步走来，自己有哪些收获呢？曾经的你，也许觉得梦想遥不可及，也许觉得未来没有方向，也许觉得随波逐流是成长的全部内涵。希望本章的探索可以帮助你找到真正的自己，过自己真正选择的人生。生涯探索的旅程即将画上句点，但此刻你丰富精彩的生涯旅程才刚刚开启。还等什么，背上行囊，我们一起上路吧！

学生案例讨论：

大二快结束了，小宋发现周围许多同学都找了一些暑期实习工作。小宋也考虑找个实习工作，但暑假里还有些老师的研究课题的工作要做，自己肯定没有精力同时进行这两项工作，不知如何选择。

小宋以前比较听话，是父母、老师眼里的“乖孩子”“好学生”。考中学的时候，爸妈希望他能努力考上全市最好的中学之一，然后安排了许多补习班，小宋顺从地接受了，最后进了理想的中学。考大学的时候，填报志愿主要参考了老师的建议，结果也令人满意。进了大学之后，父母的态度有了很大转变，很多事都尊重小宋自己的决定，小宋有些不知所措。比如加入哪个社团、换届的时候要不要竞选、选择哪个导师等，小宋都得自己做决定，每次要抉择的时候，小宋都感到很不安。回想父母放手之后自己的一些选择，总觉考虑不全面，有些后悔，希望父母还能像以前一样帮他做选择。

大学毕业后是要参加工作还是继续深造是小宋困扰了很久的问题，这直接关系到现在应该多实习还是多跟老师做研究。小宋问过周围一些同学，有的决心念博士，有的决心踏入职场。小宋又请教了老师，老师说这是因人而异的，还是要看自己的兴趣志向，要自己抉择。小宋仍然没能找到帮自己做决定的人。眼看日历一页页翻过，小宋真希望能出现一个人替他做选择，便想到了去学校的心理咨询中心寻求帮助。

专家点评：

在读大二的小宋在选择上遇到了障碍，大二起生活渐渐繁忙起来，实习、研究、准备考试等一系列的事情开始让小宋觉得时间不够用了，他不得不在求职还是深造之间做选择。从小宋的描述中我们看到独立做决定对于小宋而言仍然是一件新鲜的需要去习惯的事情。过去许多人生的重要决定都由父母、老师代劳，而小宋也习惯了顺从型的决策风格，一切听从他们的安排。上大学后家长和老师都放手了，他们开始尊重小宋的决定，但是小宋却还没有培养起理性比较、综合考量最后做出决定的能力。本章的生涯选择方格很适用于像小宋这样的学生，当还不清楚未来的路要怎么走时，将所有的生涯选项列出来，然后一一比较，最后做出决定。如果要生涯选择方格起作用，小宋对于自己理想工作的清晰认识是一个前提。此外，小宋也要掌握足够多真实的关于两个选择的信息，比如想找什么样的工作，在考虑的职位有哪些，它们有什么样的特点，它对于本科毕业生的录用标准有哪些，继续深造后将来的发展是什么，自己是否真正考虑把做学问作为毕生的工作来从事，所以，要真实地回答这些问题，还是需要搜集更多的信息，也要更多地向自己的内心看，看看自己的性格、兴趣、价值观会倾向于哪条道路。最后，要送给小宋的话是抱持开放的心态，并做好应对挫折的准备。人生并不会一帆风顺，永远是坦途，我们应勇敢接受和面对生活中的一些小波澜，如果有些问题的答案需要花费大学四年甚至更多的时间去找寻，就按照自己的节奏去搜索。保持弹性，内心的压力和紧张也会小很多！

小故事

钟芳蓉：选择考古专业的高分女孩

8 月 2 日，因为报考北京大学考古专业而备受关注的湖南留守女孩钟芳蓉，收到了她的“偶像”敦煌研究院名誉院长樊锦诗赠予的口述自传《我心归处是敦煌：樊锦诗自述》。在同时寄来的信件中，樊锦诗鼓励钟芳蓉：“不忘初心，坚守自己的理想。”激动的钟芳蓉连夜回信。她在信中写道：“樊先生选择了敦煌、选择了坚守，成为‘敦煌的女儿’，也找到了心灵的安顿。我希望能追随您的脚步，去北大，选择为考古献身，也希望找到心灵的归处。”

7 月 23 日，湖南高考成绩揭晓，湖南耒阳考生钟芳蓉以 676 分的总成绩获得湖南省文科第四名。钟芳蓉是一名留守孩子，还不到一岁时，父亲和母亲就外出打工了，她一直和爷爷奶奶一起生活。

“孩子自律，不用我操心，在家里特别听话。”高考成绩揭晓后，平日里在广东工作的父母赶回家里为女儿庆祝。父亲钟元位说：“觉得有点儿愧对她，陪她的时间很少，家长会我一次都没参加过，只有过年回家的时候可以陪她，很愧疚。”

“悟性高、沉稳、学习有规划。”这是班主任老师对钟芳蓉的印象，“钟芳蓉学习成绩优秀，性格沉稳，能够静下心来扎扎实实完成各科作业。学习有规划，能把自己的学习任务、学习目标都安排得井井有条”。

高考成绩出来当晚，钟芳蓉就读的高中学校校长带着 50 多名老师到村里向钟芳蓉一家及乡亲们报喜并放鞭炮烟花庆祝，清华大学和北京大学的招生老师也相继上门进行报考志愿咨询。

7 月 30 日，钟芳蓉最终决定就读北京大学考古文博学院考古系。7 月 31 日，四川省文物考古研究院水下考古中心主任、考古发掘领队在微博上表示：“年轻人加油，既然你已笃定信念，未来便不会迷茫。中国考古人都是你坚实的后盾，祝你学业有成。未来你就是乘风破浪的考古小姐姐！”

资料来源：钟芳蓉：选择考古专业的高分女孩.（2020-08-13）. https://www.aisoutu.com/a/1559.

图书推荐：《拆掉思维的墙》（新世界出版社，作者：宿春里）

推荐理由：不管你在中国的哪一个城市，只要你还准备结婚，还有个工作，而且父母安在，你都也许想过一件事情，这个城市里，我是不是要买房？怎么样才能买到房？什么时候买？父母出不出钱？也许你是星座的超级粉丝，根据每周的上升星座来安排你的行程。或者你已经阅读了许多名人的成功故事也正准备效仿他们大干一场。你也在抱怨为什么身边一些人好像总是戴着天使的光环，一切都那么顺利，而自己却仿佛天生晦气，喝凉水都塞牙？本书就为你这些问题找到答案，你不需要房子、不需要星座、不需要复制别人的成功模式就可以发现你的运气。答案就在你的心里，你的思维模式，你的信念。

影视剧推荐：

1.《我，到点下班》（日本）

剧情简介：本剧改编自朱野归子的同名小说。吉高在剧中饰演在网络制作公司工作的32岁独身导演东山结衣。从小看着不回家的工作狂人父亲长大直到毕业后进入破烂不堪的公司，在工作中背负着过去的东山结衣是个信守着“一定要准时回家的”职场女性。

推荐理由：该剧以很多公司的“加班问题”为切入点，通过贯彻“准时下班”的女主，探讨事业观、婚恋观以及人际关系等等。该剧重点其实不是在探讨到底要不要加班，而是在思考如何平衡好工作和生活两者之间的关系，毕竟大多数人工作的初衷，都是为了更好地生活。

2.《练习曲》（中国）

推荐理由：你的梦想是什么？相信每个人提到梦想都会说出很多，去环游世界，让歌声被万人听见，可以乘坐一次飞船去外太空，为流浪的狗建立一个收留所，将家粉刷一新……但你可曾为梦想做过什么？还是它停留在你的脑海好长好长时间却没有付诸行动？这部电影的主角用他的经历诠释了梦想的定义。梦想就是“现在不做，就永远不会做了”的事情。所以即便有许多阻碍，耳朵失聪、语言障碍的他还是勇敢地拿起背包，开始了一个人的环岛旅行。他用故事告诉我们，梦想不应停留在脑海中，而值得我们拿起背包，赶快上路！

3.《当幸福来敲门》（美国）

推荐理由：我们常常渴望幸福，拥有幸福的工作，幸福的家庭，然后幸福地过一生，却常常因为不幸福的状态而怨声载道。那么我们来听听一个找到幸福的人的故事吧。他没有讲述幸福的秘诀，而是问了我们许多问题，你经历过这些情况吗？提着40多磅重的医疗仪器四处奔走推销；忍受妻子离家的痛苦而独自照顾5岁的儿子；无薪水全力以赴“实习”4个月，哪怕不确定自己是否会被录用；在警察局里过夜，只因没钱交汽车罚单；被车撞丢一只鞋子后，不管不顾立刻爬起来跑回去工作；抱着儿子在厕所过夜，只因无处可去；在下班后狂奔，只为排队获得进收容所的机会。你可能会问，这哪里是幸福？这分明在晒他有多不幸福。“错，”主角回答道，“你要幸福，那就去追求。”

第九章

职业生涯发展——一生的事业

职业选择是一辈子的事情，并且和一个人终生的工作生活共存。

——金柏格

就业困惑

W在选择工作方面一直有很多困扰：受到父母都是教师的影响，她一直觉得教师是个不错的选择；她大学本科的专业是政治学，似乎比较适合去当公务员；她感兴趣的方向还有互联网，曾经在互联网大厂实习，即使很累但是却让她感觉非常满足。她的妈妈鼓励她，想尝试什么就大胆去试，如果觉得不合适就换，没有什么大不了的。但是在巨大的朋辈压力下，W并没有试错的勇气。她觉得她和很多同学一样，试图一次性选择正确，而不敢做出冒险的选择以至落后于人。

你是否也会有这样的困惑？是不是也不敢“试错”，是不是害怕冒险的选择会让自己失败，又害怕中庸的选择让自己后悔？走进第九章，你也许会明白：职业生涯是一生的事情。

第一节　寻找生命无限的可能

人生应该怎么个活法儿？什么样的生活最成功？即将踏入社会的你是不是也在思考这样的问题？大学生面临着许多未知与选择，在这其中，纠结、挣扎、彷徨是难免的。每个人都曾经年少轻狂、血气方刚，也都体验过学生时代惊人的能量和好奇心，以及难挨的迷茫和困惑。不得不承认，这可能是人生中最迷茫、最不确定、最彷徨的一个阶段。一方面拥有对未来生活的许多憧憬，另一方面又不得不面对许多现实的考虑，许多学生在二者中进行着艰难的取舍，也一度认为进入社会就等同于放弃梦想，无限感怀与失望。但结果真的是这样吗？鱼和熊掌真的不能兼得吗？如果我们重新思考一下这个问题，可能你会有不一样的答案。

一、最佳 or 你想要

在大学生的口头禅中，“迷茫”“郁闷”“吐槽”“鸭梨”等位居榜首。这些词在某种程度上反映了他们的真实心态。确实，繁重的学业、拥挤的就业人潮都可能成为大学生们压力大的重要原因。但仔细想来，除了这些，是不是还有其他的因素呢？

不知你是否也认识这样的朋友。有一个大学生，应该算是一个全优生，学业上始终位列专业第一，年年拿一等奖学金，社团活动中也表现积极，在 2～3 个学生组织中都担任主要负责人，还有挑战杯得奖荣誉、大公司实习经历等，她让同学羡慕不已。这样一个优等生，在同学眼中应该是拥有最光明前程和最开心生活的“完美”女生，但是，每次关于人生的座谈中，她都是最积极的一个，和老师主动倒出许多苦水和烦恼，她说：“好像我得到了大家都在拼命追求的一切，但却很迷茫，我不知道我喜欢什么，想要做什么，到底什么才是最好的生活，我应该怎么样选择才能拥有最棒的大学生活？”

像这样优秀却迷失自我的大学生案例屡见不鲜。进入大学，许多学生都追随着前人的脚步，以看似最聪明、最省力的方式度过生活，师兄师姐说大学生活要为自己积累一份漂亮的简历，有出色的成绩、丰富的学生活动经历及炫目的实习经历。长此以往，这样的心得经一代又一代流传开来。学生们的大学目标变成了打败身边的同学，成为成绩第一、活动能力第一、实习经历第一的那个最优秀的人。

想要变得优秀，当然是一件好事，但回头想想，那个心心念念的“第一”“最好”“最棒”是不是也给自己带来了额外的焦虑和压力呢？我们挤破头想成为那个第一，于是选择别人口中最好的专业、考最高的成绩、走最快捷的路，但可曾停下来问问自己，这样的生活是自己想要的吗？自己开心吗？

换个角度来看，大学目标如若从打败同学换成找寻自我，生活将变得轻松、有趣得多。这是一个只属于你自己的独特的探索旅程，你要做的事情都围绕着自己，去挖掘你感兴趣的事情，找到你擅长的领域，并且找到你想要的生活。这里不再有竞争和他人，成功的秘诀就在于你能否自信地把自己最好的那一面展现出来，而关于寻找的所有问题的答案评判者只有一个，就是你自己，你只需要问问自己的心，这个我喜欢吗？我擅长吗？我愿意一直做下去吗？就可以得到答案。想象一下这样的生活，你会有什么感觉？还会有那么多的焦虑和困惑吗？

再者，生活是否真存在所谓的“最佳”呢？最棒的职业、最好的科目、最完美的路线？我想答案是否定的。我们读过许多人物传记，也看过许多名人访谈，那些我们欣赏、羡慕的对象，都有着各自精彩的人生轨迹和发展路线，而你，也一定会创造出一条与众不同的精彩轨迹。

生活不是只有一个最佳答案的选择题，生活存在成千上万种可能和精彩。摆脱“最佳”，一起来寻找生命的无限可能吧。

二、"天长地久" or "曾经拥有"

这个标题曾经是一句关于爱情的讨论。那句"不求天长地久，只求曾经拥有"也曾被轰轰烈烈地讨论过，甚至影响了一代人的爱情观和人生观。今天，当我们再次回味这句话时，可否用它来解释一个人的生涯发展呢？

"天长地久"型的职业发展路线是在父辈中广为流传的一种经典路线，在那个年代，许多人都在自己的工作单位里兢兢业业地干上一辈子，从没想过跳槽，单位除了工作之外也被赋予了更多含义，给予人们多种情感需求。人们的生活也围绕着这份工作做家、单位两点一式的安排，单位的同事成了人们在家人、亲戚圈外最朝夕相伴的一群人。所以对于父辈们来说，选择一个工作被认作选择了一生的归宿，你要和什么样的人共事一生，你要以什么样的方式安排自己的生活，意义重大，不可疏忽。

"曾经拥有"型的职业发展路线，在过去父辈那一代是小众路线，但随着时代的发展，已经被越来越多的年轻人采纳。这样的工作路线是以跳槽为转换的渐进式发展路线，人们在一生中会变换许多工作单位甚至许多工种，每一步的选择和改变都在设计和创造一个独特的生涯轨迹，而每一个选择都为了更接近心中的自己。这种模式也体现为，工作不再是全职型的、单一的，而伴随着多份工作并进、短期兼职甚至志愿等形式。这种模式下，单位被赋予的概念单一，更多地以一种支付薪水的组织存在着，同事关系变为纯粹工作关系，情感联系较少。选择这种职业发展路线的人，第一次选择没有被看待得那么重要，他们相信，在下次转换中可以变得更好。

两种发展路线相比，到底是"天长地久"型好还是"曾经拥有"型好？这很难做一个评判，请同学们根据自己的性格做判断。

林肯的一生

1809 年，出生在荒野上的一座简陋的小屋。

1816 年，7 岁，全家被赶出居住地。

1818 年，9 岁，年仅 35 岁的母亲南希·汉克斯不幸去世。

1824 年，15 岁，开始上学。

1827 年，18 岁，自己制作了一艘摆渡船。

1831 年，22 岁，经商失败。

1832 年，23 岁，竞选州议员，但落选了；想进法学院学法律，但未获入学资格，工作也丢了。

1833 年，24 岁，向朋友借钱经商，年底破产，接下来花了 16 年，才把这笔钱还清。

1834 年，25 岁，再次竞选州议员，当选。

1835 年，26 岁，订婚后即将结婚时，未婚妻病逝，他的心也碎了。

1836 年，27 岁，精神完全崩溃，卧病在床 6 个月。

1838 年，29 岁，努力争取成为州议员的发言人，没有成功。

1840 年，31 岁，争取成为被选举人，落选了。

1841 年，32 岁，当选国会议员。

1843 年，34 岁，参加国会大选，竞选国会议员连任，又落选了。

1846 年，37 岁，再次参加国会大选，这次当选了！前往华盛顿特区，表现可圈可点。

1848 年，39 岁，寻求国会议员连任，失败了。

1849 年，40 岁，想在自己州内担任土地局长，被拒绝了。

1854 年，45 岁，竞选参议员，落选了。

1856 年，47 岁，在共和党的全国代表大会上争取副总统的提名得票不到 100 张，又失败了。

1858 年，49 岁，竞选参议员再次失败。

1860 年，51 岁，当选美国第 16 任总统。

1864 年，55 岁，连任美国总统，北方军取得胜利。

这个人就是林肯，他领导美国人民实现了国家统一。

纵观林肯曲折而辉煌的一生，我们看到许多失败、许多转折、许多坚持与许多成就。林肯在寻找自己的路上成功了，他没有因为暂时的失败裹足不前，而是凭着勇气和决心朝着更好的自己迈进。生活有无限的可能，无论是“天长地久”还是“曾经拥有”，只愿你收获更多的幸福，自在地做自己。

三、关于冒险与代价

生活在这个时代，充满许多变革，有了许多新的机遇，也面临着随之而来新旧两种观念的冲突。一方面，有人说这是一个张扬个性的时代，把自己最独特的一面展现出来，塑造与众不同的形象，才能得到赏识和青睐。另一方面，现实的考量、就业的压力、长辈的叮咛，又在说韶华易逝，青春易老，要抓紧时间在大学时光里培养自己、积累经历，为成家立业做铺垫和准备。于是就有了许多个如下的谈话：

生：我想去旅行，我想去看看这个世界。如果可以的话，我最理想的大学生活是期望有许多时间坐在校园的草坪上和朋友谈天说地，又或者看看书，静静享受感兴趣的一切。

师：真是美好的画面啊，那现在的生活怎么样呢？

生：完全不一样，我每天都很忙碌，上课、做作业、参加许多活动和社团组织，忙着找实习，积累简历，上了大学反而更累了。

师：反差好大，那为什么没有按照自己理想中的样子去生活呢？

生：因为来到大学才发现，身边的人都好优秀啊，我压力好大，如果我就闲散地过自己想要的生活，我会很自责。可能毕业后我就申请不到好学校出国，也找不到工作，四年转瞬即逝，我要抓紧时间啊。

这样的对话在现实生活中以近乎惊人的相似度重复上演了无数次，于是学生们也以近乎惊人的相似度度过了自己的大学生活，匆匆、满满、慌慌。好像每个人都在努力地跑步，生怕跑慢了一步被别人赶上，但去向何方，又不知所踪。

可以理解，在刚入大学时，完全不同的生活方式、突然脱离长辈和老师、更多的空余时间可能都会在短时间内让人混乱、不知所措，希望得到一个确定的声音，告诉自己，这么走就对了。但如果我们将生活换个角度想，是不是会有不一样的答案？希望你一起来试一下，看看想法会不会改变。

请写下你希望在大学里完成的 20 件事，列在下面的横线上。

____

____

____

____

____

想象一下，在你 40 岁时，你希望和别人讲述一个什么样的大学生活？这其中是否包含上面的事情？这对你现在规划自己的大学生活有什么思考？

有人说，青春就是要为年老的自己积累本钱，如果不努力，年老时就会付出沉重的代价。其实，也有一种代价是：当我们回首一生的时候，为不能找到自己、做自己喜欢的事而抱憾。所以，既要为未来努力，也要享受现在的年华，才不辜负这美丽的青春。顾此失彼，可能都会付出代价。

一种看似安稳的选择，其实也要付出隐形的代价——我们的愉悦度。所谓冒险与代价，其实也不过是从不同的角度看罢了。生活有无限的可能，敢于冒险，也敢于为选择担当。

第二节 描绘多姿的生涯彩虹

小故事

郎平——兼顾事业与家庭

提到郎平，人们会想到郎平在排球赛场上的意气风发和指挥球队的镇定自若。一路走来，郎平在世界排坛上收获了无数的荣誉。在北京奥运会上，郎平带领美国女排在小组赛中赢下了“和平大战”，并最终获得北京奥运会的亚军。生活中的郎平热爱家庭，热爱女儿，也渴望得到属于自己的爱情。

重家庭轻事业

从郎平选择教练的工作中可以看出家人对于郎平的重要性。在北京奥运会后，郎平暂时离开了美国女排，完全回归到普通的家庭生活。陪伴女儿、当全职妈妈成为她的重中之重，因为女儿再过一年半就要上大学了，这个时候，她最需要妈妈的监督和帮助。郎平说：“父母年纪越来越大了，我确实很想多陪陪他们。另外浪浪再过不到两年该上大学了，作为母亲，我应该帮她做好各方面的准备。”

之后，因为兼顾家庭和身体的原因，郎平毅然放弃了美国女排主教练的职务。郎平表示：“在我人生的这一刻，家庭是首要的。我希望有更多的时间和家人在一起。我倾向于担任一支俱乐部的主教练，那样我带队一个赛季也只有5个月，剩下的7个月我就能去陪伴家人。”随后郎平与土耳其安卡拉电信女排签约，这也保证了郎平有更多的时间陪伴家人。一直以来，郎平都是一个十分重视家庭的女性，她希望有更多的时间陪伴家人。因为家庭的原因，郎平曾经在2000年悉尼奥运会后拒绝过美国排协的邀请。

事业重新扬帆起航

2009年“铁榔头”郎平再次回国执教。不过，这一次她执掌的不再是皇冠上的明珠——国家队，而是眼下暂时还默默无闻的广东恒大女排俱乐部。这支中国第一个也是目前唯一一个纯俱乐部队将通过参加联赛来跻身国内一流水平球队。郎平希望这支女排能够在联赛中自我造血，发展壮大，为中国排球事业立足市场、持续繁荣做一些积极有益的探索。相信郎平会在自己的事业上重新扬帆起航，家庭事业双双丰收！

想一想：

1. 郎平在她的目前为止的职业生涯中是怎么处理工作与生活平衡的问题的？

2. 在她的不同生涯阶段中，对不同的生活角色的投入程度是一样的吗，她是怎么处理不同生活角色的平衡问题的？如果你是她，你会在你职业最辉煌的时候退出工作，回归家庭吗？

资料来源：http://sports.qq.com/a/20081223/000646.htm。

不可否认，职业是人生中最重要的维度之一，最初的职业选择、一生的职业发展都影响着人们一生的幸福感。但职业与生活是密不可分的，如何平衡职业与家庭、休闲、生活等其他维度的关系关系到一个人的职业选择与生涯发展。

从1957年到1990年，著名职业生涯规划大师舒伯拓宽和修改了他的终身职业生涯发展理论，创造了“生涯彩虹图”（见图9-1）。为了综合阐述生涯发展阶段与角色彼此间的相互影响，舒伯创造性地描绘出一个多重角色生涯发展的综合图形——生涯彩虹图，形象生动地展现了生涯发展的时空关系，更好地诠释了生涯的含义。下面让我们来了解一下生涯彩虹图的丰富内容，探索自己生涯中的重要角色。

（一）横贯一生的彩虹：生活广度

在生涯彩虹图中，第一个层面（相当于地球的经度）代表的是横跨一生的生活广度，又称为“大周期”（maxicycle）。彩虹的外围是人生主要的发展阶段和相对应的大致估算的年龄：成长阶段（约相当于儿童期，0～14岁）；探索阶段（约相当于青春期，15～24岁）；建立阶段（约相当于成人前期，25～44岁）；维持阶段（约相当于中年期，45～65岁）；退出阶段（约相当于老年期，65岁以上）。各个阶段细分及其对应的不同发展任务将会在后面详细说明。

从成长阶段、探索阶段、建立阶段、维持阶段到退出阶段，这一连串纵向的生命全期发展，标志着一个人生涯成熟的程度。生涯成熟是指一个人在不同的生涯发展阶段，应该有与不同阶段所对应的发展任务相适应的准备程度，意味着人能够在适当的年龄稳定地步入相对应的生涯发展阶段。在这5个主要的人生发展阶段内，各个阶段还有若干个小阶

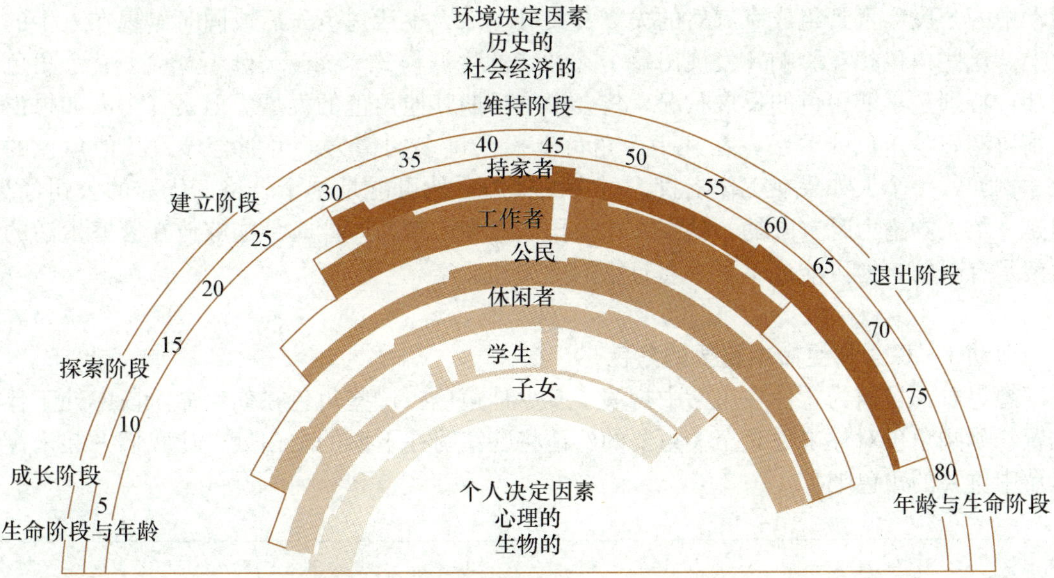

图 9-1　生涯彩虹图：生活空间的六种角色

段。舒伯认为各个时期的年龄划分具有很大的弹性，会因为情况不同而有所区别。这 5 个主要的人生发展阶段之间有重叠的部分，也就是从前一个阶段发展到后一个阶段必须经历的“转换期”，转换期是一个不断探索的过程，其间充满了不确定性和变化。每个转换期和这个转换期来临之前的发展阶段都包含了一个“小周期”（minicycle）的循环。

在生活广度的大周期中，转换期有着特殊的重要性。每次经过一个转换期，个体都要面对一个新的小周期，也就意味着需要再经历一次类似大周期“成长—探索—建立—维持—退出”的一个循环。例如，一位高一新生（大约 15、16 岁）在经历了人生的第一个转换期之后，必须重新“成长”，发展自己的兴趣与能力，“探索”新的角色和学习的环境、机会，之后“建立”起个人固定的适应模式，在“维持”了一段时期之后开始面临下一个转换期——准备进入工作世界。

（二）纵贯上下的彩虹：生活空间

在“生涯彩虹图”中，第二个层面（相当于地球的纬度）代表的是纵贯上下的生活空间，由一系列职位和角色组成。

1. 角色分类

舒伯提出“生活角色”（life roles）的概念，认为人在一生中必须扮演九种主要角色：①儿童（子女）；②学生；③休闲者；④公民；⑤工作者；⑥夫妻；⑦家长；⑧父母；⑨退休者。图 9-1 中没有把“退休者”纳入其中，夫妻、家长、父母等人生角色则并入“持家者”这一大类中。其中，舒伯认为人生有“四大舞台”：家庭、学校、职场、社区，以及由这四大舞台衍生出的“六大生活角色”，分别是子女、学生、休闲者、公民、工作者、持家者。虽然个体也可能在其他舞台上扮演其他的角色，但是基本上不会超出以上舞台和角色的范畴。

不管愿意不愿意，一个人从出生开始就必须在不同的舞台上扮演不同的生活角色。从出生伊始的儿童，到进入学校学习的学生，到踏进工作世界谋求职业发展的工作者、社会活动中的公民，再到组成家庭后的夫妻、父母，六大生活角色先后或同时出现在人生的舞台上。这些角色相互影响，发展出每个人独特的生涯模式（career patterns）。一个角色的成功，特别是早期角色的发展状况，将会影响后期其他角色的发展。但是，个人如果没有平衡协调好各角色的关系，在某一个角色上投入过多的精力，可能会导致其他角色的失败。例如，一个人如果在工作上投入过多的精力，他可能是一个合格、优秀的公司经理，但是一个人的精力是有限的，他在工作上投入过多的精力，此时他能够放在家庭生活的精力就是有限的，他可能成不了一名合格的丈夫和父亲。

活动 1　探索你生命中重要的角色

想想看，目前为止你在生活中扮演了多少种角色？这些角色在你生命阶段中处于什么位置？哪些角色对你来说是至关重要的？请将答案写在下面的空白处。让我们一起来探索生命中重要的角色吧！

____

____

____

____

____

活动 2　角色确认剥夺活动

想想看，每一种生活角色对你有什么样的影响？请从上面的角色中选出五种角色，依重要性排列，并确认其是给你带来更多正能量的角色（用＋表示），还是更多负能量的角色（用－表示）。现在，我们从最不重要的角色开始“剔除”，这就意味着，你不在生活中扮演该角色了，也不用承担相应的义务和责任了，那你会有什么感觉？请写在该角色下方。

2. 角色突显

图 9－1 中的阴影部分表示的是各个生活角色投入程度的消长盛衰。首先，角色的消长盛衰会受到年龄增长和社会对个人发展任务的期待的影响。其次，个人在各个角色上所花的时间和情绪涉入的程度也会限制角色的发展。由生涯彩虹图的阴影比例引入了“角色突显”（role salience）的概念。

舒伯认为，角色突显是指一个人在这些角色位置上投入程度的星座图。角色投入的程度在不同的生涯发展阶段会有变化，例如，一个人在他生命的早期即成长阶段更多的是扮演子女、学生的角色；在他进入工作世界之前的探索阶段可能在学生和休闲者的角色中投入会更多；在进入工作世界之后的建立阶段，则会逐渐增加在工作者和公民角色上的投入程度，并逐渐成为这段时期的主要生活角色；进入维持阶段，个体步入婚姻殿堂，建立家庭，开始扮演新的生活角色——夫妻、家长、父母，这时候各个角色的投入程度又有变化；在最后的退出阶段，个体在工作者的投入程度会逐步减少直到完全退出，个体的生活角色重心则会转移到退休者和休闲者。

角色突显开始可以用以下四项指标测量投入的深浅：承诺度（commitment）、参与度（participation)、价值期望（value expectation）和角色理解（knowledge of roles）。其中，承诺度、参与度和价值期望可以由“重要性量表”(Salience Inventory)（Nevil & Super，1986）测出。

我们从生涯彩虹图中可以看出人生中角色突显的变化程度。每个弧形代表人生中的某个角色，弧形中的阴影面积越大，就表示角色投入程度越多，这个角色也越重要，因此人生每个阶段均有突显的角色组合出现。以图 9-1 为例，成长阶段最突显的角色是子女，也就是儿童；探索阶段在 15～20 岁时最突显的角色是学生；建立阶段在 30 岁左右，最突显的角色开始是持家者（夫妻、父母），紧接着是工作者；在 45 岁左右的维持阶段学生角色的重要程度突然增加，工作者的角色中断，而公民与休闲者的角色逐渐增加。角色突显的组合可以看出在个人的生涯发展过程中，家庭、工作、休闲、学习及社会活动对个人的重要程度。

活动 3　画出自己的生涯彩虹图

在生涯发展过程中的不同阶段，每个人对生命中的六大生活角色会有不同比重的参与和投入，形成各自独特的生活形态，展现出不同的生涯彩虹面貌。请你根据自己的实际情况，在下方空白处画出专属于你自己的生涯彩虹图。回家之后，还可以邀请父母、兄弟姐妹一同画出各自的生涯彩虹图。

（三）生涯彩虹：从探索到创设

生涯探索是实现自我理想的途径，也是一个让自己更接近内心状态的方式。绘制和计划自己的生涯彩虹图，不是寻找一个标准答案，而是去创设自己要的答案。每个人都是自己的主人，我们不需要“被安排”，而是自己“要安排”！

李开复谈成功

李开复用自己一生在中西两种文化中的教育和奋斗感悟影响着中国一代又一代的青年人。他自己广博的经历和多彩的人生，也让他相信，世界上关于成功从没有标准答案，最重要的就是活出最好的自己。在他的书中，他列出了几位成功人士的代表，他们所拥有的名望、地位或财富差别极大，但都在各自的领域里取得了令自己满意的成功。

● 林肯是美国第 16 任总统。他的成功是在叱咤风云的政治和军事舞台上取得的，但更让所有美国人难以忘怀的是，他在通向成功道路上表现出来的对国家、对民族的深厚感情。

● 爱因斯坦是著名的物理学家、相对论的创始人。他对大自然中的一切都怀有强烈的好奇心，无论何时何地，他都宁愿如痴如醉地漫步在科学的圣殿里，也不愿花时间理一理自己蓬松的头发，或者为自己选一套合身的衣服……

● 比尔·盖茨是微软公司的创始人，是全球软件产业的领军人物。应当说，比尔·盖茨在获取名利和实现人生价值这两方面都取得了成功。在他看来，衡量成功的方式可以说有很多种，其中最容易衡量成功的方法就是，看能不能给自己的家人、朋友和自己所尊重的人带来帮助，以及通过什么能改善他们的生活。

● 特蕾莎修女是诺贝尔和平奖获得者。她一生致力于帮助那些每时每刻都在与贫穷和饥饿做斗争的人们。也许她无法从自己的事业中获得财富，但她的无私奉献却为自己和他人带来了最大的快乐。

● 凡·高的一生，是在与艰难的生活、世人的冷漠以及与严重的精神疾病做斗争的过程中度过的，他始终也没有放弃对艺术的追求。即便后人一度没有给予凡·高公正的评价，这种追求本身也已经是最大的成功了。

● 卡夫卡生前只是一个普通的小职员。他虽然不断地把自己对人生和世界的思考诉诸笔端，但却很少想到要发表这些文字，甚至在临终时还叮嘱好友销毁自己所有未发表的作品。幸运的是，好友在他去世后违背了他的嘱托，将《城堡》《审判》等足以震撼世人心灵的伟大作品整理出版。从这些不朽的文字中，我们看到的是一个成功攀上文学顶峰的卡夫卡。

成功从来无关乎外在，而在乎内心。所有内心强大的成功者都默契地向外界传递一种共同的信号——自信、主动、积极、幸福和满足。创设生涯彩虹，选择职业角色，并不是为了挑选出最好的角色，而是最适切的、最能展现自己风格的角色。

（四）选择工作，选择你未来的生活方式

小故事

审计师的工作与生活

这是一个在普华永道国际会计公司工作的审计师的职场故事：

我学的是电子通信专业，毕业之后考进了普华永道国际会计公司，从最基础的审计师做起，到现在才一年而已。毕业的时候同学们争先恐后要进四大会计师事务所，好像进了四大会计师事务所就万事无忧了一样。我是比较幸运的一个，每次都绝地逢生，通过了一次又一次的考试，最后进了这个知名的会计师事务所。其实审计师和我的专业并不对口，我觉得也许金融商务、会计之类的毕业生做这份工作会比我相对“顺手”一些。

我现在过得很累。工作很忙，接到一个案例就常常要出差，没日没夜地工作，回来休息几天，又常常要出去跑。一天只睡三四个小时是家常便饭。晚上很晚回家，第二天一早出门就又是一天。我因为专业的关系，很多业务上手比较慢，于是要花费更多的时间去学习。公司竞争激烈，压力非常大。听说 10 年可以熬到合伙人，我看以我现在的状况，谁知道接下来会怎么样。

薪水的确丰厚，最近要发年终奖，大概也就是到这个时候才觉得一年累死累活有点儿回报吧。我对现在找工作的学弟学妹们说，如果不是在审计方面的确在行，千万别进“四大”，表面的风光不过一时，如果无法适应就会非常的痛苦。

资料来源：http://edu.qq.com/a/20060727/000088.htm。

想一想：

1. 这位审计师工作与生活是完全分开的吗？他有没有处理好工作与生活的平衡问题？
2. 你觉得他接下来该怎么做呢？

很多人在选择职业道路的时候，只是单方面考虑工作本身的因素，例如工作未来财富增加的数量与速度、工作兴趣、工作的社会地位、家人期望等原因。我们将来想成为一名职场专业人士，似乎应该尽量把工作与生活分开，但现实告诉我们，工作对生活的影响无处不在。选择工作不仅仅是选择一份事业或一份工资，更是选择一种生活方式。上面的职场故事中的主人公经历很好地说明了工作与生活方式的紧密联系，告诉我们：选择工作，选择你未来的生活方式。

在中国的职场文化中，工作与生活有很大的交集，对工作的选择就是对未来生活的选择。对于职业规划，每个人都有自己的方向：地域、行业、个人价值、专业偏好，每个方向都有其价值。从某种程度上说，职业生涯规划的真正意义并不仅仅在于职业规划，更在于对生活方式的规划。当然并不是说单方面考虑工作本身的因素有什么不对，相反，工作本身的特征是我们在选择工作时最重要的依据之一，必然会在我们选择工作时扮演一个重要的角色。不同的工作会满足个体不同的生活需要，对财富的追求满足了你的物质生活需要，选择自己喜欢的工作则满足了你的精神生活需要，对社会地位的追求让你更加有社会自信心，而满足家人的期望则让你与家人联系更加紧密。问题在于，仅仅考虑工作本身的因素往往导致你忽视真正想要的其他事物，也往往会掩盖更重要的信息，并且单纯一份工作也不可能完全满足你的所有生活需要，所以你在选择工作时，必须要综合考虑工作本身和工作所带来的生活方式两方面的因素。一个人选择了什么样的工作就等于选择了什么样的生活方式，工作与生活是息息相关、互相影响的。面对不同的工作形态，你就得在人际交往、家庭生活、休闲等方面做各种不同的安排，这将对你将来的人生产生重大的影响。

你选择了某种工作，它就决定了你的能力、兴趣是否能充分得到发展。假如你选择工作是根据你的兴趣、价值观、能力、个性特征等因素的话，那么你就能找到自己喜欢的且能够发挥所长的工作，生活也会充满希望、成就与满足；假设你选择工作时忽略甚至完全没有考虑兴趣、能力等因素的话，那么你在生活中可能感受到的只是空虚、无聊、厌烦与不满。

你的生涯选择，影响你的生活作息与工作时间。例如选择服务业（餐饮、美容等）的人，与选择坐办公室的人生活作息具有很大不同。前者的工作时间较长，不是正常的上下班，节假日也照常工作；后者却是朝九晚五的固定时间，节假日休息。生活作息时间是生活方式一个重要的方面，有的人习惯固定的作息时间，因为这可以有足够的时间与家人、朋友相处，满足你的社会交往需求；有的人则喜欢自由安排自己的工作时间，做自由工作者，这可以让他们感受到了最大的掌控感和自由。在选择工作时，这是你必须要考虑的因素。

不同的生涯选择，将决定你在什么地方工作或居住。例如一个从事野外地质勘探的人，不可能跑到北京王府井或上海南京路长期工作或居住；一个选择从事贸易工作的人正好相反，较可能待在热闹繁华的大都市，而不太可能到山区和野外。大都市与山区野外的生活方式是截然不同的。另外，做推销员须终日在外奔忙，会计人员则整天埋首于办公室内整理账目。不同的工作和居住环境各有利弊，关键是看个体的喜好和需要。

不同的工作决定了你与什么人一起共事，建立怎样的人际关系。选择社会福利工作与销售珠宝的行业，所接触的对象就有很大的不同。前者面对的是生活困苦需要帮助的人，而后者接触的是经济状况较良好的人群，面对不同的两群人，工作时的穿着、言谈、态度甚至形态都是不同的。不同的社交圈决定了你的人际关系适应度。

不同的工作当然也会影响家庭生活。在公司负责公关方面工作的人，可能晚上的应酬就会比较多，回到家的时间较晚，可能每天与家人沟通交流的时间就会较少。如果喝了比较多的酒再回家，很可能还会影响到家人的休息，影响到夫妻关系的和睦。这些都是必须考虑的因素，它们是你未来生活的一部分，你不可能无视它们，所以赶快把它们纳入你未来工作的选择中，权衡好各方面的关系，做出对自己最有利同时也是自己最喜欢的选择。

（五）确定自己喜欢的工作与生活方式

如果你无法准确判断自己喜欢的工作与生活方式，可以做职业锚测评。职业锚是指当一个人不得不做出职业选择时，不会轻易放弃的至关重要的东西或价值观。职业锚理论由美国职业规划专家施恩（Edgar. H. Schein）创立，包括八种职业锚（见表 9－1）。

表 9－1　职业锚类型

类型	描述	适合的工作举例
技术/职能	爱自己专业的技术/职能工作，注重个人在专业技能领域的进一步发展	研发/设计/技术/工艺、咨询业顾问、律师、科研人员、医生
管理	能发展和提高自己的人际沟通、解决问题的能力，并得到职位的晋升	通过职位的不断晋升获得工作成就感
自主/独立	希望在自由度高、少受约束的环境中，按自己的想法开展工作	艺术类设计、咨询业顾问、编辑/记者、导游、自由职业者、创业者
安全/稳定	关注公司的稳定、工作的保障和收益的安全	中等规模的稳定公司
创业	渴望建立或创造完全属于自己的东西，例如公司、作品等	艺术类设计、编剧/作家、创业者
服务	希望用自己的知识、技巧帮助别人	培训师、教师、医生
挑战	渴望超越自我，解决别人难以解决的问题，战胜强有力的竞争对手	销售、咨询业顾问
生活	希望工作有足够的弹性，可以同时兼顾个人、家庭、工作的需要	公务员、国企员工

资料来源：MBA 智库百科。

在规划职业与做出职业选择时，考虑清楚工作对你生活方式的影响，不仅有助于职业决策，而且有助于提高工作满意度和生活质量。

小活动：你是否知道自己喜欢的工作与生活方式？如果不是很明确，那么请你做一下职业锚测试吧！

第三节 要做，就趁现在

你也许通过本书系统地了解了职业生涯规划的知识，也概览了未来生涯发展的无限可能，以及职业与生活纵横交织的灿烂图谱。这必将是一个充满乐趣、挑战的旅程，这也是我们毕生的功课。在全书的最后，希望你带着本书教授你的生涯探索工具及丰富多彩的案例集，开启你的生涯探索之旅。要做，就趁现在。从现在开始，从这里开始，你必将到达你想去的地方！

（一）贯穿一生的生涯发展任务

舒伯把人的一生的发展历程分为成长阶段、探索阶段、建立阶段、维持阶段和退出阶段五大阶段，在这五大阶段当中，根据阶段中个体不同的特征，每个阶段又可以细分为若干个小阶段。生涯发展的每个阶段都有其对应的生涯发展任务，以下就是这五大阶段的细分阶段和与其对应的发展任务。

1. 成长阶段（0～14 岁）

此阶段属于认知阶段。在这个阶段孩童开始发展自我概念，开始学习用各种方式表达自己的需要，并且通过在现实世界不断尝试，修饰自身的角色。

主要任务：(1) 发展自我概念，也就是认识自己是一个什么样的人；(2) 发展对工作世界的正确态度，逐渐了解工作的意义。

2. 探索阶段（15～24 岁）

此阶段属于学习打基础阶段。这个阶段的青少年通过学校学习、休闲活动、社会兼职等短期职业，进行自我考察、角色鉴定和职业探索，因此选择职业时具有较大的弹性。

细分阶段：(1) 试探阶段（15～17 岁），在这个阶段青少年主要考虑需要、兴趣、能力、价值观及就业机会，通过幻想、讨论、课外工作等方式，尝试着选择职业，判断可能适合自己的职业领域和层次。(2) 转换阶段（18～21 岁），青年开始进入就业市场或接受职业培训，更重视现实，希望能够实现自我概念。(3) 试验并初步承诺阶段（22～24 岁），此阶段的青年初步确定了职业选择，探索其成为终身职业的可能。必要时会重新选择，再次探索。因此，在这个阶段出现职业转换是正常的。

主要任务：(1) 使个体职业偏好逐渐具体化、特定化，最终实现职业偏好；(2) 发展一个与现实相符合的自我概念；(3) 学习开创更多的生涯机会。

3. 建立阶段（25～44 岁）

属于选择、安置并求上进阶段。找到合适的职业领域，努力建立巩固的地位。以后发生的变化将主要是职位、工作内容的变化，但所从事的职业不太会有变化。

细分阶段：(1) 试验投入和建立阶段（25～30 岁），主要在选中的职业中稳步发展，可能因为满意程度的差别而有所调整；(2) 晋升阶段（31～44 岁），主要致力于职业生涯的稳定；大多数人在此时期富有创造性，在工作中做出好的业绩，资历、辈分会得到提升。

主要任务：(1) 寻找机会从事自己所喜欢的职业；(2) 学习处理职场人际关系；(3) 在专业领域中继续扎实与精进，巩固地位，力争提升；(4) 稳定地发展职业生涯。

4. 维持阶段（45～64 岁）

此阶段属于专精和升迁阶段。个人不断地付出努力来获得生涯的发展和成就，避免产生停滞感。面对新人的挑战，全力应对；很少或不去寻求在新领域中的发展。

主要任务：(1) 接受自身条件的限制；(2) 找出在工作上需要解决的新问题；(3) 发展新技能；(4) 专注于最重要的活动；(5) 维持在专业领域中既有的地位与成就。

5. 退出阶段（65 岁及以上）

此阶段属于退休阶段。随着身心逐步衰退，工作效率逐渐降低，个人会逐步从原有工作中退出。这个时期注重发展新的生活角色，寻求不同方式来替代和满足需求。

主要任务：(1) 缩减工作投入，发展非职业性质角色；(2) 学习适合退休人士的运动，做以前一直想做的事。

接触到本书的大学生们正处在人生中的探索阶段。这一段时间里抓住一切机会去尝试，去体验你生活中最正当也是最重要的任务。一切全凭着你的心去感受，不要害怕浪费时间，不要怕犯错，只要有想法就去做吧。在尝试之后再回答这样的问题：喜不喜欢？擅不擅长？每天都周而复始地做这样的事情感觉如何？常聆听内心的声音，相信你的心一定会带你找到最有激情、最能胜任、最能表达自我且又可以满足生活所需的职业。

（二）未来十年的生涯规划

生涯并不是单一的静态事件，而是一系列的动态历程。生涯目标也不是一次成型的，而是不断发展的。随着大学生身心的发展成熟，大学生应逐渐形成几个暂定的长期生涯目标，为寻求生涯意义而努力，不断探究生涯的意义。

1. 我要做点儿什么

处于探索阶段的你无疑会想要知道现在起步要做些什么，从哪里开始。千里之行，始于足下。每个人都应该根据自身的情况探索和总结，然后找出最适合自己的那一步。关于生涯探索，本书介绍了许多，相信你也随着本书的练习做了许多，那么是时候好好总结一下了。你的生涯探索进行到了哪一阶段，做到了什么程度？我们一起来看看吧。

第一阶段：自我探索

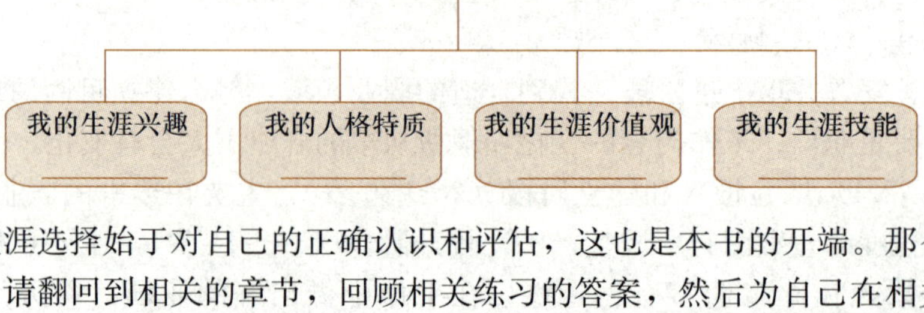

成熟的生涯选择始于对自己的正确认识和评估，这也是本书的开端。那么这一部分你完成得如何？请翻回到相关的章节，回顾相关练习的答案，然后为自己在相关方面功课的完成度打一个百分值，你觉得以上各个部分你分别完成了百分之多少？比较之下，不难找到自己的优势和劣势。

对于已经充分探索的方面，你可以放心地依据它们来做下面的功课。对于还没有充分了解的方面，可以停在这里多做一些功课来补齐。你可以通过重新阅读相关章节的方式定位自身劣势的具体方面，然后找到学校的就业指导老师或心理咨询中心的老师来谈这些方面的困惑。最终希望达到帮助你增强自我了解的目的。如果你对了解自我的总评估已达到80%以上，那恭喜你，进入到下一阶段。

第二阶段：职业世界探索

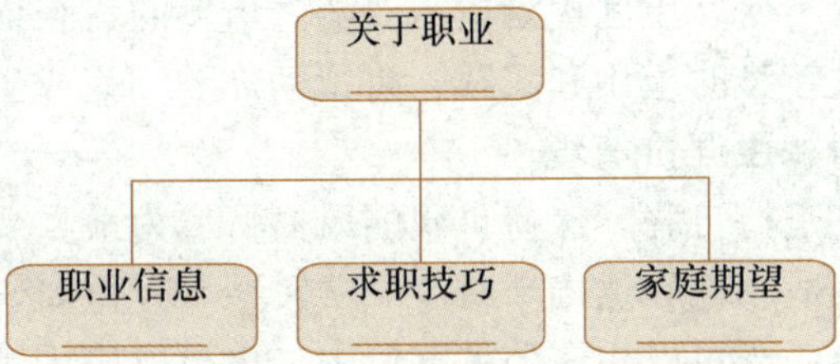

凭着对自我的全面客观的了解和判断，我们走入职业世界，找到与我们各方面素质相匹配的职业。这取决于我们是否足够全面、客观地了解真实的职场世界，包括工作内容、工作环境、工作时间、入职要求、晋升路线等。此外，我们是否将自己的需求和社会、家庭期望等环境因素做适切的匹配？能否将自己与职位的合适度恰当、充分地表达出来？以上都对我们的生涯选择与发展有重要影响。如上一阶段一样，请你对各个方面的了解程度打一个百分值。

对于了解不足的方面，这一阶段需要你进行实操训练。了解职业信息，可以使用职业生涯人物访谈；了解求职技巧，可以参加相关的讲座和培训，多做简历修改、模拟面试等练习；了解家庭期望，可以学习沟通技巧，多尝试和父母沟通，用协商解决两方的分歧以达到双方都满意的结果。

第三阶段：生涯决定

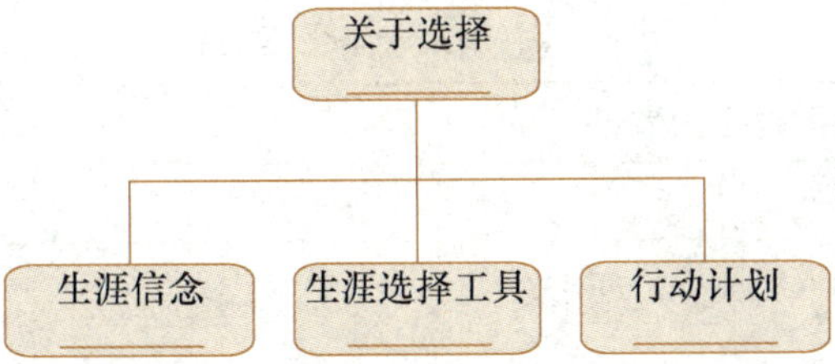

了解自我和了解职业世界帮助我们更好地完成两者的匹配，做出最终的生涯决定。完成这一步，参考的工具有很多，如生涯选择方格等，但随之而来的是行动和启程。如果发现不能顺利完成生涯决定，那就要检视自己的生涯信念，是否有一些隐藏的信念在阻碍自己作选择？关于选择，我们介绍了很多内容，现在就请你回顾上方方框中各方面的内容，给自己一个客观的评估，写上自己对内容的掌握程度（用百分比表示）。

2. 我都拥有什么

在充满未知和无限可能的人生路上奔走，许多路口都会有出乎意料的情境上演，所以，即使我们在上文中明确了自己的决定，甚至坚定地规划出一条自己想要走的生涯路径，也很难说我们的生活轨迹就会如我们预想的那样一帆风顺。在人生的轨迹中，掌握以不变应万变的法宝，才可以助我们应对危机。

法宝一：生涯规划工具

人生有许多次转身，也会有许多次不期而遇。每一次生涯转型都代表一次全新生涯的开始。虽然这其中必将有许多挣扎和困惑，但转型也有规律可循，每一次转型其实意味着要完成一次新的自我与职业的匹配，只要因时因地地去考量和评测当时的环境就好了。

所以，生涯并非一成不变，生涯规划也需要随着情境的成长而变化。依靠全书介绍的生涯规划工具，在每一次转型时应用和实践，将帮助你顺利完成生涯转型。

法宝二：核心竞争力和生涯价值观

无论转向何方，始终坚持自我、保持自我的风格将成为最重要的制胜法宝。可不可以充分地了解自我，并将其适当地表达出来对于成功转型十分重要。比如在生涯技能中介绍的通用技能之一沟通能力，既可以用在公关宣传中，也可以应用市场销售方面，另外人力和行政也需要许多协调和沟通，但在一些工作中，如会计、财务和档案管理中，却不甚强调。所以，无论跳转到哪里，尝试些什么，不要忘了自己的核心竞争力。

另外，与生涯相连的价值观也直接决定你将去向何方。每一种工作都代表了一种生活形态，也反映了你的核心价值观。想象一下，一个投身于证券投资工作的人和选择去山村教数学的教师，即便两者都具备较丰富的数学知识，但两者可否真正迁移和随意转换？类似的工作技能，但工作性质却大有不同。牢记自己的生涯价值观，把握生命的主线，才能在生涯转型中行走自如。

3. 我想要实现什么

以十年为界限，我们在这里一起规划一下未来的生活。在人生的起步阶段，可以用暂定的自我生涯发展目标和短期的阶段性目标来规划自己的职业生涯。想一想，未来十年自己周围的环境会有什么变化，可能会发生哪些事情？在不同的角色上，必须完成的事情或阶段性目标有哪些？请将你的答案填到表 9－2 中。

表 9－2 未来十年生涯规划

预估未来十年，我的环境可能发生的事：
我估计，自己将面对的问题：
在不同的角色上，我必须完成的阶段目标： 子女 学生 休闲者 工作者 持家者 其他

之后请你以事先预定完成的事情或目标为纵轴，以时间为横轴，将在不同角色所要完

成的事情或目标逐项写下，就可以画出自己的“未来十年的人生图”。

小故事一

一位老师的职业角色探索

周老师是某大学心理咨询中心的一位心理老师。在幼儿园的时候，非常希望长大后能当一名饲养员，养好多的猪。那时候的她，擅长照顾家里的小鸡。她每天给小鸡喂小米和水，看着小鸡一天天长大。她十分享受这个过程。

上小学之前，因为常常生病去医院，她觉得医生是一种很神奇的职业，魔法般地就把她的病给治好了，就暗暗下决心要当医生，帮助小朋友解除痛苦。上小学之后，就立下要当老师的心愿，而这个心愿后来一直没有变。

这三个心愿之间有着很多联系。第一，她很有爱心。从她乐意照顾动物、救治病人、帮助学生的心愿中，可以发现她愿意与人打交道、愿意助人的特点。第二，她很享受照顾和帮助别人的过程。饲养小鸡、照顾病人、帮助学生本身就是她非常喜欢的事情。只要能够做一些对他人有益的事情，她就感觉快乐，她并不是为了获得物质的回报。在此过程中，她充满了成就感。第三，她有助人的能力。从她对小鸡细心的呵护等体现出，她具备共情的能力，能够从对方的角度去体会对方的感受，这是助人工作很重要的品质。

高考的时候，她所有志愿都填上了清一色的师范类院校。最后，终于如愿以偿，考上了北京师范大学的心理学系。毕业后她成为一名大学老师，既给学生上课，又做心理辅导。在课堂上，她以热情鼓舞的精神，帮助学生学会积极面对生活；在个别辅导中，她以温暖真诚的人本态度，帮助那些心灵受到困扰的学生获得更好的自我实现。

随着职业阶段的发展，周老师不仅希望能够帮助直接面对的学生更好地实现自我，她还努力推动心理咨询中心的专业化和规范化进程，以此使更多的学生获得实实在在的帮助。

想一想：

1. 这位老师在不同生涯阶段是怎么探索她的职业角色的？
2. 你的人生经历中是否有类似的经历？说说你从小到大印象深刻、非常开心的几件事情。

小故事二

柴静——从会计到主持人

中央电视台《新闻调查》节目主持人柴静，年轻时竟然是一名会计？没错，柴静在17岁那年考上长沙铁道学院会计专业。为什么要学这个专业呢？母亲说祖上开过票号，再说山西人天生会算账。但她自己觉得自己并不适合做会计，无法成为那种中规中矩的会计。别的女孩子的课本永远是干净整洁，重要的知识点下永远有用尺子打着的红线，可是她的课本，永远是卷着边的。柴静是班里最沉默、最灰色、最普通的孩子，不爱张扬，学习成绩在班里从来没有进过前十名。

大学毕业后，柴静的工作单位已经分配好了，一份稳定的会计工作。然而当时的她，并不想选择这条路。平时听话的她不顾母亲的劝阻，去了湖南文艺广播电台，做一档名叫《夜色温柔》的晚间谈话节目。“关键不是别人给我做什么，而是我要做什么，然后就是寻找一个空间去做。”从她瘦弱的身上，我们能感受到一种拼搏之美。三年后，她北上，寻找更大的舞台，到了央视《新闻调查》节目做记者。跋山涉水，她却乐此不疲，辛苦并快乐着。“我应该是历史上最糟糕的会计之一”，已经成为央视知名记者的柴静给自己这样一个评价。

柴静，也许做会计真的会糟糕。但会计的文凭、平庸的成绩、他人的评价并不会让她轻易认同别人的看法，她始终知道她属于新闻，那里会让平凡无奇的她熠熠闪光。就像她说的那样，成为一名眼神犀利的“新闻女侠”，不是命运给她的塑造，而是她自己创造的命运。人生都是在不停变换着，在每个转弯的路口，都有许多选择。一种选择代表一种可能和一种新的生活，勇敢地尝试不同的角色，勇敢地挑战自我，人生可以绘制出许多绚丽的颜色。如果你发现自己现在走的路并不是你真正想要的，你会怎么办？现在开始改变会晚吗？柴静的人生历程告诉我们，永远都不晚。人生就是这样，总有适合你的一份工作，总有展现你才华的舞台。关键是你要学会变换，敢于变换，努力寻找自己真正想要走的道路，才能活出最精彩的自己。

想一想：

1. 柴静在职业生涯转换中经历了怎么样的思想挣扎和准备？
2. 从她的职业生涯故事中，你有什么收获？

资料来源：http://epaper.bjnews.com.cn/html/2013-01/05/content_401695.htm？div=-1。

本书行将结束之际，愿你带着本书所获所想，走上你的征程，这将是独特的、奇妙的，又充满故事的！我们期待你的精彩经历，现在就开始吧！

图书推荐：《杜拉拉升职记》（陕西师范大学出版社，作者：李可）

推荐理由：“白领丽人500强职场心得，揭示外企生存智慧。”书中的主人公杜拉拉，是一位草根出身的外企白领，与许多20世纪70年代出生的人一样，她也同样面对着公司与外部社会、职业与生活、工作与婚姻的矛盾。从乡镇企业到港台企业，最后再到世界500强企业，经历了一系列职场的跌宕起伏之后，她终于通过自身的不断努力、争取，成长为一个专业干练的人力资源经理，见识了各种职场变迁及职场磨炼。对于大部分人来说，她的故事比比尔·盖茨的更值得参考。

综艺节目推荐：

《初入职场的我们》（中国）

节目简介：节目主要讲述毕业后进入职场的年轻人面临的各种问题，包含从面试、录取到实习等一系列阶段的过程。六名职场新人在一个月内分别在一南一北两家公司经历种种职场考验，跟随董明珠、张翰两位老板学习职场知识，以积极向上的奋斗力量直面职场，实现自我的蜕变。

推荐理由：这档节目没有“凡尔赛大赏”式的贩卖焦虑，而是真真切切地聚焦平凡而奋斗的个体，让我们看到了一群逆风前行、内心坚韧的优秀青年。亮相面试篇的十位求职者，是董明珠所在的格力电器和张翰所在的一画开天影业分别从数千份简历中精心筛选出来的候选人。

参考书目

彭思舟. 把自己卖个好价钱. 哈尔滨：哈尔滨出版社，2002

洪凤仪. 生涯规划自己来. 台北：扬智文化事业股份有限公司，1998

黄中天. 生涯规划：理论与实践. 北京：高等教育出版社，2007

金树人. 生涯咨询与辅导. 北京：高等教育出版社，2007

NEVIL D D，SUPER D E. The Salience Inventory：Theory Application，and Research. Palo Alto，CA：Consulting Psychologists Press，1986

SUPER D E. A theory of vocational development. American Psychologist，1953（8），185－190

SUPER D E. The Psychology of Careers. New York ：Harper&Row，1957

SUPER D E. A life-span，life-space approach to career development. Journal of Vocational Bchaviour，1980（16），282－298

SUPER D E. Career and life development//BROWN D，BROOKS L. Career Choice and Development. San Francisco，Calif：Jossey-Bass Publishers，1984.

第一版后记

书稿终于要出版了，从接到邀请到交稿，我拖了很久。其间发生了很多事情，包括差一点以为自己得了癌症，好在有惊无险。

这就好像一个人的职业发展，在你不断寻找、尝试的过程中，总是会遇到各种各样的困难，有时候也许以为自己身临绝境，无法坚持，再也没有机会。

我在工作中发现，很多学生没有规划职业的意识，或者不知道从何入手。编写本书的目的就是为了帮助年轻人提前规划自己的职业，当然也规划自己的人生。

在此特别感谢刘海娟老师和徐紫薇老师，在此书的完成过程中，我们彼此支持，共同为书稿而努力。

感谢首都师范大学的张悦，“职业世界面面观”一章几易其稿，她不仅查阅了大量的文献，不辞辛苦地修改校对，而且还对本书的其他章节提出了非常具体、中肯的修改意见，用自己扎实的心理学知识和独到的见解给予我们极大的帮助。

感谢中国矿业大学的杨乾坤，他把自己丰富的求职经历和经验融入“走入职场初考验”一章中，在忙碌的工作之余，四易其稿，这份认真和努力，让我至今记忆犹新。

感谢编辑王雪颖女士的耐心，使得此书得以付梓。

感谢亲朋好友，你们的笑容是我最重要的财富。

鉴于编者水平和精力有限，书稿中存在很多有待改进的地方，希望各位读者真诚地提出宝贵的建议。

我走出了疾病，恢复了健康。只要坚持，你也一定可以走出困难，走到明媚的阳光下，走向适合你的职业和生活。

周　莉

2014 年 3 月

于中国人民大学心理健康教育与咨询中心

再版后记

日月如梭，转眼间本书距第一版问世已有七年。七年间，随着互联网的飞速发展，各种全新的职业种类应运而生，“大厂”成了毕业生们最向往的地方。同时，在“内卷”不断加剧的背景下，越来越多的年轻人也愿意进入体制之内求一份安稳的工作。“进大厂”还是“考公”，每个人都有自己的答案，我们也在本书第二版中为想进入互联网领域工作或考公务员的同学们提供了相关的资料和建议，希望能够为同学们的求职之路助一臂之力。本书第二版删掉了一些过时的就业数据，增添了最新的数据和科研成果，以保证内容的时效性和参考价值。另外，我们选取了脱口秀演员小鹿、漫画家夏达、企业家董明珠等同学们比较熟悉的名人故事，对上一版书中的一些比较有年代感的名人案例进行了更替，希望能够给同学们增添新的动力。

本书第二版特意增加了“就业困惑”板块，描述了当代大学生真实的困惑，根据这些鲜活的案例，我们对其中的普遍问题进行了针对性的解答，以此希望更多的同学看到：有很多同龄人与你一样，对未来有着许多迷茫，你并不孤独！

我们还在每个章节的最后，更新了与职业生涯和就业相关的书籍、影视剧和综艺节目推荐，希望同学们在学习之余不忘劳逸结合，也希望这一些影视文艺作品能够加深同学们对真实职场和职业的了解，作为自己职业规划的基础。

感谢中国人民大学的三位同学协助完成了书稿的修改工作。他们是黄露萱（1～3章）、陆玉斯（4～6章）、王思怡（7～9章）。这三位同学不仅聪明勤奋，更重要的是他们都是在读的学生，他们的心理状态更贴近大学生在生涯规划和就业方面的兴奋点和困惑点，他们的人生经验为本书再版提供了非常宝贵的紧贴时代的视角。

疫情改变了生活方式，也改变了很多同学的就业和读书生涯的方向。伴随着“内卷”和“躺平”的激烈讨论，不仅是大学生，也包括社会各界，都在思考人生该如何度过的话题，究竟怎样才是人生赢家，怎样才可以拥有幸福？所有这些问题都没有标准答案，父母也无法预测互联网时代的工作趋势，同学们需要做出属于你自己的、个性化的思考和决策。希望本书能助你一臂之力。

因编者水平和精力有限，本书难免有错漏之处，欢迎各位读者斧正！

周莉

2021.6.1

于中国人民大学

图书在版编目（CIP）数据

职业生涯规划 / 周莉主编. --2 版. --北京：中国人民大学出版社，2022.4
高等学校通识课程系列教材
ISBN 978-7-300-30370-3

Ⅰ.①职… Ⅱ.①周… Ⅲ.①大学生-职业选择-高等学校-教材 Ⅳ.①G647.38

中国版本图书馆 CIP 数据核字（2022）第 034989 号

高等学校通识课程系列教材
职业生涯规划（第二版）
周　莉　主编
Zhiye Shengya Guihua

出版发行	中国人民大学出版社		
社　　址	北京中关村大街 31 号	**邮政编码**	100080
电　　话	010－62511242（总编室）		010－62511770（质管部）
	010－82501766（邮购部）		010－62514148（门市部）
	010－62515195（发行公司）		010－62515275（盗版举报）
网　　址	http://www.crup.com.cn		
经　　销	新华书店		
印　　刷	北京宏伟双华印刷有限公司	**版　　次**	2014 年 4 月第 1 版
规　　格	185 mm×260 mm　16 开本		2022 年 4 月第 2 版
印　　张	12.5 插页 1	**印　　次**	2023 年 9 月第 3 次印刷
字　　数	294 000	**定　　价**	56.00 元

教学支持说明

（教学课件）

中国人民大学出版社教育学科秉承“出教材学术精品，育人文社科英才”的出版宗旨，多年来，出版了大批高质量的教育学、小学教育、学前教育专业教材和学术著作。

我们为本教材制作了相应的 PPT 教学课件，任何一位采用本书作为授课教材的教师均可免费获得该课件。为了确保该课件仅为授课教师获得，烦请您填写如下材料，并将相关信息通过 E-mail 发送给我们，我们将在收到相关信息后通过 E-mail 给您发送该课件。欢迎您加入我们的 QQ 群（教育新视野交流群，群号为 159813080），或登录我社官方网站（www. crup. com. cn），注册并认证成为教师会员，以获得更好的服务。

我们的联系方式：

地址：（100872）北京市中关村大街甲 59 号文化大厦 1202 室

中国人民大学出版社

电话：（010）82502724　62514775（传真）

E-mail：ggglcbfs@vip. 163. com

QQ 群：159813080

兹证明____________大学/学院____________院/系____________专业____________学年第____________学期开设的________________课程，采用中国人民大学出版社出版的____________________________________（书名、作者）作为本课程教材。授课教师为____________，授课班级共________个、学生________人。授课教师需要与本书配套的教学课件。

联 系 人：____________________________

通信地址：____________________________

邮　　编：____________________________

电　　话：____________________________

E-mail：______________________________

系/院主任：____________（签字）

（系/院办公室章）

________年______月______日